国家自然科学基金项目（51178287）
北京市政建设集团有限责任公司资助项目

黄土高填方路堤综合压实技术及沉降规律

巨玉文　著

中国建筑工业出版社

图书在版编目（CIP）数据

黄土高填方路堤综合压实技术及沉降规律/巨玉文著．—北京：中国建筑工业出版社，2017.3

ISBN 978-7-112-20565-3

Ⅰ.①黄… Ⅱ.①巨… Ⅲ.①黄土区-路堤-压实路基沉降-研究 Ⅳ.①U416.1

中国版本图书馆CIP数据核字（2017）第053481号

本书通过系统总结国内外关于湿陷性黄土高填方路基的施工方法及沉降变形的研究成果，以典型黄土高填方路堤工程为研究对象，借助多种土性试验、现场沉降变形监测及有限元分析等手段，对振动压路机分层压实与隔层重锤补夯相结合的综合压实技术及其相关沉降变形规律进行了深入、系统的研究，分析了该综合压实技术作用下填土的压实特性、压实机理及压实效果，揭示了黄土高填方路堤的沉降规律及主要影响因素，提出填方体工后沉降的改进计算方法和泊松-指数组合模型预测公式。

本书可为铁道、交通、岩土等行业设计、施工与科研人员提供借鉴与参考。

责任编辑：刘瑞霞　辛海丽
责任设计：李志立
责任校对：赵　颖　刘梦然

黄土高填方路堤综合压实技术及沉降规律
巨玉文　著
*
中国建筑工业出版社出版、发行（北京海淀三里河路9号）
各地新华书店、建筑书店经销
唐山龙达图文制作有限公司制版
北京君升印刷有限公司印刷
*
开本：787×1092毫米　1/16　印张：11½　字数：280千字
2017年4月第一版　2017年4月第一次印刷
定价：**38.00**元
ISBN 978-7-112-20565-3
（29986）

前　言

随着我国经济快速发展以及中西部崛起战略的实施和推进，黄土地区的高等级公路得到了大力发展。这些地区由于地形、地貌条件复杂，加之高等级公路线形指标要求高，于是出现大量的高填方路堤，这些路堤的共同特点是工期紧、填方量大、修路地点偏远，往往填料不可选择，只能采用当地的黄土。因此，在我国的中西部地区黄土高填方路堤已经成为一种常见的公路结构形式。同时，由于车辆承载能力的增加和高速行驶的需求，道路工程中对高填方路堤的施工技术提出越来越高的要求，以满足路堤的整体稳定性和较小的工后沉降变形，而后者更加严格。分析国内外学者关于非饱和土高填方沉降变形的大量研究成果可以发现：高填方路堤沉降变形的影响因素有很多，其中填方体压实不到位、路基处理不当、压实机具使用不科学、填筑材料选择不合理等因素均会造成高填方路堤产生较大的工后沉降特别是差异沉降，严重时将会缩短工程寿命。改变高填方土体的工程特性可有效减小路堤的沉降变形，常用的方法包括改变土体颗粒组成及增加土体密实度等。对于黄土填料高填方路堤而言，只能通过人为压实填方体，使其合理固结，进而达到合理控制与准确分析工后沉降的目的。

本书结合实际工程，为了有效提高黄土高填方路堤的压实质量和显著降低工后沉降，在传统压实方法的基础上提出一种适用于黄土填料高填方路堤的振动压路机分层压实与隔层重锤补夯相结合的综合压实技术，并将其应用于太原市太行路阎家峰路段。在研读国内外相关文献的基础上，对该综合压实技术的工作机制、应用效果、工后沉降变形规律及其沉降计算与沉降预测等方面开展了一系列研究工作，现将研究成果编撰成书，以期为黄土地区高路堤的设计、施工及本领域的研究工作尽绵薄之力。

本书的主要内容集中于以下几点：

(1) 首先通过查阅大量资料，全面陈述了关于黄土高填方的研究现状和工程问题，系统地介绍了传统的高填方压实和加固方法。

(2) 在传统压实方法的基础上，结合实际工程提出适于黄土高填方路堤的振动压路机分层压实与隔层重锤补夯相结合的综合压实技术的施工工艺及步骤，探讨该综合压实技术的压实原理。

(3) 通过黄土填料的击实试验及路堤土体的压实度试验、湿陷性试验、固结压缩试验等，深入分析该综合压实技术的压实效果。

(4) 进行现场原位沉降监测及室内再压缩试验研究，分析并验证了压实黄土的工后压缩模量变化特征，探讨经过综合压实技术处理后黄土高填方路堤的沉降规律及主要影响因素。

(5) 分析总结了常用沉降计算方法的不足和缺陷，应用压缩模量与压力 E_s-P 幂函数拟合公式，考虑了路堤分层填筑的特点及压缩模量随实际压力区间变化的规律，提出了一种基于幂函数拟合 E_s-P 曲线关系的改进分层总和法。

（6）建立了一种新的沉降预测模型——泊松-指数组合模型，可以有效预测填方体的工后沉降。

（7）结合工程实例，阐述了关于黄土高填方路堤的一系列其他岩土工程关键技术问题。

本书依托典型工程，对黄土高填方路堤的压实技术及相关沉降规律开展试验和理论研究，该研究成果以期对类似工程有借鉴意义，为工程设计与施工提供科学指导及参考性建议。

本书的研究成果主要来自"北京市政建设集团有限责任公司"及"太原市市政建设开发中心"的资助项目"黄土地区高填方路堤的重锤补夯压实技术及其相关沉降变形规律的研究"。项目研究期间得到北京市政建设集团有限责任公司第三工程处的王文正高级工程师、韩雪刚等工程师和太原市市政建设开发中心的郭永东处长等领导的大力支持与悉心指导，值此本书正式出版之际，谨向他们表示衷心的感谢！

本书项目研究的依托团队是"太原理工大学岩土工程学科"，为山西省重点学科之一，曾被评为"2014 年度山西省科技创新重点团队 2014131019"，特别感谢白晓红教授、雷宏刚教授等领导和同事多年来在工作上的支持与帮助。课题组具有浓厚的学术气氛、团结友爱的人际关系，在本项目研究中，大量的试验与分析工作是作者与杨洋、薛凯元、胡颖、侯亚玲、李慧洁、郝德强、武丹、王鹏、张云龙等硕士研究生团结合作、共同完成的，在此对他们表示感谢。

本书参考和引用了许多专家和学者的研究成果，在此向文献作者表示衷心的感谢。

限于作者的学识和经验，书中难免存在一些不妥之处，诚请读者批评指正。

目　录

第 1 章　黄土高填方路堤的研究意义及发展动态

1.1 研究背景和意义

随着我国经济快速发展以及中西部崛起战略的实施和推广，黄土地区的公路交通建设事业有了长足的发展。这些地区由于地形、地貌条件复杂，加之高等级公路线形指标要求高，于是出现大量的高填方路堤，这些路堤的共同特点是工期紧、填方量大、修路地点偏远，并且中西部地区的地质特点是黄土层分布广泛、厚度大，因此在该地区修建高填方路堤的填料不可选择，往往采用当地的黄土。因此，在我国的中西部地区黄土高填方路堤已经成为一种常见的公路结构形式。

1.1.1 黄土高填方路堤的特点及其病害特征

高填方路堤的特点集中体现在一个“高”字上，也就是填筑高度大，但目前我国对高填方路堤从高度方面还未有一个统一、严格的概念定义。一般认为，以碎石、粗砂和中砂作为填料的路堤的极限高度为 12m，以其他材料作为填料的路堤的极限高度为 20m[1]。《公路路基施工技术规范》一般将填料为细粒土的、修筑在积水地带边坡高度大于 6m 的边坡认定为高填方边坡；在其他地带填筑的填土或填石路堤，边坡高度大于 20m 的路堤边坡认定为高填方路堤边坡[2]。《铁路路基设计规范》把路堤填筑高度超过 20m 的路堤也定义为高填方路堤[3]。由于各地区的地形、地貌、地质情况各有不同，在施工时需根据实际的情况对高填方路堤选用适合的填料来填筑。对于填土路堤，一般常用细粒土来填筑路堤，而对于堆石路堤，一般用石子、石料等来对其进行填筑。处于黄土高原的中西部山区在修建高填方路堤时，考虑就近取材，黄土则成为主要的路堤填料，一般将其归属为“填土路堤”，这种路堤也称“黄土高填方路堤”。而作为第四纪堆积物的黄土，与其他一般土相比，具有结构疏松、大孔隙、垂直节理发育、成分均匀无层理和遇水有湿陷性等特征[4]。黄土的这些特性给路基工程带来了一定困难，特别是在黄土地区修建的黄土高填方路堤，受黄土的特性影响，在各种自然因素，尤其是荷载和雨水作用下，易产生各种病害，如坑凹、起拱、路面沉降等，影响公路的正常使用，造成巨大的经济损失[1]。

相对于普通低矮路堤而言，高填方路堤具有如下一些显著特点[5]：

(1) 路堤填筑高度大，必须对边坡的稳定性进行验算，要求路堤本身具有足够的整体强度和稳定性。

(2) 路堤的填筑面积和土石方工程量很大，难以保证其填筑压实的质量，后期沉降和稳定日益暴露的问题很多，对填筑过程压实机械和碾压次数的要求很高。

(3) 高填方路堤自重大，本身累积沉降量大，因此，在施工过程中必须严格控制路堤的填土速率和总沉降量，同时进行现场沉降观测，分析路堤单位填筑高度的沉降量，当沉降量不满足要求时，以便及时对路堤作出处理。

（4）高填方路堤的填料性能复杂多样，工后沉降想要趋于稳定，需经历很长时间。因此，其工后沉降和差异沉降是一个不容忽视的问题，所以为保证道路的安全使用，非常有必要对高填方路堤工后沉降进行预测和计算。

（5）作为黄土高填方路堤，如果黄土填料本身具有湿陷性，压实后的填方体还需消除其湿陷性。

也正是由于高填方路堤自身的特点，加上设计和施工存在的一些技术难题，特别是沉降和稳定性控制等问题未能很好解决，使得高填方路堤的病害时有发生。辛平（2000年）[6]通过对甘肃省境内263座黄土高填方路堤的调查后发现，稳定性欠佳、存在不同程度病害的高填方路堤有127座，病害率占所调查对象的48.3%。其中由于施工中压实度不足造成过度沉降引起的病害和由于水的作用引起的病害所占比重较大。郑治（2005年）[7]等通过对已运营的6条高速公路共计80余段填方路堤（70%为高填方）的调查，结果表明，其中有沉降病害的段落有52段，占所调查对象的60%以上。调查中发现，高填方路基或路堤的主要病害表现为：①高填方填筑体的沉降超量和边坡破裂失稳破坏；②由于地基强度不足致使高填方路基的沉降过大和边坡的失稳破坏；③填挖交界处由于地形变化产生差异沉降造成路面开裂。李启[8]在对西宝高速公路病害调查后发现全线路基沉陷达58处之多，并且大多数出现在高填方路段。通过对沉陷路段的钻探资料进行分析计算，得出其路基含水量一般在14%～28%之间，实地测得的干密度与室内标准击实试验确定的最大干密度相比，压实度多在90%左右，不能满足规范的要求。从路面破坏情况来看，沉陷深度一般在30～100mm之间，并且路基伴有侧向滑移现象。由此可见，沉降和稳定是高填方路堤设计和施工中所面临的两大技术难题。因此，近年来随着我国经济建设中车辆承载能力的增加和对高速行驶的需求，道路工程中对高填方路堤的施工技术提出越来越高的要求，以满足路堤的整体稳定性和较小的工后沉降变形，而后者更加严格。

1.1.2 选题背景和意义

山区修建高等级公路常出现的高填方路堤问题主要集中在两个方面[1]：一是高填方路堤的稳定性问题；二是高填方路堤的沉降变形问题。这两个问题又包含着两个方面：①填方下地基的稳定和变形问题；②高填方路堤自身的稳定和变形问题。

路堤沉降问题的研究从我国开始修建高等级公路时就引起了重视，但长期以来，人们对沉降问题的研究主要集中在软土地基上。然而在高填方情况下，不仅存在软基的沉降问题，还存在由于填方荷载的大幅度增加而引起的填方体的沉降问题。实践证明，高填方段路面常因填筑体的沉降量尤其是工后沉降量过大而超出了路面结构层的容许范围，导致路面出现裂缝，行车不适，影响了行车安全。从目前对黄土地区已建成的高填方或坝式路堤的研究来看，如果填方路堤坡率、断面形式选择的比较合理，且施工质量能够得到保证时，路堤填方的自身稳定基本不成问题。而沉降变形，特别是路堤填土本身的沉降和工后不均匀沉降则成为主要问题。此外，路堤的沉降是一个与施工方法、荷载、时间有关的过程问题。若施工的填方压实质量差、施工期快，则施工期完成的沉降量小，工后残余的沉降量大，这样虽可尽早开通运营，但运营期路面可能因不均匀沉降开裂而增加维修费用。若在填土完工后预留一段时间的固结沉降期，当土体的沉降达到某一水平后再铺筑路面并开通运营，这样就可以减小工后沉降量，相应减少运营维修费用，但却因推迟运营日期而承受一定的经济损失。由此看来，如何通过改进施工方法大幅度提高施工期填土的压实质量，从而相应缩短预留沉降期使道路尽早开通运营，这是设计和施工人员所面对的基本问题；另外，不管用何种施工压实方法，其工后沉降量不可避免（虽然在数值上有所差异），因此在高填方路堤设计中，针对不同的压实方法加强高填方路堤沉降变形规律的研究，正确估算工后沉降量则是设计研究人员所面对的另一个重要问题。

关于高填方路堤工后沉降规律认识的重要性可以从各国道路设计规范的控制标准中得到相应反映。事实上，随着高等级公路的不断发展，对容许工后沉降量作为设计控制的指标也提出了日趋严格的标准。从国外来看[9]，1967 年日本道路协会《道路工程指南》曾经规定：当土方工程结束后立即铺筑高等级路面时，路堤中心处剩余沉降量的限值，对一般路段为 10～30cm；与桥梁等邻接的填土部位为 5～10cm。而最新的日本《高等级道路设计规范》已不考虑容许工后沉降，考虑到即使采用经济的施工方法也不能减少长期沉降(这里指次固结沉降)、地基沉降量随时间的变化关系难以预测及道路填方的长期沉降量可以在维修管理阶段得到控制等原因，已把重点放在填方的稳定分析上，而将工后沉降的问题则放在后期的养护中解决。尽管这样可以减少一次性投资，但养护工作的质量水平、所用机械的自动化程度必须有一定的要求和保证，否则必然影响道路的运营效率。相比而言，法国和美国对桥头的差异沉降控制却是非常重视，分别给出了相应的限值。德国要求更严，要求通过预压达到控制次固结沉降的目的。从国内的情况来看，在“六五”期间交通部重庆公路科研所主持的“利用经济可行的办法进行软基处治的设计”课题中已涉及对这一问题的研究。根据对桥头引道以及一般路段实测沉降结果的分析，参考日本和美国的标准及国内建工部门对建筑物基础允许沉降的要求，针对工后允许沉降提出的建议是：中低级公路以稳定为主，路堤中心处容许工后沉降量不作规定，视使用情况通过养护弥补。对于高等级公路铺筑路面 20 年内，邻近桥梁等人工构筑物的路堤段的容许值为 10～20cm，其他路段为 30～55cm。相比而言，铁路方面要求更严，如《京沪高速铁路线桥隧站设计暂行规定》规定[10]：路基工后沉降量一般地段不应大于 10cm，桥台台尾过渡段路基工后沉降量不应大于 5cm。这使得考虑由土体次固结产生的工后沉降成为必要。

随着中西部地区公路交通事业的大发展，我国在黄土地区修建高速公路的规模越来越大，黄土高填方路堤将大量涌现。为使建成的公路具有良好的使用性能，尤其在高速公路建设标准日趋严格的今天，能否合理解决高填方路堤设计施工中的工后沉降问题，直接关系建设的成败。

然而，传统的高填方路堤施工方法一般是采用振动或冲击压路机分层铺土、分层碾压，该类方法由于压实质量一般，要求路堤在施工完毕后经过较长（一般是 6～12 个月）的预留固结沉降期才能进行路面铺筑，在工期要求紧张的道路工程中明显不能满足工期要求；且在填方体的中、下部施工中，由于施工场地较小等原因，冲击压实等技术很难将填土压实，其结果是压实度不均匀、差异沉降大。因此，为了加强黄土填料的压实效果、有效减小工后沉降，有必要提出一种适于黄土填料高填方路堤的综合压实技术，并对其压实机理和工后沉降规律进行深入研究，以期从多方面解决黄土高填方路堤的沉降变形等问题，具有重要的学术和工程应用价值。

1.2 黄土高填方路堤压实技术及沉降变形的研究发展动态

高填方路堤的压实技术及沉降变形问题是两个古老而复杂的课题。事实上，由于压实质量的好坏直接影响到路堤后期沉降的大小，因此关于这两个课题的研究密不可分，为了使条理更加清晰，围绕黄土高填方路堤的压实技术及沉降变形的研究发展成果从以下五个方面加以评述。

1.2.1 黄土填料性状的相关研究

黄土是产生于第四纪的一种特殊土体，颜色以淡黄色为主。颗粒组成以粉土为主，其中细粉粒（0.005～0.01mm）的含量小于粗粉粒（0.01～0.05mm）的含量。黄土的孔隙率一般为35%～60%，从地理分布上一般为从南到北、从东向西孔隙率逐渐增大。黄土中含有大量的硫酸盐，且黄土颗粒内部的孔隙很大。黄土分布区域的面积约占地球陆地面积的9%，中国的西北部、澳大利亚、美国中西部以及俄罗斯的部分地区均有分布。在我国黄土主要分布在北纬34°～41°大陆内部干旱和半干旱地区，即西北、华北、内蒙古等地区。其中以黄土高原的黄土沉积最为典型。我国黄土面积将近54万km^2，占我国陆地总面积的6%左右。黄土填料具有较大的孔隙率与垂直的节理，因此垂直方向的渗水性比水平方向的渗水性大。故而，即使经过压实作用后，黄土的孔隙与节理被破坏，但因黄土填料中的粗粒含量高，其渗水性也比一般的黏性土强。而黄土填料的斜节理因为新的构造运动形成的。黄土填料在遇到水分后土体膨胀，干燥后土体收缩。黄土在经过多个涨、缩循环后容易引起崩解，不同类别的黄土的崩解情况相差很大。一般情况下黄土垂直方向的抗剪强度比较小，而水平方向的抗剪强度比较大。但是，当遇到具备水平层理的黄土时，则有相反的关系，其水平方向的抗剪强度比较小，而垂直方向的抗剪强度比较大。其中，阮永芬[11]等学者对高填土抗剪强度指标的影响因素进行了分析，从而为预测、判断高填方土体将来边坡的局部稳定性和整体稳定性提供设计参数，也为优化设计方案和提高高填方的稳定性治理措施提供依据。

黄土填料的静力学性状、动力学性状、湿化特性等内在因素与压实技术、施工质量等外在因素共同决定了所选压实技术的压实效果（通过高填方路堤工后沉降规律进行判断）的好坏。故而非常有必要对黄土填料的力学性状做深入的研究[12]。

1.2.1.1 高填方黄土填料的静力学性状研究

许多学者对路堤填土的静力学性状进行了研究。其中景宏君[13]等多位学者对压实后土体的渗透系数、湿陷性、水分渗入等性状进行研究，在此基础上总结出压实土体的抗剪强度随含水量、压实度的变化规律。并且指出：提高路堤填土的压实度，严格控制路堤填土的含水量可以有效地提高黄土填料高填方路基的整体稳定性。还有许多学者对黄土填料的静力学性状进行了进一步的研究。首先，根据具体工程实例对黄土路堤进行取样试验，得到含水量与压实度对黄土填料的抗剪强度的影响程度与趋势变化[14]，从而为黄土地区高填方路堤病害的预防与治理提供了理论与实践依据；其次，通过分析研究含水量、压实度对压实后黄土的强度与强度参数的影响情况，提出把塑限含水量ω_p作为黄土高填方路基现在施工的控制含水量[15]；再次，通过室内土工试验对压实后的黄土填料进行分析研究，提出干密度、含水量、压力等因素对压实黄土的强度与变形的影响情况，并通过统计学的数据分析方法，从而确定上面所提因素以及它们之间的相互作用对变形和强度指标的影响大小[16,17]；最后，通过研究黄土蠕变在不同应力水平下的试验数据，提出填方黄土属于非线性黏弹性体[18]，并对填方黄土试样进行剪切蠕变试验，运用分数线性蠕变方程，从而模拟黄土的强度、蠕变和流变等特性[19]，从而得到了黄土填料剪切模量的变化规律。李传勋[20]通过室内一维压缩试验，研究压实后黄土填料的应力—应变关系。同时对分层总和法进行改进，运用割线模量计算高填方的沉降量，把此改进后的方法应用到黄土填料高填方路基自重作用下的最终沉降量的计算中，并且建立了相关模型，通过整合变形、力与时间来计算非饱和黄土填料高填方路堤的一维沉降，并对影响高填方路堤沉降的因素进行分析，从而提出高填方路堤的施工组织与管理对工后沉降量的大小影响很大。

1.2.1.2 高填方黄土填料的动力学性状研究

路堤填土在振动压路机分层碾压与隔层重锤补夯的过程中相当于土体受到动荷载的作用。与静荷载相比，在动荷载作用下路堤填土的性状发生了改变，故而有必要对路堤填土的动力学性状做深入的研究。

虽然影响路堤填土动力学性状的因素很多且研究比较困难，但仍然有许多学者对路堤填土的动力学性状进行了探索，取得了一定的成果。首先，对冲击荷载作用下被压土体的性状变化进行了研究[21]，认为振动击实次数对黄土填料的抗剪强度有很大的影响[22]；其次，通过动荷载试验分析研究路堤黄土填料的微观性状、结构变化机理与强度特征，从而为研究黄土填料微观结构与工程特性提供了理论依据[23,24]；再次，在应变控制条件下，通过 GDS 动三轴仪，研究压实黄土填料的应力松弛特性[25]。也对动力作用下黄土填料的松弛机理进行了探讨，在以上研究的基础上提出了在动力作用下黄土填料的受力与时间的关系式。最后，通过 GDS 动三轴仪，对压实黄土填料的阻尼比和动弹模、动强度和动变形、动本构关系进行研究[26]。通过黄土填料在不同含水量、不同干密度、不同固结应力与不同固结应力比等情况下进行相关试验，可以得到含水量、振次、固结压力、干密度等动力特性的变化规律。通过相关试验可知：在达到规范要求的压实度后，继续提高黄土填料高填方路堤的压实度，仍然可以增加高填方的抗剪强度与回弹模量；当黄土填料高填方路堤的压实度满足规范的要求后，压实黄土的湿陷性（浸水产生的附加压缩变形）可以基本消除。该研究成果为黄土填料高填方路堤抗剪强度、回弹模量的取值以及压实标准的确定提供了依据。

1.2.1.3 高填方黄土填料的湿化特性研究

湿陷性黄土占我国黄土总面积的一半以上，分布范围很广，而且又多出现在地表的表层。当湿陷性黄土没有浸湿的时候，它的强度很高压缩模量非常大，不易被压缩。然而受水浸湿后强度迅速降低，压缩性显著增加。路堤填土的湿化特性是指路堤黄土填料在受水浸湿前是非饱和的，虽然受到充分的碾压，但仍然不是很密实。黄土填料受水浸湿后，在自身重力的作用下土体颗粒间将重新调整位置，从而改变先前的相互关系，引起土体的下沉。黄土填料的湿化特性是黄土地区土体所具有的独特的工程特性，越来越多的国内外学者开始关注该特性引起的地质灾害问题。多年来许多学者研究了原状黄土的湿陷影响因素、湿陷的评价方法与湿陷机理等相关问题，并取得了丰硕的成果。但是黄土填料在填筑高填方路堤时，土体已经被扰动，故而先前的关于原状土的相关研究并不适用。而扰动后的黄土填料是否具有湿陷性、如何评价扰动后黄土填料的湿陷性等问题人们并没有进行深入的研究，也没有形成统一的看法。

虽然该问题没有引起人们足够的重视，但在许多学者的探索与研究下还是取得了一定的成果。首先，以大量组次的试验为依据[27]，根据控制变量（压实黄土填料的干密度、含水量不变）的方法研究龄期与湿陷性之间的相互作用。研究结果表明，黄土填料的湿陷性与龄期成正比关系；其次，通过试验来研究扰动黄土与原状黄土的湿陷性[28]。并对压实黄土与原状黄土的渗水特性及湿陷性进行了对比研究[29,30]，从内在分析了黄土填料路堤遇水后发生湿陷性破坏的原因；最后，从路堤位置、压实度、施工工艺、填料性状、降水等因素变化的前提下系统地研究了降雨冲刷对压实黄土路堤边坡的影响[31]。在此基础上提出了黄土高填方路基沉陷等不良现象防治与高填方路基边坡稳定性的分析方法。同时还创造性地把路堤的相关公式引入现场施工中，研究了工程性质指标与非饱和黄土初始吸力的关系，在此基础上提出了相关的拟合公式[32]。

1.2.2　压实技术的发展及压实机理的研究

1.2.2.1　压实的意义

黄土填料在摊铺后呈现一种自然的松散状态，其特性主要表现为：密度小、空隙大、抗渗透能力差、承载力低、容易沉陷、含水量得不到有效的控制。一般的施工技术几乎不能压实[33]。故而，需通过压实机械的自重或其他作用力对黄土填料分层压实，只有这样才能够排除黄土填料内部的多余水分与空气，从而使黄土填料的颗粒间相互错位并重新紧楔，最终达到提高结构层密实度的目的。

引起高填方路堤损坏的原因很多，包括不可抗拒的自然原因，运输管理与施工方面的原因，还包括施工技术与施工工艺达不到相关规范要求的原因。其中，没有按照施工规范的要求进行分层、充分有效的压实，是造成高填方路堤出现早期破坏，甚至严重损坏的主要原因。对高填方路堤的压实不够引起的损坏现象有：

①高填方路堤的不均匀固结沉降引起路面局部沉陷；

②高填方路堤的不均匀固结沉降引起路面产生纵向裂缝；

③压实不够与高填方路堤的地基处理不够好引起路面产生纵向裂缝；

④高填方路堤沉陷引起“桥头跳车”；

⑤高填方路基、路面产生结构性破坏。

通过大量的工程实践经验可知：高等级公路，特别是高填方路堤，必须要严格进行施工管理、质量检验与质量监督管理。只有达到相关规范规定的压实标准与施工技术规范才能达到高标准的工程质量。通过提高高填方路堤的压实质量，不仅可以提高路堤的抗压强度与承载能力，而且可以增加高填方路堤的抗冻性、防渗透性、低温抗冻性与稳定性，有效地消除裂纹、沉陷、松散等不良现象，可以很大程度地减少高等级道路的维修费用。压实质量的优劣，对高等级公路的行车安全与使用寿命有着极大的影响。

1.2.2.2　压实技术的发展及压实机理

填方体压实技术的发展与压实机械的发展有着紧密的联系。压实机械沿着静碾压路机—轮胎压路机—振动压路机—振荡压路机—冲击压路机—无人、智能压路机的方向发展，至今已经有100多年的历史。压实技术也有着相似的发展历程。许多学者[34~36]对高填方路堤的压实技术与压实工艺进行了研究，例如周志军[37]等学者对湿陷性黄土地区公路路基处理技术进行了深入研究，对湿陷性黄土地基采用强夯、冲击压实、灰土换填、灰土挤密桩四种方法进行处理，根据处理后地基土沉降量、压缩模量、湿陷系数及静力触探等试验结果，得出了不同处理方法的处理效果及适用条件，为黄土地区压实方式的选取提供了依据。

不同压实方式，由于其工作原理不同，会对土体产生不同的作用力。由于作用力的性质不同，导致被压土体变形的巨大差异。只有通过对压实技术与压实方式的不断探索，才能得到较高的压实效率与较好的压实效果。按照压实力的作用方式，压实方法可以分为：静力作用式与动力作用式。其中静力式的压实方法为滚动压实；动力式的压实方法为振动压实、冲击压实与振荡压实、夯实压实。

1860 年英国首先发明了以蒸汽机作为动力的自行式压路机，从而为静力压实技术的发展铺平了道路。1919 年美国制造出以内燃机为动力的自行式压路机，静力压实技术也随之发展，不断更新。静力压实就是依靠压实机械的自重与静线荷载对被压材料施加垂直作用力，使被压土体内部产生法向应力和剪切应力，当剪切应力达到材料的抗剪强度时，土壤颗粒之间就会发生相对位移，重新排列而变得更加密实。从而提高被压土层的稳定性、强度与不透水性，使填方路堤具有足够的平整度与承载力。

土体在静力压实作用后，其密实度增长到一定程度后，不会再发生明显的变化。即使提高压实力（选用更大吨位的压路机反复碾压）、增加碾压遍数，仍无法再有效地提高被压土体的密实度。这是因为被压土体压实到一定程度后，压实面已经形成一层硬化层，由于该硬化层的作用使压力波无法再向深层传递，故而静力压实的压实深度较浅。英国学者 Head 在 20 世纪 80 年代提出了适当压实土体的理念[38]。方涛[39]、胡保颂[40]等学者通过工程实例对高填方路基填筑碾压工艺进行了研究，寻求压实度、松铺厚度、填料含水量、碾压遍数合理的相关关系，探讨高填方填筑碾压控制工艺，为现场施工提供适宜的控制参数，从而达到经济有效控制施工的目的。

1930 年德国在静力滚动压实的基础上采用振动压实技术，有效地提高了压实效果。从静力压实转变到振动压实是压实工艺的一次深刻的变革，为压实技术的发展奠定了基础。20 世纪后期一体化技术与压实度的测量技术等逐渐在振动压路机上使用，使压实技术再一次变革。

振荡压实技术与冲击滚压技术是压实技术革命性的新成果。20 世纪 80 年代，随着振动压实技术的发展，瑞典等西方国家对振荡压实机理做了相关研究。振荡压实技术的基本原理是：碾压滚始终与地面保持接触状态，在垂直方向上是静载，而在水平方向上是激振力。利用两个方向上共同作用产生的振荡波使被压土体压实。振荡压实是揉搓与振荡相结合的压实技术，突破了传统的垂直振动原理，振动能量在被压土体层的水平方向传播。运用土壤的交变剪应力原理，使被压土体在水平与垂直两个方向重新排列，从而达到压实的目的。

振荡压实机理是振动压实机理的延伸与发展。相对于振动压实，振荡压实技术消除了垂直冲击和振动对机械和操作人员的危害，降低了能耗，改善了工作条件。虽然振荡压实技术在垂直深度方向上的压实效果不如振动压实技术，但是该技术降低了对地下设施（管道，电缆）、相邻建筑物、构筑物的影响，在一定深度范围内提高了被压土体的密实度与均匀度，不仅压实效果好，而且作业效率高。

20世纪末，由南非研制出一种高密度的重型托式压路机——冲击式压路机。冲击式压路机突破了传统的压实方式，更新了碾压碌的结构与设计思想，创新了压实机理，是压实技术发展的又一次巨大的飞跃。冲击压实技术是一种揉搓与冲击相结合的压实方法。在这种"揉压—碾压—冲击"的综合作用下被压土体颗粒之间重新组合，排出土体颗粒之间的空气和水，被压土体颗粒之间相互紧楔，使被压实材料产生永久性残余变形，从而使土体得到压实[41]。冲击压实采用非圆多边形碾压碌，各个碾压边的弧面按照一定的顺序冲击被压土体，从而产生巨大的冲击波，并且瞬间向被压土体深层传播，随着碾压遍数的增加，被压土体的压实深度随之增加。冲击压实技术对原土地基的影响深度可达4～5m，压实影响深度明显高于其他压实方法，可显著提高填铺层的厚度。长安大学的景宏君等[42]基于中国北方某湿陷性黄土路基工程，利用核子法、面波法、动力触探与标准贯入测试方法等方法对冲击压实后的黄土路基进行对比检测后认为，冲击压实效果主要受路基填土含水量、起始压实度和颗粒组成等因素的影响，且冲击压实能使路基整体强度得到均匀提高。研究还表明，正确掌握试验与检测的时效性，有利于准确评价公路路基压实质量。冲击压实技术通常作用于填方土、干砂土和软基土等土体。冲击压实技术的压实效果与压实效率大大超过了现有的振动压实与振荡压实技术，应用前景十分广阔。尤其是在黄土地区，更是值得推广。

许多学者对冲击压实法处理路基与地基的机理与工程应用进行了深入的研究。其中王吉利、刘怡林[43]等学者对冲击压实法处理黄土地基的效果进行试验研究，研究结果表明，冲击碾压法处理地基是有效和实用的且生产效率高，可在黄土地区路基工程中推广应用。江苏大学的杨庆波[44]对高速公路路基施工冲击压实工艺进行了系统的研究，其结合河南省焦桐高速公路泌阳段No.6合同段实际使用冲击压路机进行的路基施工工艺，阐述在高速公路路基施工采用冲击碾压工艺方面的研究结果和结论，分析了在冲击碾压前后及不同碾压遍数情况下不同深度压实度、沉降量、弯沉等指标的变化规律，证明了冲击压路机的冲碾，是显著提高各种土质路基整体强度、弥补路基施工薄弱环节、从而改善路基整体施工质量的有效手段。陈涛、但汉成的研究表明[45]冲击压实不仅在处理黄土填料高填方路堤方面有较好的效果，而且在处理土石混合填料高填方路堤方面也有较好的压实效果，试验以湖南省西北部的某公路为依托，利用冲击碾压试验来研究高填方土石混填路堤。试验结果表明：利用冲击式压路机冲击碾压法进行路基的补强加固效果显著，即压实度都得到了明显的提高，提高量超过6.5%，最高可达10%。根据冲击碾压后的压实效果确定冲击碾压补强加固的碾压遍数以及配套机械及冲击碾压施工工艺，为全路段填方路基提供切实可靠的冲击碾压补强加固的施工参数。赵炼恒、罗恒等学者[46]对冲击压实技术在高速公路高填方路基中的应用进行了相关研究。冲击压实技术用于土石填方高路堤的压实施工不仅可明显改善填料的压实质量，而且由于冲击碾压后路堤产生压缩沉降，对减少路堤施工的工后沉降也有明显的效果。冲击压实技术作用于湿陷性黄土，可以有效地消除填方路堤的湿陷性，减小路堤的工后沉降，提高高填方路堤的稳定性[47,48]。粉土地区的路基施工中也有相似的效果[49]。赵军丽[50]、张晓靖[51]、王纯鸣[52]等学者结合工程项目对冲击压实技术的压实效果与控制指标进行了研究，如土基在冲击碾压过程中随冲碾遍数的增加，会逐渐由塑性状态过渡到弹塑性状态，最后到弹性状态，形成连续、均匀、密实的加固土层；随着冲击碾压遍数的增加，路基的沉降量逐渐增大，同时其路基沉降量的增量曲线趋于收敛，表明继续碾压对路基整体稳定性及强度影响不大；冲击压实技术在高填方填土路基中可以提高路基的整体强度，有效减少路基完工后的下沉量，从而为相似的工程实践提供建议与指导。

夯实压实技术是利用高频振动与冲击压实产生的能量将土体压实。强夯法和重锤夯实压实技术在湿陷性黄土地区路基与地基处理中得到了广泛的应用。许多学者对强夯法处理路基与地基的机理与工程应用进行了深入的研究，因此关于强夯法处理路基的压实机理相对于重锤夯实法（低能量的强夯）更加成熟一些。外国学者 Leon[53]、Leonards[54] 对夯击能的传递与作用机理进行了深入研究。石蹈波[55] 对夯击能的传递机理和强夯法加固地基机理进行了分析，并对复合强夯压实技术与堆载预压等相结合的联合加固方法进行了阐述。何长明[56] 对强夯法加固高路堤进行试验与研究，强夯法能提高土石混填高路堤的压实效果，实践证明补强加固红砂岩高填土路基时，采用 1200kN・m 的夯击能夯击三次就能使 5.5m 高的路基产生近 7cm 的沉降，土体的平均压实度提高 3%～5%，同时土体的密度是原来的 1.1～1.4 倍，有效加固深度为 5～6m，而影响深度可达 8～10m。这对压实困难的土石路基来说是特别有效的。黄涛、刘辉[57] 等学者对强夯法结合碾压控制高填方沉降的机理进行研究，得出强夯法结合碾压可以提高高填方路基的各项力学指标，大大缩短达到最终控制沉降量的时间，适用于处理黏性土、砂土高填方地基。金洁[58] 对强夯法加固湿陷性黄土地基机理及其应用效果进行了相关研究，分析了强夯法加固湿陷性黄土地基机理，以及影响强夯法加固效果的各种因素，提出了一些完善强夯法施工技术的看法。庞旭卿[59]、李增华[60] 对强夯压实技术在湿陷性黄土路基中的应用进行了研究，结果表明，强夯后的路基黄土微结构由絮凝状、支架大孔结构转变为镶嵌结构与叠置结构；不同夯击能下路基黄土的有效加固深度可以通过无侧限抗压强度试验确定；路基黄土的压实度与 CBR 值服从幂指数关系，与回弹模量和湿陷系数服从指数分布。安明、韩云山[61] 对强夯法与分层碾压法处理高填方地基稳定性进行了分析，表明强夯法工艺上简单易行，质量上易于保证，逐渐成为高填方地基加固的重要手段。乔明利、陆飞[62] 对强夯法处理过湿黄土路基机理及适宜性进行了探讨，得出强夯法对过湿黄土路基的处理效果良好，有效处理深度约为 3.5m，为强夯法处理过湿黄土地基提供了理论和实践参考。缪林昌、刘松玉、朱志铎等[63] 等学者对高速公路液化土与软土交互地基强夯法处理进行了相关研究，提出了拟静力法确定强夯加固深度的公式，该公式具有鲜明的土力学基础概念，同时建议用低夯能加固液化土与软土交互地基的设想。国外学者对强夯动应力的试验和数值模拟进行了研究[64,65]。在强夯界面的选择上郑治[66] 进行了相关研究，认为可采取两种方式：一是每隔几米（一般 3～6m）进行 1 次强夯；另一种方法是在路基顶面附近进行 1 次强夯。研究结果表明，采用第一种方式进行强夯的击实效果更为明显。周健等[67] 学者对强夯理论的研究现状及最新技术进展进行了探讨，着重论述了强夯技术的最新进展——强夯联合井点降水技术在加固饱和淤泥质软黏土地基中的应用，提出了强夯法研究中存在的问题及发展方向。

1.2.3 高填方路堤沉降与变形规律的研究

高填方路堤沉降病害是较为普遍的问题[68]，此类问题始终备受学术界及工程技术人员的重视。目前，高等级公路对直接关系到正常使用的工后沉降严格控制，但工后沉降由于受多种因素综合影响一般难以预测和控制，对变形规律也尚不完全清楚。事实上，学者和工程师对高填方路堤沉降规律的研究和认识是随着高填方路堤的工程实践而逐渐发展的[1]。

(1) 调查分析认识阶段

20 世纪 60 年代以前，为了提高新填土路堤的质量，我国有关部门进行了大量的调查、分析，这一阶段主要关注高路堤的稳定性。甘肃是全国研究黄土地区高路堤（土桥）问题最早的省份之一，早在 20 世纪 50 年代末期，孙长生[69]等人就对陇东地区的黄土土桥进行了调查，提出了修建改进意见。特别是对黄土的自拱性问题进行了研究，认为这是土桥能保持稳定的原因之一。同时，对修建无衬砌黄土土桥之可能性及其设计问题进行了探讨，提出了天然拱圈曲线方程（抛物线形）。拱上土层最小厚度为 3m，拱脚垂直边墙最小厚度亦为 3m，并在平凉修建了试验工程。建议对路堤或黄土土桥在沟底以下 3m 可用 1：0.7～1：0.8 的边坡，留 1m 宽的台阶，其上 5～6m 用 1：0.5 的边坡，再留 1m 宽的台阶，在其上可用 1：0.2 的边坡，认为这样的边坡对于高 20m 的路堤或土桥是合适的，低于 20m 的土桥可减小边坡。

同期，陕西交通设计院和同济大学组成黄土调查组[70]，集中调查了陕北咸宋公路的宜君至洛川段，调查后认为，在跨越深沟时，由于冲沟附近的地形和路线的高度，在技术上和经济上不可能建造一般的高路堤，也同样不可能建造高架桥，宜建造土桥来跨越冲沟。所调查的 12 个土桥中，最高的在洛川至石家庄（南）K222＋850 处，高 61m，桥长 27m，边坡 1：0.33，3m 高留 1m 的台阶，最低的在洛川县（南）K224＋500 处，高 6.7m，桥长 72.2m。调查土桥的填筑土壤大都为粉砂质亚黏土，认为土桥的稳定性问题，只要土桥在填筑时不塌，则使用时一般稳定。

(2) 半定量分析研究阶段

20 世纪 80 年代以前，由于高等级公路在我国还未出现，大多学者还没有普遍认识到路基沉降变形，特别是路堤和天然地基的共同变形问题对高等级公路的重要性和必要性。由于铁路部门较公路部门对路基沉降要求严格，所以我国铁路部门较早于公路部门从事路堤和路基沉降方面的研究。铁道部科学研究院西北研究所的贾士谔[71]（1978 年）和楚华栋[72]（1987 年）分别对黄土高路堤做了下沉试验研究，并根据实测资料分析了路堤的沉降规律。认为黄土碾压施工中采用重型压实机械是必要的，并应注意选用路堤填料，提高路堤的压实度，预留下沉量。

1984 年，铁一院[73]线路路基处和铁道部第十二工程局第四工程处在陕西省东坡矿支线的杜康沟车站西端修建了高路堤，长 210m，最大填土高 65m，底宽 270m，该路堤在 1987 年特大降雨中仍安然无恙，竣工后测试结果表明，其沉降量小于 1％。根据观测资料，建立了竣工沉降量与路堤高度之间的经验关系，并提出了沉降量与时间的函数关系。结果表明，总沉降量的 60％发生在竣工后的第一年，建议对高于 20m 的路堤的压实系数，基床部分应达到 0.95，基底部分应达到 0.90。当压实系数 $K=0.90$ 时，给出了竣工后沉降量公式。

柴锦春[74]（1988年）认为路堤自身的沉降可分为施工期的沉降和竣工后的沉降两部分，而竣工后的沉降又可分为在自重作用下的沉降和列车动载引起的沉降两部分。同时采用平面有限元法，对南同蒲与陇海铁路联络线上的田家沟黄土高填方路堤，在施工期和竣工后的沉降进行了计算，其结果与实际相符。田家沟为切割渭河三级阶地形成的U形沟谷，沟壁坡度40°～50°，路堤最大填筑高度32.33m，顶宽为11.04m，沟底以下20m边坡为1∶2.0，其上6m为1∶1.75，顶部6m为1∶1.5，填土的干重度为16.5kN/m³，塑限为17.3%。该路堤在施工期实测最大沉降发生在离堤顶约24m处，其值为185mm，竣工后16年表面观测沉降实测为242mm。

左佐生[75]（1988年）通过分析认为提高压实系数可以减小施工预留量，并得到压缩系数E_s、相对压缩量$\Delta H/H$与压实系数K的关系曲线，最后建议填土预留沉落量（相对压缩量）如表1-1所示。

填土预留沉落量 **表1-1**

位置＼土类	黏性土 K（压实系数）			砂性土 D_r（相对密度）	粗粒土 K_{30}（地基系数）	
基底表层	$K>0.95$	$K>0.95$	$K>0.97$	$D_r>0.75$	$K_{30}>12$	$K_{30}>15$
基底底层	$K>0.90$	$K>0.90$	$K>0.95$	$D_r>0.70$	$K_{30}>10$	$K_{30}>12$
路堤下部	$K>0.85$	$K>0.85$	$K>0.90$	$D_r>0.65$	$K_{30}>8$	$K_{30}>10$
预留沉落量	1%～2%	0.5%～1%	1%～5%	0.5%～1%	0.5%～2%	0.1%～1%
备注	填土施工含水量低于最佳含水量时取低值，超过时取高值			级配差取高值	水稳定差取高值	

铁一院的李善皋[76]（1989年）认为路堤顶面以下沉降量是路堤本身及地基土层在填土静载和列车动载作用下产生的压缩变形之和，其搜集了陇海线与南同蒲线的联络线田家沟路堤、西安至坡底段南沟路堤、梅七线稠桑沟路堤、罕东线杜康沟路堤、官厅水库土坝共五处的实测沉降观测资料，提出了一系列回归拟合公式，并采用单向压缩分层总和法计算总沉降量。

(3) 定量分析和综合研究阶段

进入20世纪90年代以后，随着高等级公路建设的迅速发展，研究工作者借助于各种手段对路堤的变形开展了一系列研究。这一时期的主要成果有：

1991～1993年，成都科技大学、甘肃省交通厅公路局及甘肃省交通科研所联合在国道312线西兰公路开展了《黄土地区公路特殊结构的研究》（交通部"八五"行业联合攻关计划所属课题）[77]。该课题在对沿线现有坝式路堤进行深入现场调查研究的基础上，通过大量的物理力学试验，建立了饱和与非饱和黄土的本构关系模型；利用离心模拟方法对黄土高路堤进行了平面及三维离心模型试验研究；采用三维非线性有限元方法，对高路堤及冲沟体系的空间变形和应力分布进行了分析。通过对黄土高路堤的性态进行全面系统的试验研究、模型模拟和数值计算分析，对黄土高路堤设计与施工提出了许多有益的改进措施。

原西安公路交通大学戴经梁、王晓谋[78]等在交通部"八五"行业联合科技攻关项目中以非饱和土的混合物固结理论为基础，利用非线性有限元研究了陕西省黄土路堤沉降规律，并提出黄土路堤沉降防治措施。研究表明：

①新填土堤身的压缩变形是不可避免的，但在压实度较高时，路堤自身变形量较小；路堤越高，施工速度越快，路堤自重引起地基的沉降越大，当地基情况较差时，地基沉降量占整个路堤沉降的大部分。

②较高的压实度能使路堤自重压缩变形随时间完成的较快，而且变形量较小。

③在路堤施工前，对天然地基进行适当处理是防治工后超标准沉降的有效措施。

④路堤自身压缩变形稳定所需时间比地基沉降稳定所需时间短，对 3～10m 的大多数路堤，完成工后沉降的时间一般为 1～2 年。

在定量分析方面，交通部公路科学研究院的郝传毅、饶鸿雁、杨世基[79]等人（1991年）用非线性有限元对新填路堤土的自身压缩问题进行了研究，将模拟方程的计算结果与交通部公路科学研究所和铁道部科学研究院积累的观测资料做了对比，发现相近路堤高度和压实度的压缩量观测值与计算结果是基本吻合的，其结果对轻型压实标准路堤的变形研究和设计都有一定的帮助，但由于采用了邓肯-张模型作为土体的本构模型，计算参数较难获取，故难以推广应用。1992 年魏汝龙、谢新宇等[80,81]基于土体中一点的一维应力应变关系，提出了用应变定义的固结度与按应力定义的固结度之间的换算关系，直接根据土体中一点的任意时刻的有效应力与应变的关系建立沉降公式。郑治[82]（1996 年）在分析路堤填土自身压缩特点的基础上，对目前通常使用的分层总和法进行了改进，采用逐级加载的方法计算填土自身压缩量，并用 Terzaghi 的一维固结理论对填土的固结沉降作了近似计算。与前者相同，其计算方法都是基于一维条件下得出的，没有考虑土体侧向变形对沉降的影响。杨重存[83]（1998 年）在对黄土进行了微观结构观测和矿物成分分析及物理力学特性试验的基础上，提出了反应黄土基本性质的 K-G 模型。吴燕开[84]（2004 年）等针对西安地区黄土提出了非饱和黄土的加载体积流变模型。刘保健[85]（2005 年）结合实际工程，对饱和软土地基和黄土填方路堤的沉降过程进行了大量的实测，揭示了大量有关公路路堤沉降变形的规律。通过对现场土样进行了室内试验并结合理论分析，提出了碾压黄土路堤沉降过程计算方法、黄土地基增湿过程和增湿湿陷计算方法。此外，原西安公路交通大学伍石生[86]（1996 年）用灰色系统理论预测了黄土路堤沉降规律。原西安公路交通大学钟厚冰[87]（1999 年）利用清华 THEPD 程序对西宝高速公路竣工后变形进行了分析。研究指出，竣工时的最大沉降并不是出现在路堤顶中部，而是出现在原地表中部。长安大学的高维隆[88]（2000 年）对公路黄土坝式路堤的沉降、渗漏、稳定性与设计做了一定的研究，针对坝式路堤与水利工程大坝的不同工作状态，将坝式路堤的沉降计算方法和沉降过程的计算方法作为重点来进行深入探讨，提出了关于坝式路堤的一整套的设计思路、原则和方法。除此之外，还提出了黄土坝式路堤施工质量控制及其保证质量的措施，为坝式路堤和高等级公路的沉降和沉降过程计算提供了可行的方法，积累了土的区域性的参数选取的经验。

大量工程实际表明，影响高填方路基工后沉降的主要因素有：原地基及填料的工程特性、施工工艺（地基压实度、压实方法和填土速率）、填筑区几何形态和边界条件、施工影响范围内水文地质条件、时间等。而各种因素存在着相互影响，并非独立作用于工后沉降系统，故很多学者和工程师们结合现场原位变形监测进行辨识和研究。孟宪侵[89]

(2001年）通过对太原市东山过境高速公路两处大型黄土高路堤实地沉降观测试验的研究指出，高填方路基沉降变形由基底沉降和填土压缩变形两部分组成。通过对实测结果分析，认为基底沉降为总变形的1/3～1/4；初始沉降和固结沉降在施工期间基本完成，竣工后的沉降主要为次固结沉降，约为施工期间总沉降的8%；竣工后路面沉降约为最高填土厚度的1‰。另外还指出"V"形沟谷具有明显的土拱作用，土中应力重分布，具有明显的卸荷作用。刘涌江等[90]（2005年）以云南安楚高速公路第九合同段高填方路堤为依托工程，根据高速公路路堤修建过程中常见情况，以数值计算为手段，全面研究了高速公路路堤的稳定性与沉降变形规律，为高填方路堤的建设提供了有效的技术支撑。朱才辉[91]等人（2013年）以吕梁机场高填方路基工后沉降监测结果为基础，对原地基及填筑体的工后沉降组分和产生不均匀沉降的原因进行了深入分析；量化分析了填土高度、填土速率、地基综合压实度、时间等因素对高填方工后沉降的影响，提出了基于应变速率的工后沉降递推分析法。该研究结果表明：减小填土速率、适当增大地基综合压实度和降低填土高度都是减小工后沉降的有效措施，采用递推分析法，更能够近似描述施工工艺对工后沉降的影响。谷复光[92]等人（2011年）针对吉林省出现的高填方路基，开展高填方路基沉降观测和沉降规律的研究，通过对实测的路基沉降观测资料进行整理分析，选定三条吉林省内典型路段的路基填土取样进行土工试验，并进行三年的填土高程变化观测。在结合室内试验结果的基础上，分析了高填方路基的沉降机理，并以大型有限元分析软件ANSYS为手段，选用岩土类材料的D-P本构模型，对高填方路基沉降问题进行平面应变弹塑性数值模拟分析。

综合调查分析方面，辛平[5]（2000年）对甘肃263座黄土高填方公路路基进行了调查，并在实地进行了压路机压实和强夯击实试验。在此基础上，比较和探讨了原状黄土和击实黄土的性质，分析了黄土高路堤现状和病害，提出了已建路堤稳定性评价及新建路堤的沉陷和稳定性计算方法。刘怡林[93]（2001年）在对黄土土性参数、坡高、坡度等因素与稳定系数的关系进行系统分析的基础上并结合工程实际，对可能的路基断面形式进行了稳定性分析与评价，提出适用于甘肃省黄土地区特殊路基边坡的合理断面形式。这些为黄土地区高路堤、深路堑边坡的设计和施工提供了理论依据。徐世强[94]（2002年）将土坝和建筑地基设计理论和方法引入公路坝式路堤设计，提出了关于坝式路堤设计的结构形式、稳定设计、沉降设计、地基设计及渗漏设计等一整套方法。并结合实例加以论证，对黄土地区的公路建设具有一定的参考价值。郑治[95]（2005年）在其"高填路堤沉降变形规律研究及压实技术课题成果简介"中全面总结了西部课题"高填路堤沉降变形规律研究及压实技术"中针对高填方路堤典型病害、高路堤沉降计算方法、高路堤工后沉降预估方法以及典型填料压实技术等方面所取得研究进展。该研究对完善有关规范和提高我国山区高等级公路建设质量将起到积极作用。

大量工程实践和理论分析均表明，随着填方高度的增加，填方体压缩沉降占路基总沉降的比例越来越大，甚至以填方体沉降为主。因此，对堤身压缩沉降的研究也备受重视。梁莉、何兆益[96]等学者对万州五桥机场高填方路堤沉降用有限元进行分析，结果表明路堤本身的压缩量占主导地位。张占荣[97]等对路堤填土沉降的计算方法进行了分析，於永和[98]对高填方路堤自身沉降计算用有限元进行了分析，王志亮[99]提出了用修正的分层总和法计算路基沉降，陈开圣[100]对用分层总和法在路基沉降计算中应注意的问题进行了探讨。

1.2.4 高填方路堤的模型试验研究

模型试验作为研究黄土路堤沉降问题重要手段之一，也有着丰硕的成果。

(1) 小型土工试验研究

西安理工大学[101]利用小型土工试验场填筑 4m 高黄土路堤，研究了黄土路堤在自重作用下的压缩变形沉降规律。研究指出，矮路堤沉降稳定大概需要一年时间；通过提高路堤压实标准可以减小路堤压缩变形量，同时得到路堤高度与自身最大压缩沉降关系预测模型。长沙理工大学秦仁杰等[102]通过室内模拟沉降试验得到了黄土的沉降规律以及短期荷载和长期荷载对沉降的影响，同时还得出在长期荷载作用下沉降的拟合曲线方程，为黄土路堤后期沉降的预测以及建立沉降本构方程提供参数。以上两者通过模型试验研究了黄土路堤的变形规律，但由于模拟路堤高度有限，没能反映出高路堤情况下的特殊性。

(2) 离心模型试验研究

土工离心模拟技术的不断向前发展，使得土工离心模型试验已经成为解决大型岩土工程中关键问题的一种有效手段。借助土工离心模型试验，可以将工程中结构物模型置于原型应力状态下，针对结构物的稳定性、变形规律及其破坏过程进行深入研究，其研究结果不仅能验证设计方案的可靠性及经济性，还能为工程的施工控制提供科学依据[103]。我国早在 20 世纪 50 年代就了解到离心模型试验在模拟土工建筑物的性状和研究土力学基本理论等方面的良好作用。20 世纪 60 年代初，郑人龙就翻译了很多苏联的文献。然而，在 20 世纪 80 年代初，国内学者才真正着手土工离心模型试验，在黄文熙教授的大力倡导下，土工离心模型试验工程应用研究在南京水利科学研究院及其他单位率先开展，但当时大都是采用改装光弹离心机开展试验的。之后，中国水利水电学研究院、河海大学、长江科学院、上海铁道学院、清华大学逐步建造了自己的离心机，并进行了大量的土工模型试验，取得了显著的成果。胡再强、沈珠江、谢定义等[104]（2004 年）应用非饱和黄土的结构性模型，采用考虑渗流与变形耦合作用的方法，编制了能够模拟非饱和黄土结构性及湿陷性的平面有限元程序，并对非饱和结构性黄土渠道模型离心试验进行了有限元数值模拟。牟太平、张嘎、张建民[105]（2006 年）为了解决土坡的破坏过程并进一步探讨滑坡的机理，开发了土坡离心模型试验和测量技术以观测加载条件下土坡的变形过程，进行了自重加载情况下的土坡离心模型试验，观察了土坡的破坏过程并测量了土坡的位移场变化。刘悦、黄强兵[106]（2007 年）为了研究开挖和堆载对黄土边坡变形破坏特征的影响，采用原状黄土在离心机上模拟黄土边坡在开挖和堆载作用下的变形过程，得到了两种工况下黄土边坡的位移变化规律和破坏特征。潘宗俊、刘庆成[107]（2009 年）为研究压实黄土土-水特征曲线，采用离心机对不同压实度黄土进行脱水试验，得出不同压实度黄土土-水特征曲线的变化规律。可见，离心模型试验是研究非饱和黄土有效技术手段之一。

岳祖润[108]（1996 年）通过四组土工离心模型试验，得到了压实细粒土路堤中应力和位移分布。同时分析了路堤沉降与压实系数、填土高度及加荷情况的关系，提出了一种新的路堤沉降预测和控制方法。

章为民[109]等（1997年）依据相似理论从离心模拟的加速过程入手，用加速度的增加过程来模拟坝体逐步升高的过程，并建议了一个简便的分析方法，用这一方法可以得到符合实际的变形分布，所得到的竣工期坝体应力与实际基本相同，主应力方向也与实际基本一致，最大值也基本合理。另外，此方法与思路对分析处理其他类型的模型，如挡土墙、地基等模型的试验结果时，也有直接的指导借鉴意义。

熊冰[110]等（1999年）根据黄土地基上的筑路特点，运用离心模型试验研究了黄土路基的特性，获得了在不同路基深度及不同路堤高度下黄土路基因降雨等引起的湿化沉降与水平变形分布及路堤破坏情况，黄土路基最大沉降点位于路堤坡脚下方；路堤顶部的开裂是因不均匀沉降而引起的拉应力而造成的；引起不均匀沉降的主要原因是湿化程度不同及湿化受应力水平影响较大所致。

胡小明[111]等（2002年）根据黄土地区的工程实际状况，运用离心模型试验研究了黄土高路堤（H＝30m和H＝63.8m）特性，研究了高路堤填土在不同干重度分区下不同路堤边坡在无水、挡水、边坡淋水作用时高路堤的稳定情况及其位移与应力状况。试验结果表明：黄土高路堤稳定与沉降除与填筑密度密切相关外，水的浸入也是一个重要的影响因素。在填土重度一定时，边坡坡度越陡，稳定安全性越差，沉降越大。

刘宏（2003年）等[112]以西南地区某机场为工程背景，利用离心模型试验系统研究了高填方地基的变形特性。同时指出，对于试验所用土体，高填方地基的沉降特征为“沉降大，压实快”，沉降主要发生在施工期间，施工后沉降量小于总沉降量的10％。

范亮[113]（2004年）则通过室内模型试验对高填方路堤在浸水情况下的变形特性进行研究，探讨了水位高低、路堤高度、加筋、填料性质等因素对浸水高填方路堤侧向变形和竖向变形的影响。认为加筋能有效地减小浸水高填方路堤的侧向位移和竖向位移，起到防止路堤填土层底部开裂和提高路堤稳定性的目的。

景宏君[114]（2004年）以高69m的黄土高路堤为研究载体，通过离心模型试验和非饱和土三维数值解析解分析，研究了黄土高路堤沉降的特点及土体应力与位移的变化趋势，并得出振动压实与黄土高路堤沉降变形的关系规律，同时从振动压实的角度出发，对高路堤应力、位移变化剧烈处提出应做特殊处理的建议和措施。

1.2.5 研究现状的不足之处

综上所述，国内外对黄土路堤压实特性、压实技术及沉降变形规律等问题的研究由来已久，且取得了一定成果，为黄土高填方路堤的工程应用积累了大量的基础数据和重要的理论依据。但有其不足之处，具体表现为以下几方面：

（1）以往对压实技术的研究往往侧重某一种压实方法，成果比较单一，关于综合性压实方法的研究比较罕见；

（2）高填方路堤的压实与工后沉降是相互联系的，在工程应用中将二者统一进行研究的报道较少；

（3）对黄土路堤沉降规律的研究大多数是针对原来的低等级公路来开展的，基于高等级公路的研究较为匮乏。

因此，有必要针对目前黄土高填方路堤存在的压实度欠佳、工后沉降较大的普遍现象，提出一种适于黄土高填方路堤的综合压实技术，并对其压实机理和工后沉降规律进行深入研究，探索黄土高填方路堤的实用沉降计算方法和工后沉降预测方法，解决黄土高填方路堤设计和施工中的关键技术问题，为完善相关的技术规范提供理论依据和基础数据。

1.3 主要研究内容

在归纳和总结前人研究成果的基础上，为了有效提高黄土高填方路堤的压实质量和显著降低工后沉降，结合实际工程在传统压实方法的基础上提出一种适于黄土填料高填方路堤的振动压路机分层压实与隔层重锤补夯相结合的综合压实技术[115]，并将其应用于太原市太行路阎家峰路段；本书对该综合压实技术处理黄土高填方路堤的工作机制、应用效果及其路堤工后沉降变形规律、沉降计算与预测方法等方面展开深入研究。主要研究内容为：

1. 提出适于黄土高填方路堤的振动压路机分层压实与隔层重锤补夯相结合的综合压实技术的施工工艺及步骤，分析该综合压实技术的工作原理。

2. 路堤土体的压实效果及压实机理的试验研究

通过现场开挖探井取得土样，在试验室进行土体的常规物理力学性质试验、黄土填料的击实试验、路堤土体的压实度试验、路堤土体的湿陷性试验、路堤土体的固结压缩试验等，深入分析振动压路机分层压实与隔层重锤补夯技术相结合的综合压实方法的压实效果及压实机理。

3. 黄土高填方路堤的工后沉降现场监测试验研究

以太原市太行路阎家峰路段为研究对象，通过对黄土填料高填方路堤的分层沉降监测及路面沉降观测，揭示综合压实技术对减小高填方路堤沉降的显著作用；探讨该综合压实技术处理后黄土填方体的沉降规律及主要影响因素。

4. 黄土高填方路堤自身沉降的实用计算方法研究

分析总结了常用沉降计算方法的不足和缺陷，应用压缩模量与压力的幂函数拟合公式，考虑了路堤分层填筑的特点及压缩模量随实际压力区间变化的规律，提出了一种基于幂函数拟合 E_s-P 曲线的路堤自身沉降的改进计算方法。

5. 黄土高填方路堤的工后沉降预测方法研究

以沉降实测资料为研究对象，对黄土高填方路堤沉降规律进行了系统分析，分别建立了泊松、双曲线、乘幂、指数和对数 5 种预测模型；在对 5 种模型的预测值与实测值进行比较的基础上，建立了泊松和指数模型的组合模型，该组合模型有效提高了预测精度，可提供黄土填方体最终沉降量的预测，为类似的工程实践提供借鉴。

参考文献

[1] 张卫兵．黄土高填方路堤沉降变形规律研究及工程实践［M］．徐州：中国矿业大学出版

社，2013.
[2] 中华人民共和国行业标准. 公路路基施工技术规范（JTJ033-95）. 北京：人民交通出版社，1995.
[3] 交通部第二公路勘察设计院. 公路设计手册Ⅰ路基（第二版）[M]. 北京：人民交通出版社，1996.
[4] 刘祖典 . 黄土力学与工程 [M]. 西安：陕西科学技术出版社，1997.
[5] 交通部公路司 . 公路工程质量通病防治指南 [M]. 北京：人民交通出版社，2002.
[6] 辛平. 黄土高填方路堤稳定性研究 [D]. 西安：长安大学，2000.
[7] 郑治，曾忠 . 西部地区高填方路堤沉降病害调查与分析 [J]. 公路交通科技，2005 (4)：15～18.
[8] 李启，张蓬勃 . 西宝高速公路路基病害处治分析 [J]. 山西交通科技，2005 (3)：9～11.
[9] 王晓谋，袁怀宇 . 高等级公路软土路基路堤设计与施工技术 [M]. 北京：人民交通出版社，2001.
[10] 刘开元，王祥 . 路堤荷载下次固结沉降分析 [J]. 岩土工程技术，2002 (4)：191～194.
[11] 阮永芬，刘文连，刘永芳等 . 高填土抗剪强度指标的影响因素分析 [J]. 昆明理工大学学报（理工版）. 2007，32 (2)：56～60.
[12] 王智超，罗迎社，龚卫锋等 . 高填方路基压实土力学性状实验 [J]. 铁道科学与工程学报，2010，7 (4)：74～77.
[13] 景宏君，张斌 . 黄土路基强度规律 [J]. 交通运输工程学报，2004，4 (2)：14～18.
[14] 杨有海 . 重塑黄土的强度特征及其影响因素的研究 [J]. 兰州铁道学院学报，2002，22 (3)：38～41.
[15] 刘建民 . 从压实土体的强度特征看黄土的现场压实控制 [J]. 工业建筑，1994，24 (10)：26～30.
[16] 陈开圣 . 公路工程压实黄土的强度与变形及其微观结构研究 [D]. 西安，长安大学，2006.
[17] 姜旺恒 . 黄土路基填料强度及变形性质研究 [D]. 西安，长安大学，2004.
[18] 王有余 . 不同应力水平下黄土的蠕变试验研究 [J]. 公路与汽运，2005 (2)：73～75
[19] 马莉英，肖树芳，王清 . 黄土的流变特性模拟与研究 [J]. 实验力学，2004，19 (2)：178～182.
[20] 李传勋 . 压实黄土荷载、变形与时间关系及应用问题的研究 [D]. 西安：长安大学，2003.
[21] Mitchell J K. Soil improvement -state of the art report [A]. The 10th ICSMFE proceedings [C]. Stockholm：Bal kern AA，1981：509～565.
[22] HU R L，YUENG M R. LEE C R，eta1. Mechanical behavior and micro structural variation of loess under dynamic compaction [J]. Engineering Geology，2001，59 (3/4)：203～217.
[23] 胡瑞林，王思敬 . 模拟强夯下黄土的固结变形特征及其微观分析 [J]. 岩土力学，1999，(4)：12～18.
[24] 胡瑞林，李焯芬 . 动荷载作用下黄土的强度特征及结构变化机理研究 [J]. 岩土工程学报，2000，(3)：174～181.
[25] 张晓荣 . 压实黄土动力特性及动力下的松弛特性试验研究 [D]. 西安：长安大学，2004.
[26] 张栋梁 . 压实黄土动力特性试验研究 [D]. 西安：长安大学，2004.
[27] 张贵发，邱慧玲 . 龄期对压实黄土湿陷性影响的试验 [J]. 水资源与水工程学报，1990 (4)：66～68.
[28] 贾茂林 . 对压实黄土湿陷问题的试验研究 [J]. 山西建筑，2001 (1)：4～7.
[29] 伍石生，武建民 . 压实黄土湿陷变形问题的研究 [J]. 西安公路交通大学学报，1997，17 (3)：1～3.
[30] 伍石生，戴经梁，彭波 . 压实黄土的微结构及其渗水的研究 [J]. 西安公路交通大学学报，1998，18 (4)：17～20.
[31] 沈波，郑南翔，田伟平 . 路基压实黄土坡面降雨冲蚀试验研究 [J]. 重庆交通学院学报，2003，

22 (4)：64～67.
[32] 任玉芳．农田灌溉对黄土路基稳定性的影响研究［D］. 西安：长安大学，2001.
[33] 王爱营，董琳琳，崔新壮．黄泛区公路路基压实标准的研究［J］. 路基工程，2009 (6)：34～36.
[34] 王玉晗，王秀．高填方路堤快速施工技术［J］. 山西建筑，2008，34 (32)：281～282.
[35] 任有旺，张爱江．高填方路基压实质量控制［J］. 市政技术，2006，24 (5)：279～281.
[36] 单飞．路基的压实技术与压实工艺［J］. 北方交通，2006，(5)：8～10.
[37] 周志军，杨荣尚，任毅．湿陷性黄土地区公路地基处理技术研究［J］. 中外公路，2007，27 (4)：191～195.
[38] Head K H. Manual of Soil Laboratory Testing［Z］. London Partech Press，1980.
[39] 方涛，熊壮．高填方路基填筑碾压工艺控制的现场试验研究［J］. 公路工程，2009，34 (1)：151～153.
[40] 胡保颂．高填方路基填筑碾压工艺控制的试验研究［J］. 西部探矿工程，2007，(1)：169～170.
[41] O. huru S，Mutsuda H. Dynamic shear strength of saturated clay［J］. Soils and Fount ions，1978，18 (1)：91～97.
[42] 景宏君，张斌．黄土地区公路路基冲击压实试验［J］. 长安大学学报（自然科学版），2004，24 (1)：25～29.
[43] 王吉利，刘怡林，沈兴付等．冲击碾压法处理黄土地基的试验研究［J］. 岩土力学，2005，26 (5)：755～758.
[44] 杨庆波．高速公路路基施工冲击碾压工艺研究［D］. 镇江：江苏大学，2010.
[45] 陈涛，但汉成．高填方土石混填路堤冲击碾压试验研究［J］. 铁道科学与工程学报，2014，11 (1)：101～105.
[46] 赵炼恒，罗恒，李 亮，等．冲击压实技术在高速公路高填方路基中的应用研究［J］. 岩石力学与工程学报，2006，25 (增 2)：4191～4197.
[47] 娄国充．冲击压实技术处理高速公路湿陷性地基的应用研究［J］. 岩石力学与工程学报，2005，24 (7)：1207～1210.
[48] Liu Z D，Wang S N. An investigation on the constitutive law of saturated soft clay under cyclic loads［A］. In：Proc. Int. Conf. on Constitutive Law for Eng. Materials. China［C］. ［s. l.］：［s. n.］，1994. 734～740.
[49] 高辉，勇军，朱昌理．补强冲击碾压在粉土路基施工中的应用效果分析［J］. 交通标准化，2011，(3)：238～240.
[50] 赵军丽．冲击压实技术在高填方路基中的应用［J］. 交通科技，2006，(2)：47～48.
[51] 张晓靖，邱延峻，佘斌，等．冲击碾压在高填方路基中的应用研究［J］. 交通运输工程与信息学报，2011，09 (1)：70～77.
[52] 王纯鸣．冲击压实技术在高填方填土路基施工中的应用［J］. 交通标准化，2010，(11)：229～230.
[53] Leon，F. J. Dynamic Pre-compaction Treatment-A Case History［A］. International Symposium on Case Histories in Geotechnical Engineering：1040～1051.
[54] Leonard，G. A. etal . Dynamic Compaction of Granular soil［J］. Journal of the Geotechnical Engineering Division ASCE. Vol . 106，No . G. T. 1 Proceeding，1980，Jan .：135～144.
[55] 石蹈波．强夯法加固地基机理分析［J］. 中国农村水利水电，2006，(9)：98～102.
[56] 何长明．强夯法加固高路堤的试验与研究［D］. 长沙：中南大学，2006.
[57] 黄涛，刘辉．强夯结合碾压控制高填方沉降的机理研究［J］. 西南交通大学学报，2007，42 (2)：158～162.

[58] 金洁．浅谈强夯法加固湿陷性黄土地基机理及其应用效果［J］．甘肃科技纵横，2013，42（10）：74～76.
[59] 庞旭卿．强夯加固技术在湿陷性黄土路基处治中的应用［J］．兰州理工大学学报，2010，36（1）：117～121.
[60] 李增华．强夯技术在湿陷性黄土路基中的应用［J］．铁道建筑，2010，（2）：82～83.
[61] 安明，韩云山．强夯法与分层碾压法处理高填方地基稳定性分析［J］．施工技术，2011，40（341）：71～73.
[62] 乔明利，陆飞．强夯法处理公路过湿黄土路基机理及适宜性探讨［J］．公路，2013，（1）：200～201.
[63] 缪林昌，刘松玉，朱志铎，等．高速公路液化土与软土交互地基强夯法处理研究［J］．岩土工程学报，2000，22（4）：408～411.
[64] Poran C J，Rodriguez J A. Design of dynamic compaction［J］. Canadian Geotechuical Journal，1992，29（5）：796～802.
[65] White W，Valliappan S，Lee K. Unified boundary for finite dynamic models［J］. Journal of the Engineering Mechanics Division，ASCE，1977，03（EM5）：949～964.
[66] 郑治，贺铭．高填方路堤补强压实措施对比分析［J］．道路交通技，2009，（6）：9～13.
[67] 周健，张思峰，贾敏才，等．强夯理论的研究现状及最新技术进展［J］．地下空间与工程学报，2006，2（3）：510～516.
[68] 郑治，曾忠．西部地区高填方路堤沉降病害调查与分析［J］．公路交通科技，2005，22（9）：107～110.
[69] 孙长生．黄土地区跨越深沟建筑物问题探讨［J］．公路，1983，（12）：10～15.
[70] 陕西省交通设计院．夯土调查研究汇集［M］．北京：人民交通出版社，1960.
[71] 贾士愕．黄土路堤的下沉规律与处理措施［M］．兰州：［s. n.］，1978.
[72] 楚华栋．黄土路堤的压实与下沉［M］．兰州：［s. n.］，1987.
[73] 龙锦永．杜康沟高路堤设计施工及沉降观测工作简介［J］．路基工程，1986（1）：104～106.
[74] 柴锦春．黄土高路堤的沉降计算［J］．路基工程，1988，20（5）：19～24.
[75] 左佐生．填土的压缩（沉降）量［J］．路基工程，1988，21（6）：19～19.
[76] 李善皋．黄土路堤竣工后下沉量的估算［J］．路基工程，1989，26（5）：91～93.
[77] 成都科技大学，甘肃省交通厅公路局，甘肃省交通科研所．黄土地区公路特殊结构研究成果报告［R］．［s. l.］：［s. n.］，1993.
[78] 戴经良，王晓谋，等．陕西高等级公路路堤沉降规律与防治的研究成果报告［R］．西安：［s. n.］，1997.
[79] 郝传毅，饶鸿雁，杨世基．路堤自身压缩的非线性有限元分析［J］．中国公路学报，1991，4（1）：9～14.
[80] 魏汝龙．从实测沉降过程推算固结系数［J］．岩土工程学报，1993，15（2）：12～18.
[81] 谢新宇．饱和土体一维大变形固结理论研究［J］．西安公路交通大学学报，1996，16（4）：14～18.
[82] 郑治．路堤自身压缩的分层总和法［J］．华东公路，1996，（5）：51～54.
[83] 杨重存．黄土高路堤及高路堑的稳定与变形性态分析与研究［J］．东北公路，1998，21（2）：9～13.
[84] 吴燕开，陈红伟，张志征．饱和黄土的性质与非饱和黄土流变模型［J］．岩土力学，2004，25（7）：1143～1146.
[85] 刘保健．公路路基沉降过程试验与理论分析［D］．西安：西安理工大学，2004.

[86] 伍石生. 高等级公路非饱和土路堤沉降规律的研究 [D]. 西安：长安大学，1996.
[87] 钟厚冰. 压实黄土变形特征及路堤沉降计算 [D]. 西安：长安大学，1999.
[88] 高维隆. 公路黄土坝式路堤研究 [D]. 西安：长安大学，2000.
[89] 孟宪侵. 高填土路堤沉降试验研究 [J]. 城市道桥与防洪，2001，(1)：102～105.
[90] 刘涌江，邓卫东，杨青，等. 高速公路路堤稳定性与沉降变形规律研究 [J]. 公路交通技术，2005，(5)：16～20.
[91] 朱才辉，李宁，刘明振，魏弋峰. 吕梁机场黄土高填方地基工后沉降时空规律分析 [J]. 岩土工程学报，2013，35 (2)：293～301.
[92] 谷复光. 吉林省某路段高填方路基沉降分析与研究 [D]. 吉林大学，2011.
[93] 刘怡林. 甘肃省黄土地区高路堤、深路堑边坡稳定性研究 [D]. 西安：长安大学，2001.
[94] 徐世强. 公路黄土坝式路堤设计研究 [D]. 西安：长安大学，2002.
[95] 郑治. 高填路堤沉降变形规律研究及压实技术课题成果简介 [J]. 公路交通技术，2005，(5)：12～15.
[96] 梁莉、何兆益等. 万州五桥机场高填方路堤沉降用的限元分析 [J]. 地下空间与工程学报，2007，3 (5)：806～810.
[97] 张占荣，盛谦，朱泽奇，等. 路堤沉降分析的修正分层总和法研究 [J]. 长江科学院院报，2010，27 (3)：50～53.
[98] 於永和，李素艳. 施工过程中的高填方路堤自身沉降计算有限元分析 [J]. 中外公路，2006，26 (5)：137～141.
[99] 王志亮. 分层总和法计算高速公路沉降的修正研究 [J]. 水运工程，2004，360 (01)：21～23.
[100] 陈开圣，刘宇峰. 分层总和法在路基沉降计算中应注意的几个问题 [J]. 岩土工程技术，2005，(01)：43～45.
[101] 胡再强. 黄土结构性模型及黄土渠道的浸水变形试验与数值分析 [D]. 西安：西安理工大学，2000.
[102] 秦仁杰. 黄土室内模拟沉降规律分析 [J]. 公路交通科技，2004，(4)：101～105.
[103] 梅源，胡长明. 湿陷性黄土高填方地基处理技术及其边坡稳定性 [M]. 北京：中国建筑工业出版社，2016.
[104] 胡再强，沈珠江，谢定义. 结构性黄土渠道浸水变形离心模型试验有限元分析 [J]. 岩土工程学报，2004，(5)：637～640.
[105] 牟太平，张嘎，张建民. 土坡破坏过程的离心模型试验研究 [J]. 清华大学学报（自然科学版），2006，(9)：1522～1525.
[106] 刘悦，黄强兵. 开挖和堆载作用下黄土边坡变形特征离心试验研究 [J]. 工程勘察，2007，(5)：10～13.
[107] 潘宗俊，刘庆成. 基于离心机法研究变重度压实黄土土—水特征曲线 [J]. 公路，2009，(8)：270～274.
[108] 岳祖润，刘典岱，王锡朝. 路堤沉降的离心模型试验 [J]. 铁道学报，1996，18 (1)：96～100.
[109] 章为民，徐光明. 土石坝填筑过程的离心模拟方法 [J]. 水利学报，1997，(2)：9～13.
[110] 熊冰，胡小明. 黄土路基湿化特性的离心模型研究 [J]. 四川联合大学学报（工程科学学版），1999，3 (1)：1～4.
[111] 胡小明，余学明. 高填方黄土路堤的最优填筑密度分区研究 [J]. 四川联合大学学报（工程科学学版），2002，34 (1)：40～43.
[112] 刘宏，张倬元，韩文喜. 用离心模型试验研究高填方地基沉降 [J]. 西南交通大学学报，2003，38 (3)：323～326.

［113］ 范亮．浸水高填方路堤变形性状模型试验研究［J］．重庆交通学院学报，2004，23（6）：78～82.
［114］ 景宏君．振动压实与黄土高路堤沉降变形［D］．西安：长安大学，2004.
［115］ 北京市政建设集团有限责任公司，太原理工大学．用于黄土地区高填方路堤的综合压实技术［P］．中国：ZL 2014 1 0262497.4，2016.3.

第2章 黄土高填方路堤的传统压实及加固方法

对黄土类高填方填土的传统压实方法，根据施工压实力的作用方式来说，总体上可以分为静力压实与动力压实。其中静力压实方法为滚动压实；动力压实方法为振动压实、冲击压实与振荡压实、夯实压实。黄土高填方路堤的常用加固方法有灰土（或素土）挤密桩法。下面分别介绍各种压实方法及灰土（或素土）挤密桩加固方法的基本原理和工程设计、施工要点。

2.1 静力压实

2.1.1 简介

世界上最早出现的压实方法是踩踏、揉搓和捣实。早在远古时代的先民们就曾利用牛羊畜群的蹄足对土壤的踩踏、揉搓和捣实作用来压实水坝和河堤，这就是近代羊足碾的起源。

压路机作为压实机械中最主要的机种，则经历了漫长的发展和演变。早先出现的压路机是拖式的，这要追溯到18世纪初制造的畜力牵引式光轮碾。至于用圆石制成的石碾则在中国可以追溯到更为古老的年代，我们的祖先在一千多年前就创造了用人力或畜力拖动的石滚，它其实就是拖式压路机的雏形。

19世纪的工业革命席卷了西方，欧洲最早制造出了蒸汽机驱动的拖拉机。随后在1862年就研制成了以蒸汽机为动力的自行式三轮压路机（图2-1），并于1865年投产。美国是最早开展土壤压实理论及方法研究的国家，并在20世纪初美国的工程师们研究出了世界第一台内燃压路机（图2-2），并在一个偶然的机会，工程师们在填土工地上观察到了汽车轮子的压痕，进而据此原理于1940年发明了轮胎压路机（图2-3），从而出现了有别于刚性滚轮的柔性压实方法。

以上介绍的压路机都是静力式的，为了增加压实效果，在相当长的时间主要是依赖于增加压路机的重量来实现的。最大的拖式轮胎压路机曾重达200t，而在20世纪40～50年代，50～70t的轮胎压路机曾被普遍用于建设飞机场、道路和堤坝。

2.1.2 基本原理

静力压实的基本原理就是利用压实机械的自身重量以及附加重量，通过碾轮对路面施加一个垂直作用力碾压路面来使路面达到一定深度的永久变形，使被压土体内部产生法向应力和剪切应力，当剪切应力达到至超过材料的抗剪强度时，黄土填料颗粒就会发生相互移动、从而使结构紧密，进而提高被压土层的稳定性、强度与不透水性，使填方路堤具有足够的平整度与承载力。此方法适用于任何大型建筑和筑路工程。但由于是凭借压实机械本身的重量及附加重量来起主要作用，所以现在静力压实机械越来越向大吨位发展[1]，其工作原理如图 2-4 所示。

图 2-1　第一台蒸汽式压路机

图 2-2　第一台内燃机两轮式压路机

图 2-3　第一台轮胎压路机

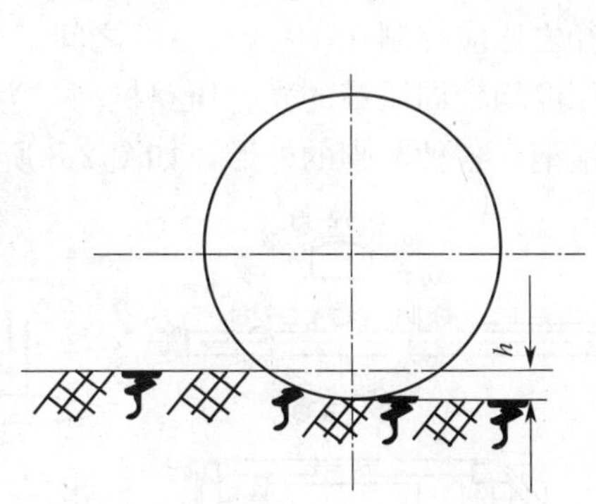

图 2-4　静力式压实机工作原理示意图

2.1.3　静力压路机的种类

虽然静力压路机经过这么多年的发展，种类众多，但是常用的静力式压实机主要有光轮压路机、轮胎压路机、羊脚碾等几种。

（1）光轮压路机

光轮压路机的工作装置由几个用钢板卷成或用铸钢铸成的圆柱形中空（内部可装压重材料）的滚轮组成，如图 2-5 所示。

光轮压路机按碾压轮和轮轴的数目可分为二轮二轴式、三轮二轴式和三轮三轴式三种，按机械自重的大小可分为轻型（2～6t）、中型（6～10t）和重型（10～15t）三种。

（2）轮胎压路机

轮胎压路机对各种土壤都有良好的压实效果，特别是在沥青路面的压实作业中，更显示其优越的性能。如图 2-6 所示，轮胎式压路机的轮胎前后错开排列，一般前轮为转向轮，后轮为驱动轮，前后轮胎的轨迹有重叠部分，使之不致漏压。

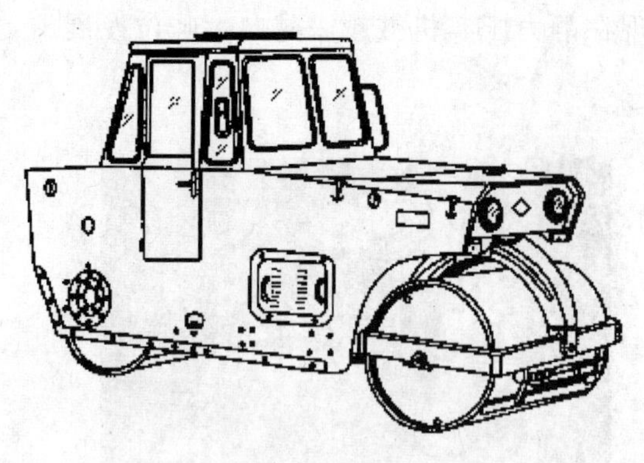

图 2-5　光轮压路机

图 2-6　轮胎压路机

(3) 羊脚碾

羊脚碾可分为拖式羊角碾和自行式羊角碾两种，常用的羊脚碾多为拖式单滚羊脚碾(图 2-7)，羊脚的尺寸和形状对土的压实质量和压实效果有直接影响，羊脚的高度和碾轮的直径之比应控制在 1∶8～1∶5 之间。羊脚碾的特点是单位面积的压力大，压实效果和压实深度均较同质量的光轮压路机高。为使羊脚经久耐用，在羊脚的尖端部位常堆焊一层耐磨锰钢。各种羊脚的外形，如图 2-8 所示。

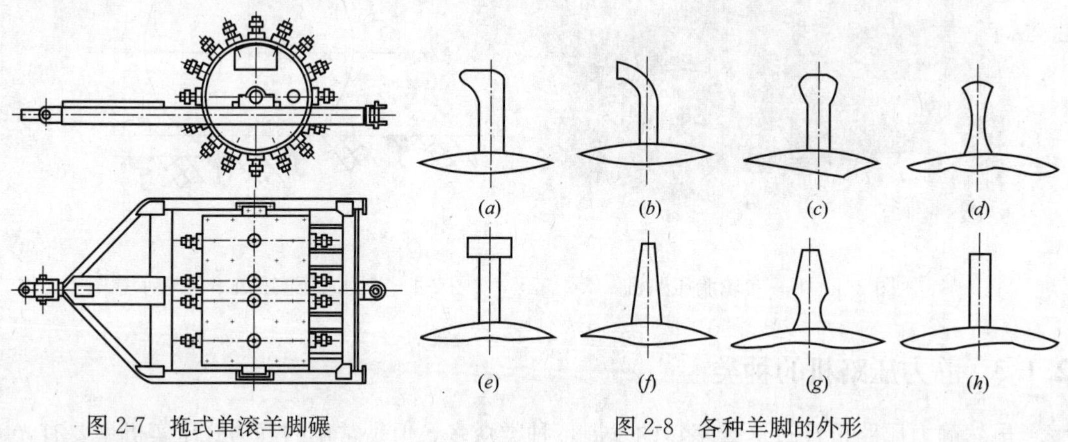

图 2-7　拖式单滚羊脚碾

图 2-8　各种羊脚的外形

2.1.4　施工工艺

(1) 一般步骤

首先，根据路基土质特性和所选用的压路机压实功能，确定适宜的压实厚度。然后，测定土壤的含水量，压实作业时，应随时掌握压实层的含水量，通过大量工程实践发现，只有在最佳含水量时，压实效果才最好，但是由于在压实过程中土的密度、结构在不断发生变化，其最优含水量是不断变化的，所以采取最优含水量浮动 2%时的含水量即可。其次，压路机驾驶员应在作业前，检查和调整压路机各部分及作业参数，保证压路机正常的技术状况和作业性能，遇到死角或作业场地狭小的地段，应换用机动性好的小型压实机械，予以压实。压实步骤为：

①开始压实时，首先进行初压，即指对铺筑层进行的最初 1～2 遍的碾压作业，这时候采用较小的重量来进行压实作业，碾压时，相邻碾压轮应相互重叠 20～30cm，保证碾压的均匀性；

②然后复压，即继初压之后的 5～8 遍压实作业，这时候就采用大吨位压路机来进行压实，这个时候的作业质量是关乎工程是否合格的关键；

③最后终压：是指继复压之后，对每一铺筑层竣工前所进行的 1～2 遍碾压作业，目的是使路面进一步平整，采用小吨位压路机。

（2）一般原则

①先轻后重：是指开始时先使用轻型压路机进行初压，然后再换重型压路机进行复压。

②先慢后快：是指压路机碾压速度随碾压遍数增加而逐渐加快。

③先边后中：是指碾压作业中始终坚持从路基两侧开始，逐渐向路基中心移动的碾压原则，以保证路基设计拱形和防止路基两侧的塌落。

（3）路基压实作业中的注意事项

①保证当天铺筑，当天压实。

②碾压中，由于土体含水量过高土体出现“弹簧”现象时，应立即停止碾压，并采取相应措施，待含水量降低后再进行碾压。对于局部“弹簧”现象，也应及时处理，不然会造成路基强度不均，留下隐患。

③碾压作业中，应随时注意路基边坡及铺筑层土体的变化情况表层出现异常现象，如起皮、松散、裂纹等，及时处理，以免发生陷车或翻车事故。

2.1.5 影响因素及简要分析

分层碾压的摊铺厚度一定时，静力压实的压实效果与压实速度、碾压遍数与线荷载有关，可以表示为 E 或 e。可以用式(2-1)、式(2-2) 表示：

$$E=f(q) \tag{2-1}$$

$$e=f\left(\frac{n}{v}\right) \tag{2-2}$$

式中 q——压路机的静线荷载（即机械重量以及附加重量）；

v——压实速度；

n——碾压遍数。

对压实效果影响最大的是其重量，即压实功的影响，随着压实机械质量的增大，压实效果即路基沉降是逐渐增加的，但是当重量太大，施工机械就会变很大，使其灵活性下降，驱动也会出现困难并会提高造价，也会影响施工效率常用为 50～100t。

其次影响因素是碾压速度，速度越快，压实效果会有所减弱，但是速度太慢又会影响生产率，所以选择合适的碾压速度也是很重要的，这需要根据施工现场相关因素来决定。

最后是碾压遍数，实践表明，随着碾压遍数的增加，路基沉降是累计变大的，但是单次碾压沉降是变小的，说明路基随着碾压会逐渐密实。

然而，经过压实作用其密实度增长到一定程度后，即使提高压实力（选用更大吨位的压路机反复碾压）、增加碾压遍数，仍无法再有效地提高被压土体的密实度。这是因为被压土体压实到一定程度后，压实面已经形成一层硬化层，由于该硬化层的作用使压力波无法再向深层传递，故而静力压实的压实深度较浅。

2.1.6 小结

虽然静力压路机使用范围很广，可以应用于各种土质，各种规模的工程中，但是由于其有效深度不高，一般仅在 1m 以内，且压实效果相较于一些新兴的压实方法来说较弱。但其造价低廉，市场广泛，拥有广阔的市场基础和认知度，并且在任何工程中都需要光面小型静力压路机配合推土机来进行平整场地的作用，其实际应用还是很有前景的。

2.2 振动压实

2.2.1 简介

在 20 世纪 30 年代初，德国在修建公路网时使用了由劳森豪森公司首创的一台拖拉机牵引的 1.5t 振动平板压实机和一台 25t 的推土机式振动压实机，其核心是激振器。世界第一台拖式振动压路机出现在 20 世纪 40 年代，但真正大量投放市场是在 20 世纪 50 年代初。一开始发展的振动压路机吨位较小，主要用于压实砂石粒料，并且品种很少，总体技术性能较差。

随着振动压实理论研究的深入，避振材料和振动轴承制造技术日臻完善，振动压路机在 20 世纪 60 年代迅速占领了世界压实机械市场。其机型也从小型向中、大吨位发展，同时出现了拖式振动、单轮振动、双轮振动、组合振动等许多品种，其应用范围也扩大到了包括粒料、黏性土壤及沥青混凝土压实，以及深层的和薄层的、大型的和小型的等几乎所有的压实工作。到 20 世纪 70 年代初，振动压路机在国际市场的销售总量中已占到 60%以上的份额，到世纪末这一数据早已突破了 70%，振动压路机成了压实机械制造厂商的主导产品。

20 世纪 70 年代压实机械发展史上的一个重要变革是迅速而普遍地推广应用了静液压传动和液压控制技术。到 20 世纪 70 年代末，压路机特别是在振动压路机上，机械传动在国外绝大多数被液压传动所取代。随着电液控制技术在振动压路机上的应用，使得振动参数的调整成为可能，从此出现了调频、调幅的振动压路机，为压实工作参数的优化调节和随机监控创造了条件。图 2-9 为工程中常用的振动压路机。

图 2-9 振动压路机

2.2.2 基本原理

(1) 关于土壤振动压实的假说

尹继瑶[2]提出振动压路机的压实是一个复杂的随机过程，一些振动方式都有其各自的特点和局限性，总结国内外研究现状认为有关土壤压实振动的学说主要有以下几种：

土壤共振学说：如果被压实土的振动频率和激振机构的振动频率一致的话，那么土壤在激振器的作用下会产生共振效果，这样土壤的振动压实能得到最好的效果。但是上文提到过，由于土壤的物理性能在各处是不相同的，所以其固有频率是不断变化的，因此激振机构的频率必须有一个较大的调节范围来适应不断变化的土壤共振频率。

内摩擦减少学说：土壤的内摩擦力在振动作用下急剧减少，这样就会减小土壤的剪切强度，使其剪切强度下降到只需很小的负荷就能很容易地进行压实的程度。这样就需要机械在振动过程中始终保持着和土壤的接触，即土壤的振动频率及振幅与机械的振动频率及振幅相同，从而获得最好的压实效果。在这种情况下，激振机械传给土壤的就是纯粹的振动能量。而为使机械能保持这样一种工作状态，就必须使激振机构产生的激振力的振幅较小，以至于才使机械不可能“飘”离地面。

重复击实学说：利用振动在土壤上所产生的周期性压缩运动作用使土壤压实。这就必须增大机械正在与土壤接触前一瞬间的动量，即机械应具有大的振幅和足够大的振动部分质量。

土壤液化学说：在振动波的作用下，被压材料的颗粒呈现高频受迫振动状态，其内部黏聚力和摩擦力急剧下降，而使空隙水压力急剧升高，在短时间内空隙水压力散不去的情况下，当水压升高至超过土壤内承受的外部压力时，就会使土颗粒悬浮在水中，使土壤仿佛处于流动状态，产生土壤液化。这种现象的出现，使材料颗粒之间的相互填充作用向着低能位的方向流动，这就为压实创造了条件。为了使土壤液化充分，就必须施加足够的振动加速度。

(2) 振动压实的基本原理

压实设备的激振器达到一定频率时，激振力激励土石颗粒振动，土石颗粒振动时，会在振动过程中产生惯性力，颗粒间的结合力（摩擦力、粘结力等）大幅度减弱，甚至消失。在垂直方向的激振力、设备重力、其他正压力及颗粒重力的共同作用下，材料颗粒中的空气和水分就会被排出来，并且使颗粒间的间隙消除，在缝隙消除之后，使颗粒产生相互挤压，从而使颗粒排列更加均匀密实，即振动压实是通过降低材料的抗剪强度来实现路基压实的，且要理解激振力只是使土体振动，土体的压实还是要靠外力作用。而材料颗粒的惯性力是克服其内部运动阻力的条件[1~3]。

2.2.3 振动压路机的种类

按照激振器振动轮的不同振动方式，振动压路机派生出了各种具有不同特色的压路机，尹继瑶[2]提出了振动压路机按照振动传递方向不同可分为无定向振动、垂直振动、水平振动与振荡式振动。按照机械振动的波形分为简谐振动、混沌振动以及振充组合振动。按照振幅的调节方式不同分为有极调幅振动与无极调幅振动等，而混沌式振动的波形是由一定的振幅带与频率带复合而成，这种波形更接近于自然界的振动状态，例如地震那样，这样会使土体产生多个振动加速度值，迫使被压材料的各种颗粒都呈现高频振动状态，而且这种振动方法是中国学者的专利研究结果。

她解释了水平振动和振荡式振动的不同，后者的振动轮仅作圆周振摆，而轴心则不参与振动。具体表现在其接触地面的部分只有沿着滚轮切向的往复运动，而水平振动轮在其接地部分的振动轨迹是由滚轮的圆周振动与轴心水平振动合成的椭圆形复合运动。

最常用的振动压路机是圆振动压路机和垂直振动压路机。

(1) 圆振动压路机

圆振动压路机[3,4]采用的是单偏心轮，其属多自由度振动系统。其特点是当圆振动激振器的偏心轮回转时，离心力的方向始终为远离回转中心的方向。激振器驱使压实轮振动，并通过压实轮传递激振力。当进行压实作业时，圆振动激振器的力可分解为垂直方向的激振力和水平方向的扰动力，由于具有水平力，而水平力使压实部件摆动，不仅干扰弱化了其垂直方向的作用，同时对周围环境造成一定的危害，并且使压路机在工作时产生摆动，难以保证压路机在低速行驶时的稳定性，并容易引起铺层表面材料的剥离，影响压实质量，故在压实完毕后需要静力压实机来平整。由于在一个振动周期中，压实部件仅在很短的时间段内处于垂直或基本垂直的运动状态，大多时间段内，其水平运动的趋势明显，其工作效率明显偏低。而圆振动激振器工作时的摆动，会使机器运行不平稳，因此圆振动压路机的规格都较小（一般名义振幅小于 2mm、单个激振器激振力小于 200kN)。压实深度一般。

但是圆振动压路机也有其独特的优势。

对于大部分路基填料来说，其有效压实厚度和效率是明显优于静力压实的，其次，由于圆振动压路机发展较早，故已经形成了业内普遍熟悉的共有技术，所以压实路基时可直接借用，所需投入较少。而其重量轻、外形尺寸小、结构简单、制造和维修方便、制造成本低、便于布置和使用。其最主要的危害就是存在水平干扰力，但是有研究表明其水平分力可直接用作小型压实机械的行走动力。

(2) 垂直振动压路机

垂直振动压路机[3,4]采用双偏心轮垂直振动激振器的，属单自由度振动系统。当垂直振动的两个偏心轮回转时，水平方向的力就会因为方向相反而抵消，垂直方向的力是两个偏心轮的垂直方向的合力，形成只有垂直方向的进一步加大的激振力来激振铺筑材料，称之为垂直振动。

由于垂直振动激振器没有圆振动激振器的水平扰动作用，所以在参数相同的情况下，垂直压路机的性能和生产率显著优于圆振动压路机，并且对周遭环境的影响也较小，而且更为节能高效。

王东虎[5]采用垂直振动压路机和圆振动压路机两种压实机械在同等参数的条件下对二灰碎石材料进行压实，在压实后对结构层表面平整度，外观质量以及结构层上部、中部和下部的压实度等指标进行检测，结果发现在压实影响深度、压实后平整度上垂直振动压路机的压实效果都比圆振动压路机好，且在由振动压实引起的压实后表面松散、裂纹等质量问题上，垂直振动压路机也要好于圆振动压路机。

尚春义[6]在研究发现垂直振动压路机具有振幅、压实深度大、压实效果好；压路机低速行驶稳定性好；压实时无拥土，压实表面无松散层和裂纹，压实平整度高，无需净碾复压；节省功率；振动压实轮体磨损很小；适用于各种压实材料及工况；振动能量向下传递，具有环保意义；铺层压实度均匀、质量稳定、压实度高，还能确保沥青和骨料混合物具有更好的均匀性及好的表面粗糙度等特点。并介绍了某型 20t 级垂直振动压路机在最具压实难度的黏性膨胀土壤上，只需往返 2 次，压实度即超过 97%。该机可达到的压实密度比圆振动压路机高 5%～10%，压实效率高 1 倍以上，压实厚度增 1 倍以上，综合节能 70%以上。

但是与圆振动压路机相比因垂直振动压路机的技术含量较高，相应的制造成本和难度也高，其结构也要复杂得多。

2.2.4 振动压路机的影响因素

振动压路机的压实效能不仅仅取决于激振器的振动形式，还取决于振幅，振动频率和正压力这三个参数以及它们的合理搭配[3,4]。

(1) 振幅

振动压路机的振幅就是振动质量的位移量，可以理解为振动的强度，是对压实质量影响最大的一个因素。对压实效能起作用的是压路机全部参加振动的质量的实际工作振幅。只有在振幅足够大时，才有可能达到使铺层底面的颗粒振动而需要的振幅。因为振幅的能量需要破坏被压材料间的粘结力、摩擦阻力等来使土颗粒产生振动，一方面要使足够大的作用力能够传递到铺层底面，另一方面不能使表层及较上层过早硬结。这样才能达到较好的压实效果，如果振幅较小的话，效果就类似于静力压实。工程界普遍认为，参振质量的实际工作振幅至少应达到单向 3mm，即双向振幅 6mm 以上，才能适应大多数土层。

在土体较密实时，采用大振幅可使振动压实具有冲击压实的效果，压实效果就会提高。垂直振动压实机能够较大地提高振幅，而圆振动机械振幅加大后，会在压实作业时使压路机产生较大的摆动，不仅不利于路基压实，而且还存在一定的安全隐患。在条件许可的情况下，应尽量采用大振幅。尽管大振幅可能导致表层产生破损，但大振幅具有很深的有效压实厚度，可以很好地压实底部材料，而表层破损可弥补，深层缺陷难以发现和弥补。

(2) 振动频率

振动频率指振动轮在单位时间内的振动次数（Hz），为更直观表达，常用偏心轮转速来表示（r/min）。前面提到，当激振器的振动频率接近土体的固有频率时，系统的振幅将大幅增加，而当激励频率等于土体的固有频率时则产生共振，此时对土体的压实效果是最好的。但是达到共振效果也是很困难的，首先是土体的频率并不是一成不变的，而是随着压实度的变化而改变，其次在同一路堤的不同地段，土的固有频率也是不同的。值得注意的是，压实过程中产生的共振对周围环境是有很大危害的，所以国内外在机械振动压实时的振动频率都有严格规定。如欧美发达国家对 1800r/min（30Hz）以下振动机械的使用场合有严格的法律限制。一般来说中小型振动压实机的最大转速 2000～2700r/min，而工程界的普遍经验是当激振器转速为 1200～1800r/min（20～30Hz）时的压实效果较佳。但是，如前所述，此时对邻近构筑物及人畜的危害也大。因此，能够在大多数场合使用的中小型振动机械额定转速大多 2100～3000r/min（35～50Hz）。

一般在远离城市村庄的工程进行压实工作的时候可以采用较小的转速进行作业，如大多圆振动压路机激振器大振幅时的额定转速一般为 1680～2100r/min（28～35Hz），但是当靠近人畜活动区时，要适当增加转速，但是也不能采用太大的转速进行施工，这样会使路基表面快速硬结，对压实质量产生影响。

（3）正压力

上文提到过，激振器的作用只是让土体振动起来，而使土体挤密压实还需要外力对土体的正压力，即机械质量及其他外力。常理说，虽然激振力越大激励效果越好，但是如无适当大的振幅配合，就会导致被压土体表层硬结快，这样的话压实效果也不理想。由于压路机的重量是定值，所以只能靠行驶速度来进行简单的间接调节，实践证明，机械在低速时压实效果较好。根据能量守恒定律，激振器的振动能量等于强迫土体颗粒振动消耗的能量及机械本身消耗的能量之和，由于激振力的主要作用是激励土体颗粒振动，还需要一定的外力来压实土体。因此，不能将自重 30t，激振力 300kN（也可理解为激振力 30t）的压路机理解为 60t 压路机。另外也不能采用较大的下压力，否则也会对压实土体造成不良影响。

2.2.5 振动压路机的缺点及预防措施

振动压路机的缺点，就是激振器产生的振动对周遭环境的危害。

左文军[7]等详细研究分析了振动压路机施工时对周围环境的危害，并从理想媒质入手，根据波能与振幅的内在关系，推导建立土壤媒质中振幅随距离衰减的计算方法，结合环境振动测试结果及建筑物地面振动容许限值，探讨振动压路机的安全工作距离及隔振沟障，以便对其振动危害进行预防控制。经过工程实践证明得到以下结论：

①振动压路机引起的环境振动以柱面波的形式传播，并随传播距离的增加而衰减。环境振动随参振土体的逐渐增加，振幅呈几何衰减；由于土壤吸收波能，故振幅还呈阻尼衰减。

②环境振动及其危害程度可以通过振动波的衰减测试评判确定，可以根据防振间距或安全距离预防控制。

③减振防灾措施包括改变压实工艺和设备，降低振动强度，采用热压法等，而在振动压路机与建筑物之间开挖沟槽，切断振动波传播途径的方法具有比较理想的隔振效果，可以有效减弱或消除振动危害。

虽然振动压路机在工程压实市场已经牢牢占据了首位，但是目前国内全液压垂直振动压路机在技术等方面与国外有较大差距，无法与国外产品进行竞争，该类产品现主要依赖进口。

陈宏斌[8]等介绍一些国外振动压路机的发展趋势，发现现在国外振动压路具有以下特点：

①首先是超高级路面振动压实技术的发展。国外公司研发出了能自如控制振动轮的振动频率和振幅，实现在保证质量的同时进行高速压实的压路机，且这些产品能够在高速状态下压实较多结构类型的土壤，从而提高施工范围和施工效率。

②其次是振动技术不断创新。国外一些产品采用了超高频振动技术，振动频率超过了 66.7Hz，使压路机迅速达到所需密实度的高输出力，可有效提高压实的速度。

③再次是注重人性化设计的理念，提高产品的舒适性和安全性，尽力满足操作人员希

望达到的美观、实用、舒适等需求；还有适时监测、自动化、智能化和网络化技术的发展应用。

④最后是注重绿色环保设计。国外振动压路机生产厂商纷纷引入绿色环保设计的理念。有一些厂家的产品使用了表面涂覆有吸声材料的罩壳，使机外噪声降至72dB以下，取得了较好的应用及环保效果。

但国内振动压路机经过这些年努力也取得了长足发展，合肥永安绿地工程机械有限公司充分吸收了国内外先进的振动技术，经过长达4年多时间的反复锤炼，成功研制出拥有完全自主知识产权并获得多项国家发明专利的垂直振动压路机，并与2009年下半年实现销售。已投放市场的LSV200型垂直振动压路机是中国首创超重型压路机，获得了用户的广泛认可。

2.2.6 小结

振动压路机经过较长时间的发展，生产施工工艺都已经发展的较为成熟，在各种建设工程中都有较大的应用，其中垂直振动压路机无论是在施工质量还是生产率上较圆振动压路机而言都是比较优秀的。其缺点对环境的危害，也是可以通过一定措施减小甚至消除的。

崔峘[1]通过对所有静力压路机和振动压路机分别进行材料的无侧限抗压强度、劈裂强度和抗压回弹模量试验发现振动压实方法在各方面都明显优于静力压实方法，并发现在公路建设中，振动压实方法压实的路基较静力压实方法的路基可以节省1%的水泥。所以振动压路机在工程应用中非常有市场。

2.3 冲击压实

2.3.1 简介

细观高速公路的常见病害，一是路面破损严重，二是路基下沉。而这些病害多发生在填方路段，其原因主要是路基压实度不足造成的。这就关乎到了路基压实的问题，如压实方法、技术、机械等。20世纪末，南非公司研制出了一种高密度的重型托式压路机——冲击式压路机。这种压路机的诞生是对传统压实方式的一次巨大冲击，不仅更新了碾压轮的结构与使用理念，创新了压实机理，而且还使压实技术又实现了飞跃式的发展。工程中常用的冲击压实机械如图2-10所示。

(a)

(b)

图2-10 冲击压路机

与其他压实技术不同，冲击压实技术是一种揉搓与冲击相结合的压实方法，其以高振幅、低频率的方式将极高的能量施加到土基中，以达到传统压实设备难以企及的压实深度和效果[9]。应用冲击压实技术可以迅速增加土基强度，减少土基变形，解决工后沉降，还可以在施工中及时发现碾压质量问题，有助于建设高质量、高强度的高速公路以及其他基础设施，因此，冲击压实机与技术开创了土基压实的新途径。

由于其优异的压实质量，现在的冲击压路机已经应用在各种建设工地上了，由于其有效压实深度能在 1.5m 以上，且可在高填方地区使用，所以冲击压实机的研究发展进行的很快。

2.3.2 基本原理

冲击压实机是一种拖式压实机械，采用非圆多边形碾压轮有三边形、四边形、五边形，如图 2-11 所示。其主要工作机构是非圆多边形冲击轮，在运动过程中冲击轮把高位时的势能转化为动能，当滚轮重心运动到低位时，动能达到最大，在达到最低位的一瞬间完全转化为对地面的冲击能。具有地震波的特性，进而使土颗粒移动、压密、挤实，达到压实土体的目的。

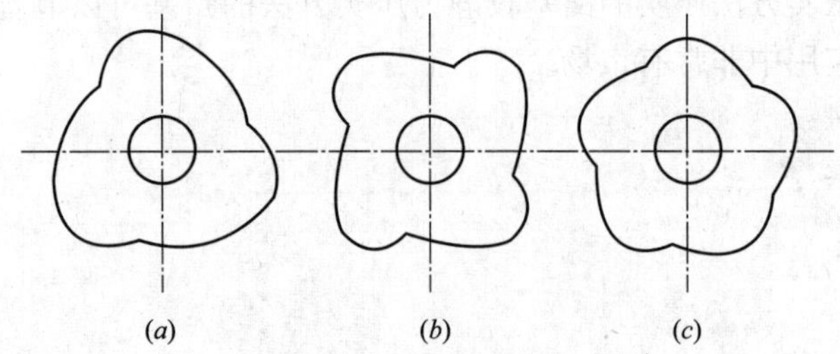

图 2-11 冲击压实机滚轮的各种形状

(*a*) 三边形；(*b*) 四边形；(*c*) 五边形

下面以三边形冲击轮为例具体说明冲击压实的原理[10]：

冲击轮在牵引力 F 的作用下向前滚动，当滚轮重心 O 与接地点 A 处于同一铅垂线上时，冲击轮重心升至最高点，见图 2-12(a)，此时动能为 0 势能最大；滚轮继续翻滚，重力产生绕 A 点的冲击力矩，见图 2-12(b)，在下一接地点 B 接触地面时，冲击力矩达到最大，滚轮势能瞬间转化为滚轮的冲击动能，对被压实材料产生强烈的压实作用；同时在

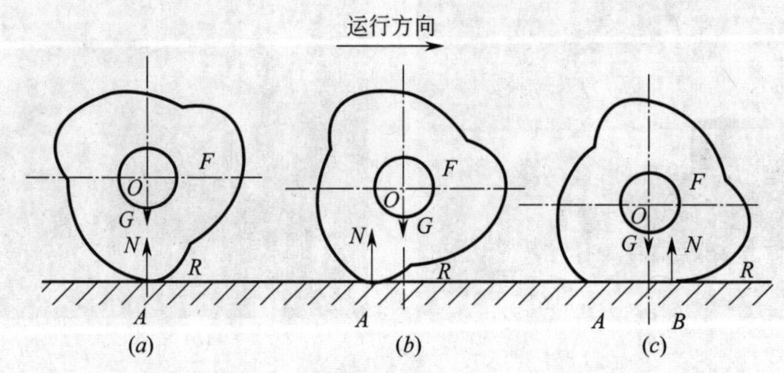

图 2-12 冲击压实机工作原理

接地点 B 处产生阻力 R 和支反力 N，重心 O 回落到最低点，见图 2-12(c)，此时势能和动能均为 0，完全转化为对被压材料的冲击能。在牵引力 F、阻力 R、支反力 N 和重心 G 所形成的力偶作用下，进入下个冲击过程。

冲击压实机的评价主要是冲击势能，即：

$$E=mg\Delta h \tag{2-3}$$

式中 E——能量；

m——滚轮质量；

g——加速度；

Δh——重心变化高度。

冲击压实同时具有静力、揉搓、振夯、冲击等作用，是靠冲击力、振动力和静压力三者的共同作用来进行压实，具有低频高幅的特点。压实深度远大于传统的振动压路机，影响深度可达到 4～5m，冲击功能较传统的振动压路机大 6～10 倍。虽然加固深度不及强夯，但其可实现连续冲击能使黄土填料高填方路堤的抗压强度均匀提升，不易破坏土体结构，施工效率较强夯高，成本更低，具有独特的优势。

2.3.3 冲击压路机的种类

冲击压实机的类型有很多种，大体可分为以下几类[11]：

(1) 按功率分类有 25kJ、20kJ 等多种。

(2) 按压实轮的形状分类有三边形、四边形、五边形和六边形 4 种。

(3) 按压实轮的构造分类有实体、空体、可填式等多种。

(4) 按牵引方式分类有牵引式、自行式 2 种。

2.3.4 冲击压路机的施工工艺

(1) 施工工艺

赵军丽[12]以南非蓝派公司研发的 25kJ-T3 型冲击压路机为例简单介绍了冲击压路机的施工工艺。

①首先恢复路基中线并加密中桩，测标高，放出坡脚桩，桩上注明桩号，标上填筑高度，根据规范和相应要求选定监测点并作记录。

②地表清理 10cm，清除填方范围内的草皮、树根、淤泥、积水等检测地下是否埋置有生活垃圾，若有的话立即清除，若没有的话翻松、平整以及压实地基，然后经过监理工程师认可后，开始上土填筑路基。

③土方的挖、装、运均采用机械化施工，用挖掘机配备自卸汽车运土，按每延米用土量严格控制卸土，用推土机进行粗平，并应配备平地机，路基起伏过大和在冲压过后都应进行整平。

④用冲击压实机进行冲击碾压，压实机的行进速度应控制在 9～12km/h 左右，从路基的一侧向另一侧转圈冲击碾压，其顺序为“先两边、后中间”，以轮迹重叠 1/2 覆盖整个路基表面为冲击碾压 1 遍，共冲击碾压 10～20 遍（压实速度和遍数应该根据实际工程的现场试验确定）。

⑤不同土质应分层填筑、分层压实，其每层的最大松铺厚度不超过 30cm。每一层填筑压实完成后，按规范要求对压实度、平整度等进行质量自检，自检合格后经监理工程师审核通过后，进行下层填筑。

⑥冲击压实机冲击碾压完毕后，检测路基各监测点压实度。如果压实度达不到要求，应视情况补充冲击碾压。

⑦用静碾压路机碾压 1～2 遍，直至路面平整并达到验收标准。

（2）注意事项

①每层填土宽度，每侧应超出设计宽度 30cm，以保证修整边坡后的路堤有足够的压实度。

②冲击碾压过程中，如果因轮迹过深而影响压实面的行进速度，用推土机平整后再继续冲击碾压，若冲击碾压过程中路基表面扬尘，可用洒水车适量洒水后继续冲击碾压，若检测含水量超出最佳压实含水量时，应先进行晾晒，等满足要求后再进行施工。

③挖掘树根的坑，深度超过 30cm 时必须分层夯实到地表；原地表凹凸不平的地段，且相对高差小于 50cm 时进行整平处理，高差大于 50cm 的，分层夯实到地表，独立的大坑，要单独作为作业面，单独进行填筑压实到原地表，再一起处理[13]。

④对高填方黄土路基，其冲击碾压工作段宽度宜大于 24m，长度宜大于 250m。按照每 20m 设置一个检测断面。每个沉降检测断面布置 3 点，分别为路基的左、中、右三点(边点距离路基边 1m)。在碾压过程中按照每 5 遍检测一次压实度及沉降，并详细记录数据，同时对检测数据进行整理分析，确定最佳碾压遍数以指导冲击碾压施工[14]。

2.3.5 冲击压实的影响因素

影响冲击压实质量的有很多，但主要就是填料含水量、冲压机压实速度、每层填料虚铺厚度以及冲压遍数等。

（1）填料含水量

填料含水量是影响冲压质量的一个重要因素，因为在最佳含水量的情况下，土体可以达到最大干密度，也就是能达到最好的压实度，但是由于土体在各段的含水量是有所差别的，不可能全部达到最佳含水量，所以我们取值最佳含水量±2%。

（2）冲压机压实速度

一般采用 9～12km/h 的行驶速度进行碾压，这样的话冲击碾压每秒钟可对地面冲压 1～2 次，相当于低频大振幅冲击土体，并周期性冲击地面，产生强烈的冲击波向地下深层传播。

（3）填料虚铺厚度

韦锋[15]等专门研究了不同虚铺厚度对湿陷性黄土压实质量的影响，三种虚铺厚度分别为 80cm、100cm 和 120cm。36 遍冲压后，根据累计沉降量曲线显示 80cm 区域沉降已经稳定，而其他 2 个区域累计沉降量仍然有增长的趋势，尤其是 120cm 区域。对于 120cm 区域，较大的厚度并没有带来最大的累计沉降量，在相同击实功率作用下，厚度越大沉降越大，但是较大的厚度显然没有带来较大的沉降，这与 120cm 区域较薄的土层形成硬壳有关。当然由于各地区黄土还是有区别的，具体的虚铺厚度还是需要现场试验确定。

（4）压实遍数

韦锋也分析了压实遍数对湿陷性黄土压实质量的影响。研究发现不同的虚铺厚度所需要的最佳压实遍数是不同的，虚铺厚度越小，则所需压实遍数越小。

2.3.6 冲击压实中存在的问题

冲击压实机在压实过程中还存在着一些问题，制约着冲击压实机的普及和推广，存在的主要问题如下[11]。

（1）由于冲击压路机大多都需要牵引机车，再加上冲击压实机的吨位大多都是大吨位，所以对牵引车的要求比其他振动压路机要高得多。除此之外，牵引车上的驾驶员在工作时由于冲击压路机大振幅的振动冲击是极不舒服的，即使冲击振动压路机设计特别好，对牵引车一点冲击都没有，可是一旦开始冲压，路基经过冲击压实机第一遍压实后出现的坑洼表面又使以 9～12km/h 工作的牵引车颠簸不堪，驾驶员又不得不在恶劣条件下工作。所以工作时间最多不超过 2h，这样就带来了很多不便，要是连续施工的话需要多位驾驶员轮换，无形中就增加了成本。

（2）设计冲击压实机的指导思想是将其产生的能量全部作用在地面上，而实际上现有的冲击压实机所产生的能量一部分是作用在被压实的地面上，另一部分则作用在牵引车上，这样不仅浪费了能量，而且引起对整机的工作环境和整机的破坏，又使其经济性下降，还需要学者们的深入研究。

2.3.7 小结

冲击压实技术压实能量大，可使材料空隙水排挤至表面迅速消散，材料快速固结，形成均匀、连续、密实的加固层，加速软土地基稳定，有效进行软基加固填筑层厚，影响深度大，一般能达到 4～5m，即使是每填筑层的底部也能达到很好的压实度，而且压实速度快，工作效率高。

冲击压实机广泛应用，可用于作业面积大的基础压实、旧路改造和机场跑道的修复。冲击压实技术还可以在河堤坝改造、水稻田的节水灌溉、水利水电工程等领域广泛应用。冲击压实机对原土压实、分层压实、补强压实、检测压实、防渗处理压实、冲击破碎等均有良好的压实效果。

在作用于在湿陷性黄土上时，可以有效地消除填方路堤的湿陷性，固结均匀，质量可靠，可有效减小路堤的工后沉降，冲压效率是一般振动压实机的 5 倍，并且在工程成本的控制上具有巨大的经济意义[16]。

2.4 强夯法

2.4.1 简介

夯实压实技术是利用高频振动与冲击压实产生的能量使受压土体压实。强夯和重锤夯实技术在黄土填料高填方路堤的处理方面得到了广泛的推广。常用的夯实机械如图 2-13 所示。

图 2-13 常见的强夯机

强夯法的基本思想源于古代的夯实地基法，万里长城、唐长安大明宫等主要建筑基础均为夯筑。

现如今的强夯法是 1969 年首先由 L. Menard 在法国发展起来的。该法首次应用于法国戛纳（Cannes）附近纳普尔（Napoule）海滨采石场废土石围海造成的场地上，拟在该场地上建造 20 幢 8 层公寓建筑。地基状况为：表层 4～8m 为采石场弃土，以下为 15～20m 含高压缩性淤泥夹层的砂质粉土，再下为泥炭岩。这种场地类型，若采用桩基，则桩承担的新填土引起的负摩擦力将占桩基承载力的 60%～70%，这是十分不经济的，而且也不安全。后采用堆载预压来压实地基，堆土 5m，在约 100kPa 压力下，历时 3 个月，沉降平均仅下沉 20cm，承载力仅提高 30%，加固效果很不尽如人意。后来，法国工程师 L. Menard 提出用锤重 80kN 的重锤夯击地面，落距 10m，以每击冲击能 800kN · m，总能量 1200kN · m/m^2 将场地夯击一遍，地面沉降竟达 50cm，再加上以前的预压沉降 20cm，总沉降达到 70cm，经旁压仪检验，夯实土平均性能改善 200%。8 层建筑采用基底压力 300kPa，竣工后沉降仅 1. 3cm，取得良好效果，此后该法推广应用于饱和粗颗粒土的压密。

到 1973 年底，已有 12 个国家在 150 余项地基工程中应用强夯法。1974 年英国工程师协会召开深基础会议，Menard 本人对强夯法作了详细介绍，并出了专册，该法即很快在欧洲国家推广应用。而在我国，从 1975 年起就在技术刊物上介绍此法，当时称为重级落锤夯实法。1978 年 12 月，中国建筑科学研究院建筑情报研究所在《建筑结构》上系统介绍该法，并定名为强力夯实法（强夯法），引起工程界的广泛关注，并迅速在全国推广[17]。

2. 4. 2 基本原理

强夯法加固地基是利用重锤自由落下产生的冲击波使地基密实，这种冲击引起的振动在土中是以波的形式向地下传播的。并且对不同的填料类型，强夯压实机理是不同的，现在一般认为，从加固原理与作用看分为动力夯实、动力固结、动力置换三种形式[18]。

对于非饱和土，压密过程基本上与实验室中击实法（普罗克特击实法）相同，很高的冲击能使颗粒移动，从而孔隙中气泡迅速排出或者压缩，孔隙体积减小，形成较密实结构，称为动力夯实。

对于饱和黏性土，夯击会使土中产生超静孔隙水压力，破坏了土体原有结构并产生裂隙，引起渗透性增大，孔隙水压力消散后土体固结，称为动力固结。对于砂土中，其中的孔隙水在强夯的瞬间就完成了。

L. Menard 根据饱和黏性土经受强夯后产生数十厘米瞬间变形的现象，提出了一个动力固结模型：用有摩擦的活塞来反映含有空气的孔隙水压力的滞后现象，用由于有机物分解产生的占总体积1%～3%的气泡的存在来反映在冲击荷载作用下可产生瞬间压缩的问题，利用不定刚度的弹簧来反映土体强度的降低，利用变孔径的排水孔来反映孔隙水得以顺利排出的问题。

通过在夯击过程中回填各种散体材料如块石、碎石等并与周围土体共同作用形成复合地基的方法称为动力置换。

另外对于饱和无黏性土，夯击过程中，土体可能会产生液化，例如对黄土强夯时就容易产生液化问题。

由伟锋[19]根据动力固结理论，提出经过强夯加固后土体强度提高过程可分为 4 个阶段：

①夯击能量转化，伴随着对土体的强制压缩或振密，其中包括气体排出和孔隙水压力上升，这一阶段在夯锤夯击的瞬间就发生；

②土体液化或土体结构破坏，表现为土体强度的降低或强度的丧失；

③排水固结压密，表现为渗透性能改变、土体裂隙发展和土体强度提高；

④土体触变性恢复并伴随固结压实，包括部分自由水又变成薄膜水，土体强度继续增强，此阶段是在夯击完毕后 3～6 个月才能完成，时间较长。

2.4.3 强夯法的施工工艺

(1) 施工工艺

首先应该先进行试夯来确定施工技术参数（夯点间距，单点夯击能，夯实遍数等），试夯区平面尺寸不宜小于 20m×20m。在试夯区夯击前，应选点进行原位测试，并取原状土样，测定有关土性数据，用来在试夯后，仍在此处进行测试并取土样进行对比分析，如符合设计要求，即可按试夯时的有关技术参数，确定正式强夯的技术参数。否则，应对有关技术参数适当调整[20]。一般施工步骤为：

①将场地表面杂物清理，并进行整平，标出第一遍夯点的位置，测量出高程；

②将起重机驾驶到起始位置，按照规定调整夯锤高程，使其达到指定位置，对准夯点，准备夯击；

③操作钓钩，使夯锤下落夯击地面之后，测量锤顶高程，根据刚才夯锤高程来计算单点夯击深度；

④按照有关规定和确定的施工参数重复夯击，并考虑沉降差的控制标准（一般为最后两击的平均夯沉量不大于 50mm）完成一个夯击点的夯击；

⑤按照规划好的夯击点进行夯击，夯击一遍完成后，应测量场地平均下沉量，并做好

现场施工记录；

⑥用推土机，场地整平机等整平场地，测量场地高程；

⑦在规定的间隔后，重复上述步骤完成全部夯击点的夯击遍数，强夯法的加固顺序是：先深后浅，即先加固深层土，再加固中层土，最后加固表层土；

⑧最后在采用小能量进行一遍满夯，将地表夯实整平之后，测量高程并进行记录。

(2) 注意事项

强夯应分段进行，顺序采用一排一排夯，起重机直线行驶，从一边向另一边进行。夯击时应按试夯和设计确定的强夯参数进行，落锤应保持平稳，夯点位应准确，夯击坑内积水应及时排出。若错位或坑底倾斜过大，宜用砂土将坑底垫平；坑底含水量过大时，可铺砂石再进行夯击。场地四周挖排水沟，防场内积水，最好浇筑混凝土垫层封闭。

在施工过程中，若发现夯锤落坑有倾斜现象，主要有两个原因[21]：

①夯锤本身存在偏心。对这个问题，应在锤边焊钢板使其自身平衡。

②夯击过程，因为夯锤个别气孔堵塞，造成夯锤落地时所受向上托力不一致，故在施工过程中，要保持气孔上下贯通。

若在强夯过程中出现橡皮土时可采用置换土体加片石的方法。强夯结束，待孔隙水压力消散后，间隔 1～2 周时间后进行检测，检测点数一般不少于 3 处。

2.4.4 强夯法的影响因素

强夯法处理地基时，影响加固效果的因素较为复杂，但主要与以下几个因素有关：单击能与最佳夯击能量、夯击点布置及间距、夯击次数与遍数、相临两遍夯击间歇时间等[22]。

(1) 夯击点布置及间距

夯点布置可根据工程性质，对基础面积较大的建（构）筑物，可按等边三角形或正方形布置夯击点；对办公楼和住宅建筑，可根据承重墙的位置布置夯击点；工业厂房可根据柱网尺寸来布置。

由于基础的应力扩散作用或需消除液化现象，强夯处理范围应大于建筑物基础宽度 1.5～1.7 倍范围以上。

夯击不仅直接改善夯击点上土的性质，而且也改善夯击点四周土的性质，只是周围土改善的范围比较小，而且这种改善随着夯击点间距的增大而减小。

对于非饱和粗颗粒土，夯点间距一般取 2 倍的夯锤直径，对饱和软黏土应适当加大。

采用动力置换法加固饱和软黏土地基时，夯点间距可按下面方法进行计算：

A. 整体置换

夯点间距应根据强夯时填料的实测应力扩散角计算，并参照试夯结果，要求夯坑顶部连成一片，见式(2-4)。

$$S=D+2H\tan\alpha \tag{2-4}$$

式中 H——填料厚度；

α——应力扩散角，当填料为石块时，$\alpha=8°\sim11°$；

D——锤底直径。

B. 桩式置换

应根据设计成桩直径及要求的置换率进行计算，见式(2-5)，式(2-6)。

正方形布点时：

$$S=\sqrt{\frac{\pi D_0^2}{4m}} \tag{2-5}$$

等边三角形布点时：

$$S=\sqrt{\frac{\sqrt{3}\,\pi D_0^2}{6m}} \tag{2-6}$$

式中　m——要求置换率；

D_0——成桩直径，$D_0=(1.1\sim1.2)D$。

（2）相临两遍夯击间歇时间

对于饱和软黏土，相临两遍的间歇时间与排水条件也是影响处理效果的重要因素。各遍间的间歇时间取决于加固土层中孔隙水压力消散所需的时间，实际工程中应根据试夯时实测孔隙水压力消散曲线确定。施工过程中，要监测孔隙水压力的消散情况。

（3）夯击次数与遍数

这要根据现场试夯试验来确定，这依赖于单次夯击能量、地基性质、填料的性质参数等。一般在强夯开始之前都要进行试夯来确定相应的技术参数。

（4）单击能与最佳夯击能量

一般情况，粗颗粒土单击能取1000～4000kN·m，细颗粒土取500～3000kN·m为宜。对强夯置换，则单击能越大，加固效果越好。

最佳夯击能的确定，应根据不同土质情况和施工工艺而定。从理论上讲，在这样的夯击能作用下，地基土的孔隙水压力刚好达到土的自重压。这种情况下，土中摩擦阻力消失，土颗粒可更容易产生位移达到挤密压实效果。

杨天亮[23]研究了高能级强夯法（即单击夯击能大于6000kN·m的强夯）在湿陷性黄土地基处理中的应用，与常规强夯法相比，高能级强夯的有效加固深度可达10～30m，可进一步提高地基土强度和均匀性，降低压缩性，改善其抵抗振动液化的能力等。湿陷性黄土的结构疏松多孔隙，粒间联结不抗水等，因此采用常规的强夯法加固黄土，无法完全消除湿陷性，而采用实用高效的高能级强夯法加固大厚度黄土可取得显著的效果。

2.4.5　强夯效果评价

经过大量工程实践，强夯法处理湿陷性黄土填方地基具有良好的效果，可以有效消除湿陷性，大幅度提高地基承载力和黄土填料压实度，并且还可以减小工后沉降，是一种有效的压实方法。

骆行文[24]通过静力触探、动力触探、旁压试验、标准贯入试验等测试手段表明，地基经过强夯处理后，在离整平后地表约1.0m处地基强度最高。地基的有效加固深度约为6.0m。并根据静载试验可知：经加固后的地基承载力明显提高，提高幅度为70%～80%，达到设计要求。与其他地基处理方法比较强夯法处理湿陷性黄土可取得显著的经济效益，大幅减少整个工程造价。

李大忠[25]研究认为强夯机加固地面后，自夯后面向下处理深度范围内土体可分为三层。第一层为满夯加固层，即自夯后整平地表面至原夯点夯坑底面，此层土体完全破碎，失去原有结构，颗粒重新排列，压缩性、渗透性均减小，压实度、承载力大幅度提高，加固效果主要由满夯时的能级和次数决定；第二层为强加密层，自原夯点夯坑底面向下一定深度，此层土体也完全失去原有结构，颗粒重新排列变得极为密实，压缩性、渗透性大幅度减小，压实度、承载力大幅度提高，加固效果主要由夯能级、次数和夯点间距决定；第三层为影响层，此层位于强加密层以下，土体密实程度不如上述两层，承载力提高幅度小。

大量强夯工程实践表明，若满夯效果好，满夯加固层土体与强加密层土体密实程度接近，可共同作为基础的持力层；而如果满夯效果不理想时，会出现满夯加固层的土体密实程度低于其下面的土体，而这时则需将满夯加固层的松土部分清除后作为基础的持力层。

并根据工程实践得到强夯法处理湿陷性黄土后达到理想加固效果时，满夯加固层和强加密层深度范围内单击夯能级与承载力的统计公式为：

$$f_k = 158.84 \ln E - 903.75 \tag{2-7}$$

式中 E——夯击能级（kN·m）；

相关系数 $R^2 = 0.9857$，拟合很好。

2.4.6 小结

目前强夯法加固地基的应用越来越广泛，它能有效地加固压实地基，大幅度提高地基的压实度和承载力，减小土中孔隙度以及工后沉降。具有适用各类土层、加固效果显著、有效加固深度深（单层 8000kN·m 高能级强夯处理深度可达 12m，多层强夯处理深度可达 24～54m，一般能量强夯处理深度在 6～8m）、节省材料（一般的强夯处理是对原状土施加能量，无需添加建筑材料）、节省工程造价、施工快捷等特点。

目前强夯机现在已呈现两极发展趋势：即高能力、大夯击能量和低能量、小能级；强夯机的多用途发展也将是一种新的趋势。

但也有一些问题，由于被加固土体的复杂多样性，以及强夯法加固地基机理至今没有一个统一的标准，因此在每次强夯前都要做现场试夯试验来确定我们所需要的施工参数，这就会浪费工期。所以如何用最简单的试验快速、准确地确定强夯的施工参数值得研究。另外强夯过程中普遍存在土石飞溅现象，威胁到强夯施工人员的安全，能否在夯锤上采取一些措施来减少这种现象的发生也是很值得研究的一个课题。

2.5 灰土（或素土）挤密桩法加固填方体的方法介绍

在高填方路堤经过压实（或夯实）后，如果压实效果不好，道路通车运营后，路堤往往会出现较大的工后沉降，特别是不均匀沉降，这将导致路面断裂、不平整以及构造物两侧路面错台，严重影响公路的质量及行车效果。采取有效的加固措施降低路堤沉降、消除路堤沉降危害已成为公路建设的一个重要举措。对黄土高填方路堤而言，目前常用的加固方法有灰土（或素土）挤密桩法，下面介绍灰土（或素土）挤密桩法的基本原理和工程设计、施工要点[26]。

2.5.1 灰土（或素土）挤密桩法简介

挤密桩法又称深层振实法，适用于处理地下水位以上的湿陷性黄土路基或地基。施工时，先按设计方案在高填方路面相应位置布置桩孔并成孔，然后将备好的素土（粉质黏土或粉土）或灰土在最优含水量下分层填入桩孔内，并分层夯（捣）实至设计标高止。通过成孔或桩体夯实过程中的横向挤压作用，使桩间土得以挤密，从而形成复合地基。值得注意的是，不得用粗颗粒的砂、石或其他透水性材料填入桩孔内。

该方法与其他处理方法比较，有如下主要特征。

(1) 灰土、素土等挤密桩法是横向挤密，但可同样达到所要求加密处理后的最大干密度指标。

(2) 与换填法相比，无需开挖回填，因而节约了开挖或回填土方的工作量，比换填法缩短约一半工期。

(3) 由于不受开挖和回填的限制，一般处理深度可达 12～20m。

(4) 由于填入桩孔的材料均属就地取材，因而比其他处理湿陷性黄土地基或人工填土的方法造价低，取得很好的效益。

灰土挤密桩或土桩复合地基一般适用于地下水位以上含水量 14%～22%的湿陷性黄土和人工黄土。这种处理方法是利用锤击打入或振动沉管的方法在土中形成桩孔，然后在桩孔中分层填入素土或灰土等填充料，在成孔和夯实填料的过程中，原来处于桩孔部位的土全部被挤入周围土体。通过这一挤密过程，使桩周土体密实度大大提高，彻底改变土层的湿陷性质，同时提高其承载力。

2.5.2 灰土（或素土）挤密桩法的作用机理

灰土桩或土桩挤密法的主要作用机理可分为三方面。

(1) 机械打桩成孔横向加密土层，改善土体物理力学性能

在土中挤压成孔时，桩孔内原有土被强制侧向挤出，使桩周一定范围内土层受到挤压、扰动和重塑，使桩周土孔隙比减小，土中气体排出，从而增加土体密实程度，降低土体压缩性，提高土体承载能力。土体挤密范围是从桩孔边向四周减弱，孔壁边土干密度可接近或超过最大干密度，也就是说压实度可以接近或超过 1.0。其挤密影响半径通常为 1.5～2.0d（d 为挤密桩直径），渐次向外，干密度逐渐减小，直至填土层处理前的干密度。试验证明，沉管对土体的挤密效果可以叠加，桩距愈小，挤密效果愈显著。

填土的处理前天然含水量和干密度对挤密效果影响较大，当含水量接近最优含水量时，土呈塑性状态，挤密效果最佳。当含水量偏低，土呈坚硬状态时，有效挤密区变小。当含水量过高时，由于挤压引起超孔隙水压力，土体难以挤密，且孔壁附近土的强度因受扰动而降低，拔管时容易出现缩颈等情况。

土的天然干密度越大，有效挤密区越大；反之，则有效挤密区较小，挤密效果较差。土质均匀则有效挤密区大，土质不均匀，则有效挤密区小。

(2) 灰土桩与桩间挤密土合成复合地基

上部车辆荷载和填土自重通过该复合地基传递时，由于桩与桩间挤密土能互相适应变形，因此能有效而均匀地扩散应力。扩散应力很快，在加固深度以下附加应力大为衰减，

其下部土层的沉降量也会大大减小。

一般来说，挤密桩可以按等边三角形布置，这样可以达到均匀的挤密效果。每根桩都对其周围一定范围内的土体有一定的挤密作用，即使桩与桩之间有一小部分尚未被挤密的土体，因为其周围有着稳定的、不会发生湿陷的边界，故这一部分也不会发生湿陷变形。桩与其周围被挤密后的土体共同形成了复合地基，一起承受上部荷载。可以说，在挤密桩长度范围内土体的密实度大大提高，湿陷性也可完全消除，即使桩底以下的土体有沉降变形，也是微小的和均匀的，不至于对整体填方体形成威胁。桩的间距的大小直接影响到挤密效果的好坏，也与工程建设的经济性密切相关。

(3) 灰土性质作用

灰土桩是用石灰和土按一定体积比例（2∶8 或 3∶7）拌和，并在桩孔内夯实加密后形成的桩。这种材料在化学性能上具有气硬性和水硬性，由于石灰内带正电荷钙离子与带负电荷黏土颗粒相互吸附，形成胶体凝聚，并随灰土龄期增长，土体固化作用提高，使土体逐渐增加强度。在力学性能上，它可达到挤密路基效果，提高路基承载力，消除湿陷性，使沉降均匀和沉降量减小。

2.5.3 灰土（或素土）挤密桩法的设计要点

素土桩挤密路基由桩间挤密土和分层填夯的素土桩组成，素土桩面积占路基面积的10%～20%。素土桩桩体和桩间土均为被机械均匀挤密的同类土料，因此，素土桩挤密路基可视为厚度较大的素土垫层，即“以土治土”的范例。

在灰土桩挤密地基中，由于灰土桩的变形模量远大于桩间土的变形模量，因此只占路基面积约 20%的灰土桩可以承担总荷载的 1/2，而占路基总面积 80%的桩间土仅承担其余的 1/2，这样就大大降低了路基中一定深度内土中的应力，消除了填方土层内产生大量压缩变形和湿陷变形的不利因素。同时，由于灰土桩对桩间土能起到侧向约束作用，可限制土的侧向移动，而使桩间土只产生竖向压密，与不经灰土桩加固的路基相比，沉降会大大降低。

素土桩或灰土桩挤密法一般采用等边三角形布置（图 2-14），设计参数包括桩孔直径、桩孔间距、桩长及桩孔填料选择。

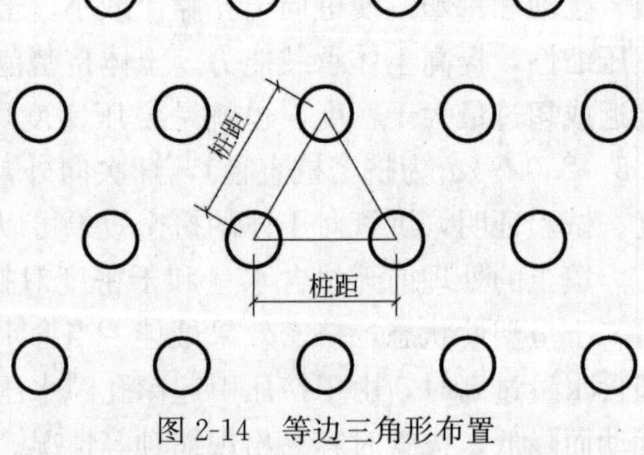

图 2-14 等边三角形布置

桩孔直径的确定要综合考虑成孔机械、工艺和填土材料情况，可取 250～600mm 为宜，一般为 300～450mm。桩孔间距设计从提高填方体密实度、提高承载力及消除湿陷性等方面考虑。桩间距可由加固前后土体体积变化计算。桩孔间距一般为 2.0～2.5 倍的桩径。桩长综合考虑经济性和施工机具的可能性一般宜为 10～20m。

以消除土体湿陷性为主要目的时，可采用素土桩；以提高填方体密实度为主要目的或既要消除湿陷性又要密实度时，可采用灰土桩。桩体的质量宜用平均压实度控制，分层回填、分层夯实时，应不小于 0.96。

灰土挤密桩和素土挤密桩复合地基的变形计算可参考按照《建筑地基基础设计规范》

GB 50007—2011 等规范的规定，复合土层的压缩模量可由载荷试验的变形模量替代或根据当地经验确定。在挤密灰土桩的路基中，由于灰土桩的变形模量为 40～200kPa，相当于素土的 2～10 倍，因此远大于桩间土的变形模量。

灰土或素土挤密桩复合地基的变形包括桩长范围内桩和桩间土的变形及其下卧未处理土层的变形。前者通过挤密后，桩间土的物理力学性质明显改善，即土的干密度增大、压缩性降低、承载力提高、湿陷性消除，故桩和桩间土（复合土层）的变形所占比例很小，往往可不进行计算，但应计算下卧未处理土层的变形。

2.5.4　素土（或灰土）桩的施工

素土桩和灰土桩的施工方法是利用打入钢套管（或振动沉管）在路基中成孔，通过挤压作用使路基土得到加密，然后在孔内分层填入素土（或灰土）后夯实而成素土桩或灰土桩。回填土料一般采用过筛（筛孔不大于 20mm）的粉质黏性土，并不得含有有机质物质；石灰用块灰消解 3～4d 形成的粗粒径不大于 5mm 的熟石灰。灰土（体积比例 2∶8 或 3∶7）应拌和均匀至颜色一致后及时回填夯实。

（1）材料要求

土料可采用就地挖出的黏性土及塑性指数 I_p大于 4 的粉土，不得含有有机质杂质或用耕植土；土料应过筛，其粒径不应大于 20mm。石灰应用Ⅲ级以上新鲜的块灰，使用前 3～4d 消解并过筛，其粒径不应大于 5mm，不得夹有未熟化的生石灰块粒及其他杂质，也不得含有过多的水分。

（2）操作工艺

桩施工一般先冲击成孔，成孔方法可根据现场机具条件选用沉管（振动、锤击）法、爆扩法、冲击法等。

1）沉管法

该方法是用振动或锤击沉桩机将与设计桩孔同直径的钢管打入土中而后拔管成孔（图 2-15）。桩尖设桩帽，下端做成锥形（约成 60°），桩尖可上下活动。本法简单易行，孔壁光滑平整，挤密效果良好，但处理深度受桩架限制，一般不超过 8m。

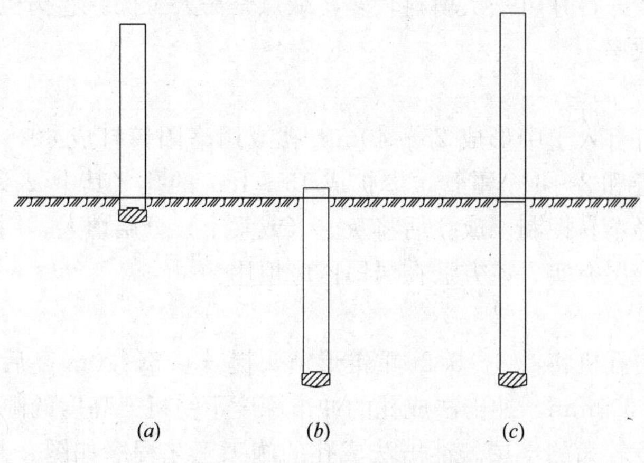

图 2-15　沉管法成孔

（a）就位；（b）沉钢管；（c）拔管成孔

沉桩机的技术性能（如锤重、激振力等）应与桩管直径、长度、重量及土质的软硬条件相适应，锤重不宜小于桩管重量的2倍，桩孔越深，所需要的柴油锤重越大，常用柴油打桩机（锤）的技术性能及其适应条件列入表2-1中，可供参考。

柴油打桩机（锤）的技术性能及其适用条件　　表2-1

分类	型号	性能指标		适用条件	
		锤重（kN）	冲击能量（kN·m）	桩孔直径（cm）	最大孔深（m）
导杆式	D_1-6	6	9.3	30～35	5～6
	D_1-12	12	21.5	35～40	6～7
	D_1-18	18	37.8	40～50	6～8
	D_1-25	25	62.5	50～60	7～9
筒式	D_2-6	6	8.0	30～35	5～6
	D_2-12	12	30.0	40～45	6～8
	D_2-18	18	46.0	45～55	7～9
	D_2-25	25	62.5	50～60	8～10

成孔后分层填入灰土（或素土），利用套管反插或用夯实机分层夯实。桩孔填料的夯实机具目前尚无定型产品，多由施工单位自行设计加工而成，常用的夯实机有两种类型，即偏心轮夹杆式夯实机和卷扬机提升式夯实机[27]。

①偏心轮夹杆式夯实机通常是安装在翻斗车或小型拖拉机上行走定位。夯锤重一般为1.0kN左右，较少超过1.5kN，落距0.6～1.0m，一般每分钟夯击40～50次。其优点是构造简单，便于操作；缺点是仅依靠偏心轮摩擦力提升夯锤，因而锤重受到限制并普遍偏小，施工时必须严格控制一次填料的数量，否则夯实质量难以保证。由于它所带动的夯锤质量偏小，将逐步被淘汰。

②卷扬机提升式夯实机有自行设计机架的，也有安装在翻斗车架上行走定位的。锤重0.15～0.3t，卷扬机的提升力不宜小于锤重的1.5倍。夯锤落距1～2m。其优点是夯击能量较高，夯实效果较好，并可一次填料较多；缺点是需人工操纵卷扬机，劳动强度大，需进一步改进和提高效率。

2）爆扩法

该方法系用钢钎打入土中形成25～40mm孔或用洛阳铲打成60～80mm孔，然后在孔中装入条形炸药卷和2～3个雷管，爆扩成15～18d的孔（其中d为炸药卷直径）。本法成孔简单，但孔径不易控制。成孔后将灰土（或素土）分层填入，用偏心轮夹杆式夯实机或提升式夯实机分层夯实。该方法在居民区应慎用。

3）冲击法

是使用简易冲击孔机将0.6～3.2t重锥形锤头提升0.5～20m高后，落下反复冲击成孔，直径可达500～600mm，冲击法成孔的冲击深度不受机架高度的限制，深度可达20m以上，适于处理深度较大的土层。冲击法成孔的施工工艺程序如图2-16所示，主要工序为冲锤就位、冲击成孔和冲夯填孔。

冲击成孔时地表宜配置内径略大于锤径、厚10mm以上、长1.5m以上钢管导向器。

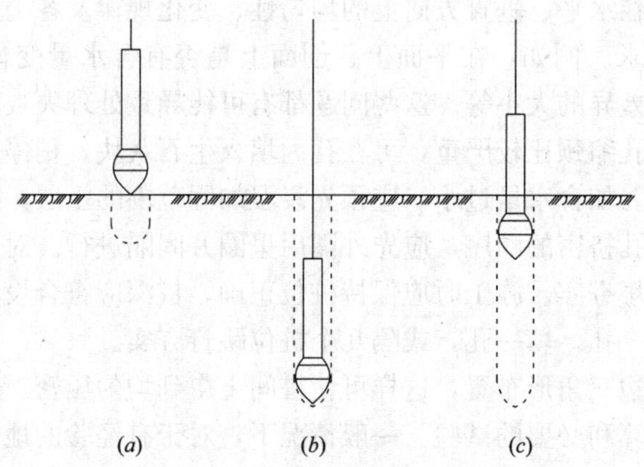

图 2-16 简易冲击钻孔机示意图

(a) 冲锤就位；(b) 冲击成孔；(c) 冲夯填孔

常用冲击成孔机性能见表 2-2。

常用冲击成孔机性能 表 2-2

型号	卷筒提升能力 (kN)	锤头最大重量 (t)	冲击桩孔直径 (cm)	冲击桩孔深度 (m)	行走方式
YKC-20-2	12	1.0	40～50	>10	胶带自行车
YKC-20	15	1.0	40～50	>10	轮胎式
CZ-22	20	1.5	45～65	>10	轮胎式
飞跃-22	20	1.5	45～55	>10	轮胎式
YKC-30	30	2.5	50～60	>15	轮胎式
简易冲击机	35	2.2	50～60	>15	走管移动

桩施工顺序应先外排后里排，同排内应间隔 1～2 孔进行；对大型工程可采取分段施工，以免因振动挤压造成相邻孔缩孔或坍孔。成孔后应夯实孔底，夯实次数不少于 8 击，并立即夯填灰土。

桩孔应分层回填夯实，每次回填厚度为 250～400mm。采用电动卷扬机或提升式夯实机，夯实时一般落锤高度不小于 2m，每层夯实不少于 10 锤。施打时，逐层以量斗向孔内下料，逐层夯实，当采用偏心轮夹杆式连续夯实机时，将灰土用铁锹随夯击不断下料，每下两锹夯两击，均匀地向桩孔下料、夯实。桩顶应高出设计标高不小于 5mm，挖土时将高出部分铲除。

若孔底出现饱和软弱土层时，可加大成孔间距，以防由于振动而造成已打好的桩孔内挤塞；当孔底有地下水流入时，可采用井点降水后再回填填料或向桩孔内填入一定数量的干砖渣和石灰，经夯实后再分层填入填料。

(3) 施工中应注意的质量问题

土桩或灰土桩挤密法处理黄土路基时，在设计施工及质量检验的过程中应注意以下问题。

①应根据勘察资料，分析路基土的天然含水量（土层的含水量接近于最佳含水量时挤

密效果最好）范围值在水平、垂直方向上的均匀性、变化规律及各土层的性质差异，预测处理效果能否满足要求。例如，在平面上、剖面上是否有含水量变化较大或较小的异常区；各土层之间密度差异的大小等。这些问题都有可能导致处理失败。

成孔后如发现桩孔缩颈比较严重，可在孔内填入生石灰块，稍停一段时间后再将桩管沉入土中，重新成孔。如含水量过小，应预先浸湿加固范围的土层，使之达到或接近最佳含水量。必须遵守成孔挤密的顺序，应先外圈后里圈并间隔进行。对已成的孔，应防止受水浸湿且必须当天回填夯实。施工时应保持桩位正确，桩深应符合设计要求。为避免夯打造成缩颈堵塞，应打一孔，填一孔，或隔几个桩位跳打夯实。

②桩孔尽量按等边三角形布置，这样可使桩间土得到均匀压密。

③进行桩间距计算和必要的试验。一般情况下，对于有经验的地区和小型工程，可按公式计算确定布桩方案；对于缺乏经验的地区和大、中型工程（或重要工程），在计算的基础上还应进行试验以取得较为可靠的参数。

④土桩或灰土桩挤密法处理效果与许多因素有关，故在设计时还应注意几方面的问题：注意不要用含水量平均值套用规程、规范；注意采用大面积处理和局部处理的区别，往往大面积施工产生的问题会多一些。例如，桩距偏小可能在施工后期出现缩颈（当含水量偏大时）或成孔困难、塌孔、地表隆起（当含水量偏小时）等。

⑤桩身回填夯实不密实，桩身酥松、断裂。成孔深度应符合设计规定，桩孔填料前，应先夯击孔底3～4锤。根据当地试验测定的密实度要求，随填随夯，对持力层范围内（约5～10倍桩径的深度范围）的夯实质量应严格控制。若锤击数不够，可适当增加击数。

夯锤重不宜小于100kg，采用的锤型应有利于将边缘土夯实（如梨形锤和枣核形锤等），不宜采用平头夯锤。

⑥桩孔质量检查是要检查桩孔位置、直径、深度和垂直度是否在容许偏差以内，并记录在案。桩身夯填质量检验采取随机抽样方法，一般工程检查数量不应少于总桩数的1%，重要工程不应少于总桩数的1.5%；对于湿陷性黄土路基，检查数量不应少于总桩数的2%，且每台班不少于1孔。常用检查方法有环刀取样、轻便触探、开剖取样等方法。桩间土挤密效果的检查可采取探井取样、静力触探和标准贯入试验等方法。承载力检验应采用复合地基载荷试验，检查数量不应少于桩总数的0.5%，且每项单体工程不少于3点。

2.5.5 灰土（或素土）挤密桩的检验

（1）检验内容

灰土（或素土）挤密桩的效果检验应包括以下内容：

1）挤密效果检验：应通过现场试验性成孔后开剖取样，测试桩周围土的干密度和压实度进行检验（挤密前后对比）。

2）消除湿陷性效果检验：可通过试验测定桩间土和桩孔内夯实的灰土的湿陷系数δ_s进行检验，若$\delta_s<0.015$，则认为土的湿陷性已经消除。除上述方法外，也可通过现场浸水载荷试验进行检验。

抽样检验的数量，对一般工程不应少于桩总数的1%；对重要工程不应少于桩总数的1.5%。

(2) 检验方法

夯实质量的检验方法有下列几种：

1) 触探检验法。先通过试验夯填，求得“检定锤击数”，施工检验时以实际锤击数不小于检定锤击数为合格。

触探试验要求试验前将触探架安装平稳，使触探保持垂直地进行。垂直度的最大偏差不得超过 2%。触探杆应保持平直，联结牢固。贯入时，应使穿心锤自由落下，落锤高度为 (0.76±0.02)m。地面上的触探杆的高度不宜过高，以免倾斜与摆动太大。锤击速率宜为每分钟 15～30 击。打入过程应尽可能连续，所有超过 5min 的间断都应在记录中注明。及时记录每贯入 0.10m 所需的锤击数。其方法是记录每一阵击的贯入度，然后再换算为每贯入 0.1m 所需的锤击数。最初贯入的 1m 内可不记读数。每贯入 0.1m 所需锤击数连续三次超过 50 击时，即停止试验。

2) 环刀取样检验法。先用洛阳铲在桩孔中心挖孔或通过开剖桩身，从底部算起沿深度方向每隔 1.0～1.5m 用带长把的小环刀分层取出原状夯实土样，测定其干密度。

这两种检验法，灰土桩应在桩孔夯实后 48h 内进行，素土桩应在 36h 内进行。

3) 载荷试验法。对重要的大型工程应进行现场载荷试验和浸水载荷试验，直接测试承载力和湿陷情况。

对一般工程，主要应检查桩和桩间土的干密度和承载力；对重要或大型工程，除应检测上述内容外，尚应进行载荷试验或其他原位测试。也可在路基处理的全部深度内取样测定桩间土的压缩性和湿陷性。

参考文献

[1] 崔頔 . 浅谈道路基层静力压实和振动压实的对比 [J]. 北方交通，2010，(4)：1～3.

[2] 尹继瑶 . 振动压实机理与压路机的振动方式 [J]. 交通世界（建养 . 机械），2010，(Z1)：87～90.

[3] 曹斌 . 垂直振动压实技术及主要参数对公路路基压实的影响 [J]. 公路交通科技（应用技术版），2012，(4)：44～46.

[4] 戴升 . 振动压实技术在公路路面中的应用分析 [J]. 科技传播，2013，(3)：86～92.

[5] 王东虎 . 50t 同等级垂直振动压路机与圆振动压路机对二灰碎石材料的压实效果对比分析 [J]. 交通标准化，2014，42 (3)：86～88.

[6] 尚春义 . 垂直振动压路机 [J]. 筑路机械与施工机械化，2010，(10)：7～10.

[7] 左文军，谢立扬 . 振动压路机引起的环境振动及其危害 [J]. 长安大学学报（自然科学版），2003，23 (4)：81～84.

[8] 陈宏斌，刘军 . 国外振动压路机发展趋势 [J]. 中外公路，2005，25 (1)：35～37.

[9] 张福明 . 冲击压实技术在高填方路基施工中的应用 [J]. 建材发展导向（下），2013，(3)：63～64.

[10] 刘永跃，蒋璐璐，高雁北 . 冲击压实在高填方施工中的应用 [J]. 筑路机械与施工机械化，2007，(2)：55～57.

[11] 祝永洁，王荣 . 压实新技术——冲击压实机 [J]. 科技资讯，2006，(29)：40～40.

[12] 赵军丽 . 冲击压实技术在高填方路基中的应用 [J]. 交通科技，2006，(2)：47～49.

[13] 刘胜华，张伟东，竹青．高速公路路基填方冲击压实施工方法［J］．广东科技，2008，(20)：197～198.

[14] 刘玮．高填方湿陷性黄土路基冲击碾压施工工艺研究［J］．城市建设理论研究（电子版），2016，(11)．

[15] 韦锋，姚志华，苏立海，鲍亮亮．湿陷性黄土高填方地基冲击碾压试验研究［J］．科学技术与工程，2015，15（16）：208～213.

[16] 姚雪贵，杨彪，雷愿锋，牛得草．冲击压实法在湿陷性黄土高填方地基处理中的试验观测［J］．工程建设，2011，43（2）：38～39.

[17] 何长明．强夯法的发展现状与展望［J］．中国水运（下半月），2010，10（4）：186～187.

[18] 周健，张思峰，贾敏才，王冠英．强夯理论的研究现状及最新技术进展［J］．地下空间与工程学报，2006，2（3）：510～516.

[19] 由伟锋．关于强夯法加固机理的研究［J］．交通世界（建养．机械），2011，(6)：126～127.

[20] 井建荣．强夯处理湿陷性黄土高填方路基施工方法［J］．建材与装饰，2011，(35)：149～150.

[21] 马堑．强夯法在处理湿陷性黄土地基中的应用［J］．西北水力发电，2006，22（5）：54～57.

[22] 邹仁华，奚家米．强夯法地基加固机理分析与应用［J］．西安矿业学院学报，1999，(19 增刊)：76～78.

[23] 杨天亮，叶观宝．高能级强夯法在湿陷性黄土地基处理中的应用研究［J］．长江科学院院报，2008，25（2）：54～57.

[24] 李大忠．强夯法加固湿陷性黄土后承载力的研究［J］．岩土工程技术，2000，(3)：166～169.

[25] 骆行文，陈静曦，王吉利．强夯法处理黄土地区公路地基试验研究［J］．岩土力学，2004，25（4）：55～56.

[26] 刘起霞，张明．特殊土地基处理［M］．北京：北京大学出版社，2014.

[27] 王恩远，吴迈．实用地基处理［M］．北京：中国建筑工业出版社，2014.

第3章 综合压实技术的施工工艺及工作原理

随着西部大开发战略实施以来，在我国中西部地区的高等级公路的建设迅速增多，但是在公路里程迅速增长的同时，也要求质量的提高和经济性的改善。实践证明，以高标准进行路基、路面的压实，是保证路基、路面应有强度和稳定性的一项最有效的措施，而且还可以增加高填方路堤的抗冻性、防渗透性与稳定性，有效地消除裂纹、沉陷、松散等不良现象。

我国中西部地区多为黄土分布地区，加上自然地貌的原因，黄土高填方路堤大量出现，这些路堤的共同特点是工期紧、填方量大以及修路地点偏远、材料不可选择，由于黄土广泛分布，路堤填料往往采用当地的黄土。另一方面，随着我国车辆承载能力的增加和高速行驶的需求，道路工程中对高填方路堤的施工压实技术提出越来越高的要求，以满足路堤的整体稳定性和较小的工后沉降变形。黄土高填方路堤经过传统的压实技术处理后，由于压实效果一般，往往需要经过较长的预留沉降期才能进行路面的铺筑工作，这对于工期紧张的工程难以满足要求。因此，如何能提高压实质量、缩短预留沉降期，对工期紧张的道路施工建设来说就至关重要。因此，针对这一情况，结合太原市太行路（东中环）阎家峰高填方路段这一工程实例，在传统压实技术的基础上提出一种适于黄土填料高填方路堤的综合压实技术。

3.1 传统碾压方法的压实效果

实践证明，利用传统的各种压路机对黄土填料分层碾压时，即使严格按照有关规范及标准进行压实，路堤仍然有较大的沉降量。这是因为使用单一的压路机进行压实，其有效压实深度及压密程度都是有限的，对高填方各土层进行处理后土体逐渐完成固结，仍然存在较大的潜在沉降。经过相关调查，表3-1列出几项已经成功应用压路机分层压实黄土的高填方路堤工程[1~3]及其工后沉降。

部分高填方项目的工后沉降统计表 **表3-1**

工程名称	填方高度(m)	填料类型	工后沉降(mm)	沉降/填方高度
208高速集丰段高填路基	11.45	黄土	64.53	0.56%
陕西某黄土高填方路堤	24.8	黄土	135.9	0.5%
甘肃平凉至定西高速黄土路堤	24	黄土	390	1.6%

由表3-1中数据可知，在施工控制良好的情况下高填方路堤的工后沉降一般占填方高度的1%左右，最小的也占0.5%，在高等级道路工程中往往还不能满足有关要求。

3.2 综合压实技术的施工工艺及工作原理

为了有效提高黄土高填方路堤的压实质量和显著降低工后沉降，本项目结合实际工程提出一种适于黄土填料高填方路堤的振动压路机分层压实与隔层重锤补夯相结合的综合压实技术，并将其应用于太原市太行路阎家峰路段。

3.2.1 工程背景

适于黄土填料高填方路堤的综合压实技术的提出及应用研究是以太原市太行路阎家峰高填方路段为工程背景的，该项工程的基本情况如下。

3.2.1.1 工程概况

太原市太行路工程项目位于太原城市中心区外围东部的东山地区，建设路（与同蒲铁路及石太铁路平行、紧邻）和东山过境高速公路之间，西距建设路约 1.7km，东距东山过境高速公路约 1.1km，路线呈南北走向，起点在许坦东街，经过省农科院苗圃、龙堡村、市车管所驾校、阎家峰村、东太堡村、王家峰村、郝庄村、朝阳街商务区、郝家沟村、广播电影电视管理干部学院、伞儿树村、耙儿沟村、道场沟村、小枣沟村，工程终点处与胜利东街相接，全长约 10.65km。

太行路阎家峰路段采用高填方路堤，道路桩号 K4＋000～K4＋360，场区地势变化较大，K4＋000～K4＋100 段，路堤填方高度最大约 29m；K4＋100～K4＋360 段，路堤填方高度约 17m。该高填方路堤的地形纵向断面见图 3-1。

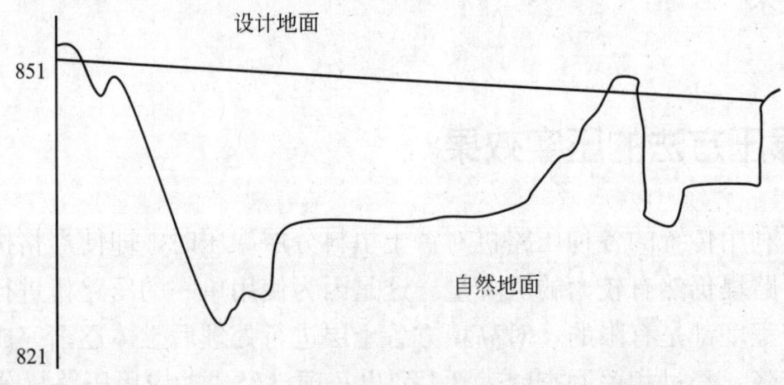

图 3-1 工程地形及断面位置

3.2.1.2 工程地质概况

太原市太行路工程项目地处太原市区的东部，南低北高，地形起伏较大，海拔高度 800～870m，场地所属地貌单元为东山山前黄土丘陵区。项目区域范围内地基土主要为第四系全新统人工堆积层（Q_4^{2ml}）、第四系全新统冲洪积层（Q_4^{lal+pl}）、第四系上更新统冲洪积层（Q_3^{al+pl}）及第四系中更新统河湖相堆积层（Q_2^{al+l}），岩性除表层为人工填土外，其下为粉质黏土和砂土。路线大部分地区地基土具有湿陷性，最大湿陷性土层深度 21.7m，湿陷等级为Ⅰ～Ⅲ级。其中，阎家峰沟为自重湿陷性场地，地基湿陷等级为Ⅱ级（中等）。图 3-2 为阎家峰沟的原现场照片。

根据现场勘查得到的设计文件可知，勘查范围内地基土自上而下可分为 4 层，依次为：

图 3-2　阎家峰沟原现场照片

第①层：人工填土（Q_4^{2ml}）

根据组成成分不同，又分为两个亚层：

第$①_1$ 层：杂填土（Q_4^{2ml}）

杂色，主要由砖块、灰渣、煤渣等建筑垃圾混粉土等组成。均匀性差、力学性质较差。K3＋120～K3＋330 段分布有该层，层厚 1.0m 左右。

第②层：湿陷性黄土（Q_3^{eol}）

褐黄色，以粉土为主，含云母、煤屑、氧化铁、少量钙质菌丝，呈稍湿、稍密状态，具中等高压缩性；标准贯入试验实测锤击数介于 5.0～10.0 击之间，平均 7.4 击。$[f_{a0}]$＝100kPa。

第③层：湿陷性黄土（Q_3^{eol}）

褐黄色，以粉土为主，局部地区混夹粉质黏土，含云母、煤屑、氧化铁、少量钙质菌丝，呈稍湿、稍密状态，具中等高压缩性；$[f_{a0}]$＝120kPa。

第④层：粉质黏土（Q_3^{al+pl}）

褐黄色，含云母、氧化铁、大量钙质菌丝及钙质结核。可塑状态，一般具中等压缩性。$[f_{a0}]$＝160kPa。

3.2.1.3　道路结构形式

道路具体布置：中间 4m 绿化分隔带，两侧各 14.25m 机动车道、1.5m 绿化带、3.0m 非机动车道、4.25m 人行道。

机动车道道路结构形式：

上面层：SBS 沥青玛琋脂混合料 SMA-16	4cm
中面层：SBS 中粒式改性沥青混凝土 AC-20	6cm
下面层：粗粒式密集配沥青碎石混合料 AC-25	10cm
基层：水泥稳定碎石	20cm
底基层；水泥稳定碎石	36cm
总厚度：	76cm

3.2.1.4 地下管线情况

太行路地下管线种类繁多，包括给水、雨污水、燃气、电力、热力、通信等。其中雨水工程双线敷设，位于路中以东 9.5～18m，路中以西 17.5m；本工程雨水根据排水特点共分 14 段，利用周边现况雨水排水系统进行排放。污水工程单线敷设，位于路中以东 20～22.5m；本工程污水根据排水特点共分 13 段，利用周边现况污水排水系统进行排放。图 3-3 为地下管线埋设局部照片。

(*a*)

(*b*)

图 3-3 地下管线埋设局部照片

3.2.1.5 施工难点

（1）由于阎家峰路段的填方量较大，只能就地取材，利用工程现场的黄土作为填料。该处黄土为典型的湿陷性黄土地基，孔隙比大，土质疏松。因此在高填方的填土施工中必须消除黄土的湿陷性，以保证路基在遇水情况下不发生湿陷引起的附加沉降。

（2）太原市太行路的地下管线种类繁多，且各种管线布置错综复杂。高填方路基的沉降量特别是不均匀沉降量如果超过管线的承受能力，就会造成管线的断裂和破坏，其后果不堪设想。首先，管线内的流水会冲垮路基，后续处理极其困难；其次，将会引起其他管线停止工作，进而有可能引起整个系统的崩溃，不仅给人民的生活带来巨大的危害，更可能会造成巨大的财产损失。因此，复杂的管线铺设对高填方路堤的压实质量和沉降控制方面提出更高的要求。

（3）在太原市政府的统一规划部署下，太行路作为中环路的主干路，根据总体工程筹划，阎家峰沟高填方路段开工时间 2013 年 6 月 26 日，在 2013 年 10 月高填方填筑完毕后，要实现太行路当年通车的修建目标。因此，阎家峰高填方路堤没有时间进行跨越冻融期的自然固结沉降，对该道路的施工尤其是高填方的压实效果要求非常高。

3.2.2 综合压实技术的施工工艺

3.2.2.1 综合压实技术的提出及施工工艺

根据太原市太行路阎家峰高填方路段的工程特点，为了大幅度提高施工期填土的压实质量，从而相应缩短预留沉降期使道路尽早开通运营，设计方（太原市政设计院）和施工方（北京市政建设集团有限责任公司）根据以往的设计和施工经验，提出了一种适于黄土填料高填方路堤的综合压实技术，该综合压实技术涉及岩土工程施工技术领域，具体为一种传统振动压路机压实工艺与隔层重锤补夯技术相结合的压实路堤黄土填料的综合施工方法[4]。结合工程应用，太原理工大学与北京市政建设集团有限责任公司对该综合压实技术的压实机理、压实效果及工后沉降规律进行了深入、系统的试验研究。该综合压实技术的具体施工工艺按以下步骤进行：

步骤一：土质地基表层清表 30cm；

步骤二：原地面清表后超挖 2m，超挖后土基顶面采用重锤夯实，有效处理深度不小于 1m；

步骤三：基底通长铺筑 1.0m 厚 6%灰土；

步骤四：采用振动压路机将素土（原黄土）分层填筑压实；

步骤五：每填筑 3.0m 重锤补夯一遍；

步骤六：素土回填至路床下 1m 处，路床下 1m 回填 6%灰土。

3.2.2.2 关键施工技术

该综合压实技术的施工工艺中，步骤四和步骤五为关键施工技术，因此分别对这两个步骤加以详细阐述。

步骤四中对每层所填黄土采用振动压路机分层压实，按照传统的做法和施工经验确定其参数如下：采用 18t 振动压路机以 4km/h 的走速碾压，每层填筑厚度不大于 0.3m，控制含水量及偏差通过击实试验确定。分层碾压施工现场照片见图 3-4。

图 3-4 分层碾压施工现场照片

步骤五中重锤补夯的主要施工参数为单击夯击能和有效加固深度，二者可根据梅那公式(3-1）和当地经验确定。

$$H=K\sqrt{\frac{hM}{g}} \tag{3-1}$$

式中 H——重锤夯实的有效加固深度（m）；

K——修正系数，结合地区经验确定；

h——夯锤自由下落的高度（m）；

M——夯锤重（kN）；

g——重力加速度。

由式(3-1）可知有效加固深度 H 与单击夯击能 hM 是相关联的，对于已经过压路机压实的填土层可选定 3m 厚度[5]作为有效加固深度，计算分析后确定单击夯击能为 500kN·m。因此，重锤夯实的具体施工参数为：配备 5t 圆形夯锤，落距为 10m，锤底直径 1.4m，采用 20t（QU20 型）起重机若干部。夯锤为铸钢材料，夯锤的构造为底盘、中间块及顶板三部分组成，底板与外壳焊成一体。施工机械如图 3-5、图 3-6 所示。现场配备 2 台 D60 推土机用于场地平整及推平夯坑。

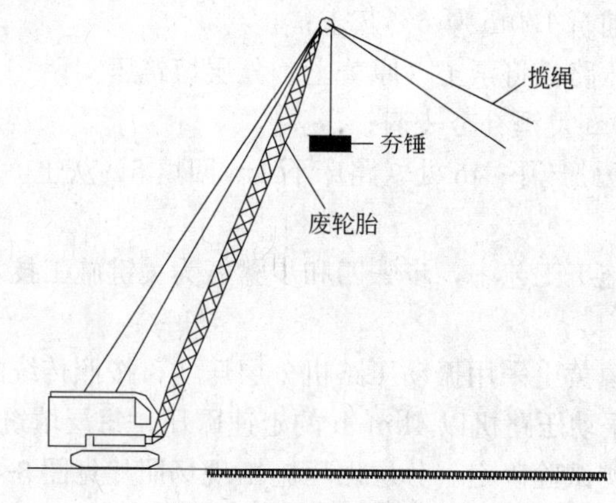

图 3-5　重夯施工示意图

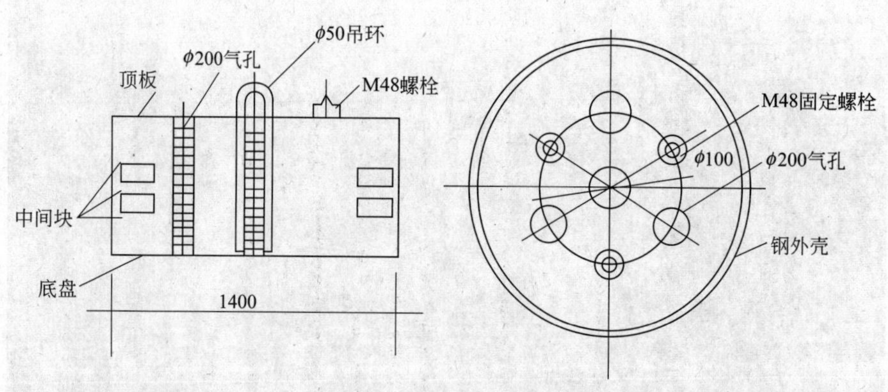

图 3-6　夯锤组装示意图

其他设计参数如夯点布置、夯击遍数等可依据土质情况和当地经验确定。重锤补夯以正方形方式进行夯击并采用 1.6 倍锤径左右的点距。夯区夯点布置如图 3-7 所示。夯击共分三

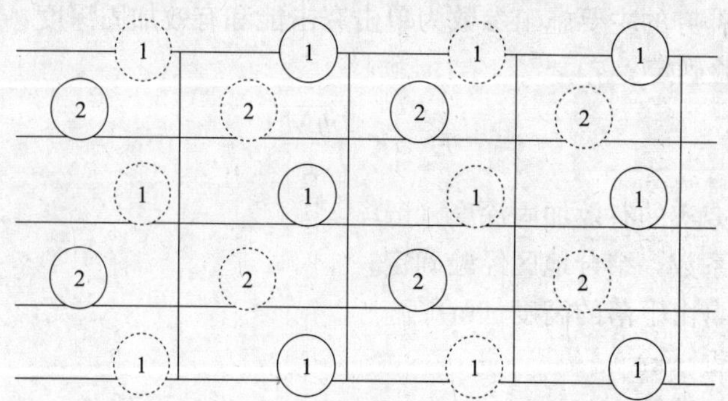

图 3-7　高填方重夯区夯点布置图

遍进行，第一遍夯击 1 号主夯点，第二遍夯击 2 号副夯点，最后一遍为满夯。填筑体停夯标准为：达到规定的夯击遍数后，最后两击的平均夯沉量小于 20mm，夯坑周围地面不应发生过大的隆起，不因夯坑过深发生起锤困难。重锤补夯施工现场照片见图 3-8、图 3-9。

图 3-8 重锤补夯施工现场照片（1）

图 3-9 重锤补夯施工现场照片（2）

3.2.3 综合压实技术的基本工作原理

适于黄土填料高填方路堤的综合压实技术是振动压路机分层压实与隔层重锤补夯相结合的，因此下面从分层振动压实与隔层重锤补夯两个方面来阐述综合压实技术的基本工作原理。

3.2.3.1 振动压实的基本工作原理

振动压实是利用静力作用与激振器产生的振动干扰力共同作用，通过这种组合压实力来压实被压土体。其中振动干扰力具有冲击压力波的传播特性，影响深度很大，因此具有良好的深层碾压效果，为综合压实技术的实施提供了很好的基础。静力压实由于没有诱发压实力的工作机构，故而完全依靠压实机械的自重产生的静压力进行压实作业。振动压实机械增加了激振设备（作为振动源），其压实机理与静力压实有着比较大的区别。

振动压实技术的理论基础包括内摩擦减少理论、土壤共振学说、土壤液化学说与重复击实学说。振动压实填方黄土的工作机理可以从以下两方面加以解释：

(1) 根据不同的铺筑材料与铺筑厚度，选用合理的振动振幅与频率，利用振动压路机的激振器和自重产生激振。具体为振动轮以一定的振幅相对地面产生周期性的垂直方向的跳动，强迫被压土体垂直振动，在振动力作用下被压土体的内摩擦急剧下降，土体内的水分发生离析现象，使土壤颗粒外层形成水膜，土壤将处于"液化"流动状态，在外力作用下，土壤颗粒向低位能方向迅速流动，相互填充紧楔，在紧楔的过程中排除被压土体中的水分与空气，提高被压土体的密实度，从而使被压土体压实。

(2) 振动压实的振动装置，有非定向振动、摆动振动和定向振动三中振动方式。诱发激振力的激振器偏心块安装在振动碾滚内，依靠偏心轴高速旋转产生离心力，强迫振动轮对地面产生强烈的激振冲击力，形成冲击压力波，向地表内层传播，引起土层颗粒振动或产生共振，从而减少土壤颗粒之间的摩擦力并产生位移，使被压土体处于最稳定的状态，达到压实的目的。

振动压实技术的主要技术参数包括振动幅值、工作振动频率、振动质量、振动轮振动加速度、工作速度、振动轮宽度与直径。

(1) 振动幅值

①名义振幅

名义振幅是振动轮在"自由—自由"状态下的振幅，也称为理论振幅。可以按照式(3-2) 计算：

$$A_0=\frac{m\cdot e}{m_z} \tag{3-2}$$

式中 A_0——名义振幅（mm）；

m——偏心质量（kg）；

e——偏心距（mm）；

m_z——振动轮质量（kg）。

②工作振幅

工作振幅指振动轮的实际振幅，工作振幅随被压土体的密实度变化而变化。名义振幅与工作振幅的关系如式(3-3) 所示：

$$A=(1\sim2)A_0 \tag{3-3}$$

式中 A——工作振幅（mm）。

通过对工作振幅进行正态分布统计可以得到工作振幅的均值，如式(3-4) 所示：

$$\overline{A}=1.2A_0 \tag{3-4}$$

式中 $\overline{A}$——工作振幅均值（mm）。

在一定范围内，压实度随工作振幅的增大而增大，但当工作振幅超过一定限值时将导致振动机械振幅过大，会引起驾驶员的疲劳与压实机械各个部件的过早损坏，甚至出现

“过压实”的现象，导致压实后的填方路堤疏松，碾碎骨料，最终降低了压实的质量。综上所述，我们必须把工作振幅控制在一个合适的范围。

名义振幅的取值范围为：

压实路基 1.4～2.0mm

压实次基层 0.8～2.0mm

压实路面 0.4～0.8mm

(2) 工作振动频率

振动压实工作频率的取值范围如下所示：

压实路基 25～30Hz

压实次基层 25～40Hz

压实路面 30～50Hz

(3) 振动轮质量和机架，振动轮质量比值

在相同的工作振幅下，振动轮质量越大，对地面的冲击力，即冲击能量也就越大，对高填方路堤压实土体的压实效果就越好。当其他条件不变时，减小振动轮的质量，有利于提高振动轮的振幅与振动轮对地面的作用力。机架与振动轮的质量分配要兼顾振动轮对地面作用力的冲击能量，从而使高填方路堤被压土体有良好的压实性能。振动压路机机架与振动轮质量比如式(3-5) 所示：

$$\frac{m_1}{m_2}=0.5\sim1.8 \tag{3-5}$$

式中 m_1——机架质量 (kg)；

m_2——振动轮质量 (kg)。

(4) 振动轮振动加速度

通过上面的计算我们可以得到振动轮的名义振幅与工作频率，通过这两个数据来校核振动轮的加速度 a。如式(2-5) 所示：

$$a=\frac{A_0\omega^2}{9800} \tag{3-6}$$

式中 A_0——名义振幅 (mm)；

ω——工作频率 (Hz)。

通过大量的研究与工程实例可知振动轮的加速度的校核范围如下所示：

压实路基 5～10g

压实路面 4～7g

在振动压实施工前要对振动轮的加速度进行严格的校核，当振动轮的加速度 a 超过如上所述的范围时应对振动轮的频率或者振幅进行修正。修正的一般原则为：当压实路基时应该修正振动压实的工作频率，从而确保振动压实的名义振幅不受影响。而当压实路面时恰恰相反，应该优先保证压实的工作频率，主要修正压实的名义振幅。

(5) 振动压实的工作速度

振动压实的工作速度是影响压实效率的主要因素之一。在初始压实阶段，振动压实的速度应该高一些，压实快要结束时，压实速度要低一些。本工程中的振动压路机采用无极

变速行走机构，在压实的过程中兼顾压实效果与生产效率，从而使工程又快、又好地完成。振动压实的压实速度如表 3-2 所示。

工作速度推荐表 **表 3-2**

压实质量(t)	速度(km/h)
>5	4～6
3～5	2～4
<2	<3

(6) 振动轮宽度与直径

在振动压实过程中，振动轮的直径与宽度应该考虑加工工艺与施工工艺的要求。同时也要满足式(2-6) 的要求：

$$N=\frac{m_1}{LD}\leqslant 0.15\sim 0.25 \tag{3-7}$$

式中 N——牛鲍系数；

m_1——振动轮分配质量 (kg)；

L——振动轮宽度 (m)；

D——振动轮直径 (m)。

在压实实践中，为了保证振动轮的直径与宽度比例合适，推荐直径 D 与振动轮宽度 L 之比 $R_d=0.62$。

从静力压实发展到振动压实是压实技术的一次深刻的变革，为压实技术的发展奠定了基础。相对于静力压实，在高填方路堤、路面压实的过程中振动压实具有以下特点：

①当压实机械具有相同的结构自重的条件下，振动压实的压实效果较好，被压土体压实后的密实度较高，稳定性较好。

②振动压实的冲击压力波传播特性强，压实的影响深度大，故而振动压实的生产效率较高。当在实际工程中所要求的压实度相同时，振动压实的压实遍数可以明显减少。

③在振动压实作业的过程中，驾驶员可以根据机载压实度计的数值变化来及时发现压实过程中产生的薄弱点，并及时采取有效措施，从而消除高填方路堤的质量隐患。

④在高填方路堤填筑、压实的过程中不可避免地会遇到大粒径块石，而静力压实却难以压实，通过振动压实可有效解决该问题，使被压土体相互楔紧。

⑤在实际工程中所要求的压实度相同的前提下，振动压实的结构自重仅需为静力压实结构自重的 50%，振动压实机械的发动机频率可以降低 30%左右。

⑥通过合理调节振动压实机械的振幅与频率，可以获得良好的深层碾压效果，同时也可以改善表层碾压特性，从而扩大了振动压实的碾压范围。

⑦通过振动压实技术压实沥青混凝土高填方路面时，在振动压实的激振作用下，使沥青与砂、石、矿粉等集料充分渗透、融合，从而有效提高了路面的耐磨性。

⑧运用振动压实技术碾压高温沥青路面时，其压实温度可以比静力压实低一些，在这种情况下同样可以获得相同的压实效果。

⑨由于振动压实的激振作用，振动压实还可以用来压实干硬性水泥混凝土材料(RCC)。

振动压实有以上的一些优点，但由于在振动压实作业过程中产生强烈的激振作用，会给人、周围环境及压实机械本身带来一定的危害。不仅产生噪声污染，而且危及周边地下构筑物与地面建筑物的安全。故而在危房区、人口密集的地方、装有精密仪器的建筑物和桥梁附近应该限制使用振动压路机来压实路面。

由于本工程的高填方路段位于太原市中心区外围东部的东山地区，周围人烟稀少，地下构筑物与地上建筑物都较少，故采用振动压实技术首先进行分层碾压具有其合理性。

3.2.3.2 重锤补夯的基本工作原理

重锤夯实可以看做是低能量的强夯，单点夯击能低于强夯夯击能，一般在1000kN·m以下。因此，重锤夯实的工作原理与强夯法基本相同。

(1) 夯击能传递的机理

如图3-10所示的施工现场，当夯锤夯击地面时，夯锤向下的冲击力引起被压土体的振动，夯击能以振动波的形式向被压土体内部传播。这种振动波一般可分为两大类：面波与体波。面波有瑞利波、乐甫波等，只能在地表土体之中传播；体波有剪切波与压缩波，在土体内部传播。

图3-10 重锤夯实施工现场

一般情况下把高填方路堤视为弹性体，那么夯击锤下落的过程，就是重力势能转换成动能的过程。随着夯锤的不断下落，重力势能越来越小，而动能越来越大。在接触地面的一瞬间，势能的绝大部分都转换成动能。夯锤夯击地面时，动能主要分为三个部分：一部分由夯锤和被压土体摩擦而变成热能；一部分以声波的形式向四周传播；其余的大部分冲击动能则使土体产生自由振动，并以压缩波（亦称纵波、P波）、剪切波（横波、S波）和瑞利波（表面波、S波）的波体系联合在路堤内传播，使高填方路堤中产生一个波场。如图3-11所示。

外国学者Gambin[6]对夯击能的传播形式进行了研究。如图3-11所示，根据波的传播特性，瑞利波携带了约2/3的能量，以夯坑为中心沿高填方路堤表面向四周传播，使周围物体产生振动，对路堤压实没有效果，而余下的能量则由剪切波和压缩波携带向路堤内传

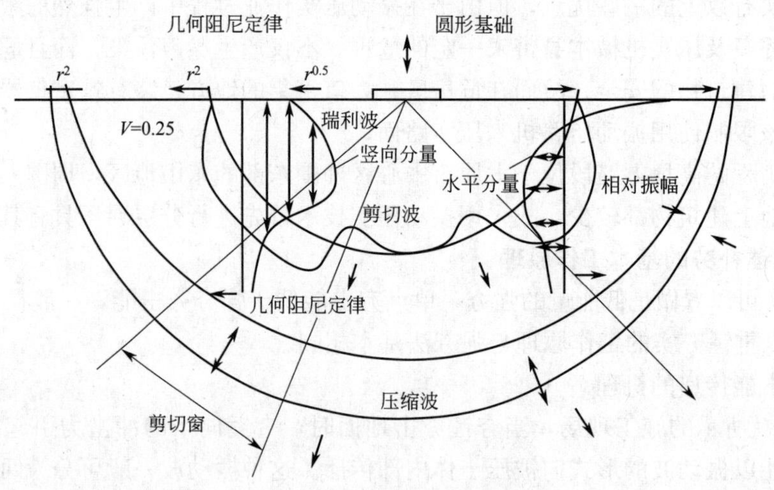

图 3-11 夯击能的传递原理

播。当这部分能量释放在需要加固的土体时，土体就得到压密加固。总的来说就是压缩波大部分通过液相运动，逐渐使孔隙水压力增加，使土体骨架解体，而随后到达的剪切波使解体的土体颗粒处于更密实的状态。

（2）重锤补夯法加固黄土填料高填方路堤的机理

对于已经压路机压实后的黄土土层而言，主要是再密实作用。即巨大的夯击能量产生的冲击波和动应力在土中传播，使土颗粒产生瞬间的相对运动，土颗粒互相靠拢。孔隙中气泡迅速排出或压缩，加固范围内的气体体积将大大减少，从而使被压土体成为饱和土，或者使土体的饱和度提高，形成比较密实的结构。其结果降低了一定深度范围内土体的压缩性，同时也提高了地基的承载力。

本高填方工程所用的填料为湿陷性黄土，湿陷性黄土具有一些特殊的性质，比如说胶结强度差、内部架空孔隙多、遇水微结构强度迅速降低。黄土填料的这些性质使土体在遇水后内部孔隙崩塌，强度迅速降低，引起较大的附加的沉降。通过重锤补夯的方法处理黄土填料，使填料在遇水之前其内部不稳定结构就被破坏，密实度大大增加，从而防止上述病害的发生。

3.3 工程应用的具体施工方案

适于黄土填料高填方路堤的综合压实技术首先在太原市太行路阎家峰高填方路段得以应用，具体施工方案如下所述。

3.3.1 施工准备

1. 导线、水准复测：在正式开工前，用全站仪对导线点进行复核补设；用水准仪复查增设水准点，复测高程。

2. 恢复定线：根据设计线路坐标及设计图纸，用全站仪定出路线的控制桩并加以固定。

3. 施工驻地已建成，施工人员和施工队伍已全部进场并符合要求后。

4. 施工机械、设备已进场，数量及设备性能均符合规范要求。

5. 测量放样。

路基施工前，根据设计图、施工工艺和有关规定恢复的路线中线桩、钉出路基用地界桩、路堤坡脚、路堑坡顶、边沟、取土坑、护坡道、弃土堆等的具体位置桩。以定出路基轮廓。在路堤坡脚外缘每隔 20m 一个桩，桩上注明桩号，定出路堤坡脚线。

道路中线桩直线部分每 20m 一个，每 100m 设一个永久性固定桩，曲线部分除 20m 设一整里程桩外，曲线的起点、终点、圆缓点、缓圆点都设置固定桩。在中线桩施测后，进行横断面测量，然后根据路基横断面图及实测标高进行边桩放线。在横断面的坡顶点位置上，钉边桩。经过准确放样后，提供放样数据及图表，报监理工程师审批。

6. 施工前的复查和试验。

路基施工前，对路基工程范围的地质水文情况进行详细调查，通过取样试验确定其性质和范围。

按照《公路路基施工技术规范》的规定，对施工段落的土样做下列试验项目：

①液限、塑限、塑性指数、天然稠度和液性指数；

②颗粒大小分析试验；

③含水量试验；

④密度试验；

⑤相对密度试验；

⑥土的击实试验；

⑦土的强度试验（*CBR* 值）。

把调查和试验结果以书面形式报告监理工程师备案，如所调查和试验的结果与图纸资料不符时，应联系设计单位，共同制定处理方案，并将解决方案报监理工程师审批。

7. 调查施工范围内的地质、水文、障碍物、文物古迹的详细情况。

8. 调查沿线电缆、光缆及管线位置、埋深，按设计要求进行改移或埋设明显标志。

9. 修建临时排水设施，做到永临结合，以保证施工场地处于良好的排水状态。

10. 场地清理：施工前将路基用地范围内的树木、灌木、垃圾、有机物残渣及原地面的草皮和表土清除，清理至基岩面，按 4%逆坡开挖台阶，对妨碍视线、影响行车的树木、灌木丛等进行砍伐或移植清理。将树根全部挖除，清除的垃圾由装载机配备汽车运至指定堆放区，场地清除完后视地基情况采用强夯或换填等措施提高地基承载力，保证地基表层密度大于 90%。

11. 规划作业程序、机械作业线路，做好土石方调配方案。

3.3.2 填筑要求

1. 一般规定

(1) 路基边坡满足设计要求。

(2) 填料强度和粒径，应符合表 3-3 的规定。

路基填料最小强度和最大粒径要求 **表 3-3**

<table>
<tr><th colspan="2" rowspan="2">填料应用部位
（路面底标高以下深度，m）</th><th colspan="3">填料最小强度（CBR）（%）</th><th rowspan="2">填料最大粒径
（mm）</th></tr>
<tr><th>高速公路
一级公路</th><th>二级公路</th><th>三、四级公路</th></tr>
<tr><td rowspan="4">路堤</td><td>上路床（0～0.30）</td><td>8</td><td>6</td><td>5</td><td>100</td></tr>
<tr><td>下路床（0.30～0.80）</td><td>5</td><td>4</td><td>3</td><td>100</td></tr>
<tr><td>上路堤（0.80～1.50）</td><td>4</td><td>3</td><td>3</td><td>150</td></tr>
<tr><td>下路堤（>1.50）</td><td>3</td><td>2</td><td>2</td><td>150</td></tr>
<tr><td rowspan="2">零填及
挖方路基</td><td>（0～0.30）</td><td>8</td><td>6</td><td>5</td><td>100</td></tr>
<tr><td>（0.30～0.80）</td><td>5</td><td>4</td><td>3</td><td>100</td></tr>
</table>

2. 路堤填料要求

（1）优先选用本地区普遍存在的黄土作为填料，严禁使用淤泥、有机土、草皮、生活垃圾和含有腐朽物质土。

（2）液限大于 50%、塑性指数大于 26、含水量不适宜直接压实的细粒土，不得直接作为路堤填料；需要使用时，必须采取技术措施进行处理，经检验满足设计要求后方可使用。

（3）运料前，填料经试验合格批准后使用，采用挖掘机或装载机装车，自卸汽车运输至填方区。汽车自卸时，安排专人指挥，按每层不大于 30cm、不小于 10cm 的松铺厚度计算卸料密度，由远及近进行卸料，一层料卸完后，即停止卸料，进入摊铺和整平阶段。填土宽度每侧应宽于填层设计宽度。

（4）填方的平整。当填方区一层填料上料完成后，按层厚 30cm 的松铺厚度、采用大型履带式推土机初步摊平，并在初平后的填料上来回碾压，完成初步压实。每层初步平整完成后，并形成一定的路拱形成排水。对机械无法到达边角处采用人工找平。

（5）填方的压实。在经过平整后的填层面上采用大吨位振动压路机进行碾压和夯实。压实宽度不应小于设计宽度，便于后面边坡的削坡。碾压时直线段由两边向中间，小半径曲线段内侧向外侧，纵向进退式进行，横向接头重叠 0.4～0.5m，纵向碾压轮迹重叠 0.4～0.5m，压路机的行驶速度控制在 4km/h 之内，初压时采用过静压，然后改为振动压实，其压实遍数均由试验确定。

3.3.3 施工原则

施工时，按照《公路路基施工技术规范》相关要求组织。

（1）路基施工，集中力量连续快速施工，分段完成。

（2）雨季进行路基填筑施工应分层填筑，当天填筑的土层应当天或雨前完成压实。

（3）做好防排水措施，填筑面横向设置 3%左右流水坡度，路堤两侧做好排水沟及坡面防护。

（4）雨季施工应综合规划、合理设置现场防排水系统，采取有效措施，及时引排地面水。

（5）路堤基底及路堤每一层施工完成后，需将该层宽度，填筑厚度压实厚度，逐桩标高和压实度等检测资料报监理工程师审查批准后，才能进行上一层的施工。

(6) 路基压实机械：填土路堤的碾压机械采用激振力 18t 以上的重型振动压路机，较大面积填土宜用平地机或较大功率推土机先行平整。

3.3.4 施工工序

路堤施工的工序流程为：施工准备→运料→摊铺→碾压→检测→下一层施工。

施工工序流程如图 3-12 所示。

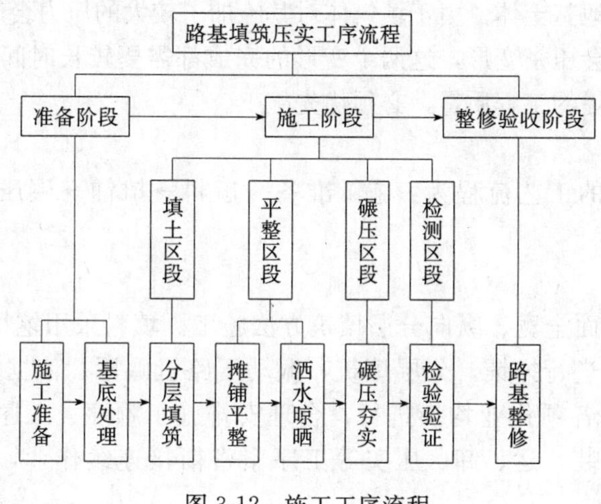

图 3-12 施工工序流程

3.3.5 施工方法

3.3.5.1 施工方法总述

按照振动压路机压实工艺与隔层重锤补夯技术相结合的综合压实技术进行施工，对路堤黄土填料进行压实。

1. 路基填筑表层处理

土质地基表层清表 30cm，若地面自然坡度陡于 1∶5 时，原地面开挖宽度不小于 2m 的台阶。

清表、清淤土方宜集中堆放，集中外弃。

2. 地基处理

如发现不良地基情况，及时与设计单位联系，确定处理方法。根据地勘报告，拟建道路路基土为Ⅲ级自重湿陷性土，清表 30cm 后，对高填方（$H>4$m）段采用如下方法进行地基处理：

(1) 原地面清表后超挖 2m，超挖后土基顶面采用重锤夯实消除路基土湿陷，有效处理深度不小于 1m。

(2) 基底通长铺筑 1.0m 厚 6%灰土。

3. 高填方路堤施工方法

(1) 素土分层填筑压实，压实采用 18t 以上振动压路机，每层填筑厚度不大于 300mm，压实系数不小于 96%。

(2) 每填筑 3.0m 重锤夯实补强一遍。

(3) 素土回填至路床下 1m 处，路床下 1m 回填 6%灰土。

①高填方路堤施工，集中力量连续快速施工，分层分段完成。

②高填方路堤基底及路堤每一层施工完成后，需将该层宽度、填筑厚度、压实厚度、逐桩标高和压实度等检测资料报监理工程师审查批准后，才能进行下一循环的施工。

③高填方路堤的基底承受的荷载较大，施工前对路基进行稳定性验算和基底承压强度验算检查。对于软弱地基如常规压实仍不能满足要求，应对地基进行地基加固处理。

④高填方路堤的地基土体，由于填筑体对其施加了较大的压力会产生压缩变形，填筑体在自重的作用下也会压密变形，这两个变形的完成都需要较长时间，并逐步达到稳定。因此为保证高填方路堤的工程质量，必须优先施工。

4. 施工工序

高填方路堤施工的工艺流程为：施工准备→运料→摊铺→碾压→检测→下一循环施工。

5. 路基填筑

施工中采取横断面全宽、纵向分层填筑方法施工。填料采用挖掘机配合自卸汽车运输，推土机、平地机进行摊铺，分层填筑，振动压路机碾压。依据"三阶段、四区段、八流程"作业法组织各项作业均衡进行，合理安排施工顺序、工序进度和关键工序的作业循环，做到挖、装、运、卸、压实等工序紧密衔接连续作业，避免施工干扰、交叉施工。

其中："三阶段"为准备阶段、施工阶段、竣工阶段；"四区段"为填筑区、平整区、碾压区、检验区；"八流程"为施工准备→基底处理→分层填筑→摊铺平整→碾压夯实→检验签认→路面整形→边坡修整。

高填方路堤按路基平行线分层控制填土、石标高，分层进行平行摊铺，压实方法、虚铺厚度按照试验段确定的参数进行控制。路基填筑施工流程如图 3-13 所示。

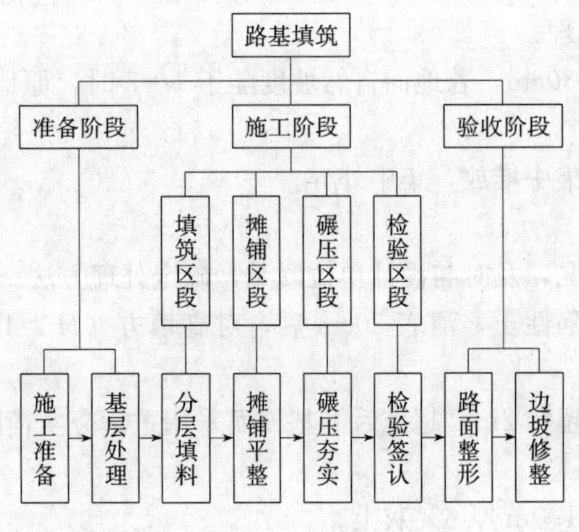

图 3-13 路基填筑施工流程

阎家峰高填方段边坡应按照设计要求设置，每边比设计宽度多出 10cm，便于后期削坡做防护，每层压实时必须压到边。

6. 施工要点

(1) 路堤填筑时必须根据设计断面水平分层填筑和压实。分层最大松铺厚度应根据试验确定，且不应超过 30cm；分层最小压实厚度不小于 10cm。

(2) 性质不同的填料应分段填筑，同一水平层路基的全宽应采用同一种填料，不得混填。每种填料的填筑层压实后的连续厚度应不小 50cm。

(3) 路堤填筑时，应从最低处起分层填筑，逐层压实；当原地面纵坡大于 12%或横坡陡于 1∶5 时，应按设计要求挖台阶，或设置坡度向内并大于 4%、宽度大于 2m 的台阶。

(4) 填方分几个作业段施工时，接头部位如不能交替填筑，则先填路段应按 1∶1 坡度分层填筑，每层碾压至边缘，逐层收坡，待后填段填筑到位时，再把交界面逐层挖成不小于 3m 的台阶，分层填筑碾压；如能交替填筑，则应分层相互交替搭接，搭接长度不小于 3m。

(5) 填方路堤必须按路面平行面分层控制填土高程，为利于排水，填筑时路堤顶面应形成不小于 2%横坡，设计纵横坡必须在下路堤范围内形成。

(6) 填筑、摊铺、碾压

①路基每层填筑严格执行“划格上土、挂线施工”。

②准备直径 3cm、长 150cm 红白相间（25cm 刻度）的花杆，在边线位置每隔 20m 插一根，依据花杆上的刻度连续挂好线绳，线绳应绷紧，作为机械平整时的依据，保证平整度和松铺厚度。

③运输车按要求卸料后，先用推土机粗平，对含水量进行检查，不合格要洒水或翻拌晾晒，合格后用平地机精平；检查松铺厚度、平整度，符合要求后方可碾压。

④先稳压，后振动碾压，碾压时压路机遵循从路边向路中、从低侧向高侧的原则；压路机的碾压行驶速度不得超过 4km/h，错轮宽度对振动压路机不得小于压实轮的 1/3。

(7) 路堤填土每侧应宽于填层设计宽度不小于 30cm，超宽部分压实度必须满足填层压实度要求，不能满足时，在此基础上再适当增加填筑宽度，以保证超宽 30cm 范围内压实度合格，路基完成后削坡。

(8) 路基顶面边缘应设置不低于 30cm、开口间隔不大于 30m 的挡水埂，开口处设置临时泄水槽至坡脚排水沟；临时泄水槽采用混凝土抹砌；施工中应随时检查挡水埂和临时泄水槽的完好情况，及时修补。

(9) 每一个压实层在经过雨水后，或由于特殊原因没有填筑上一层而致使本层超过 10d 暴露在外，在填筑上一层时应复压，重新检测压实度。

3.3.5.2 重锤夯实施工

重夯施工前，要对施工区域进行清理整平。夯坑内或场地积水应及时排除并复勘场地地质条件和持力层埋层深度。设备安装就位应平整、稳固，确保施工中不发生倾斜、移动。

1. 渠堤基础重夯施工范围

本标段重夯施工范围如表 3-4 所示，采用夯击能 500kN·m 的重锤夯实，重夯基础处理范围超出基础外边缘的宽度为 2m，处理前场地平整，清基厚度不小于 0.3m。重夯区外边缘 4m 处挖设减振沟，深 3m，底宽 1m，开挖边坡 1∶0.7，夯实后分层回填。

重锤夯实施工范围　　表 3-4

序号	挖填情况	设计桩号		长度(m)	路堤基础处理措施		夯击能(kN·m)
		起点	终点		左	右	
1	填方	K4＋000	K4＋360	360	重夯	重夯	500

2. 施工程序（图 3-14）

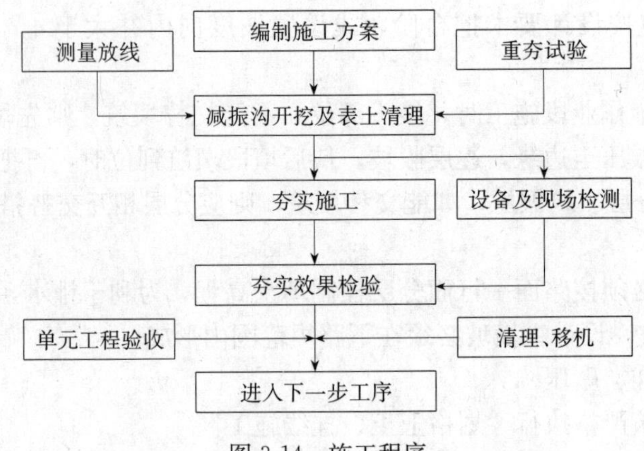

图 3-14　施工程序

3. 重夯试验

为保证工程施工的质量、进度和安全，重夯施工前要进行重夯现场试验，以消除自重湿陷性黄土的湿陷性，确定具体的重夯施工参数，得出最佳的施工技术参数和施工工艺，指导进行大面积施工，满足设计及规范要求。

重夯试验进行前要编制专项试验方案，选定试验场地。试验过程中做好现场记录，总结工艺流程，进一步优化方案，以确定准确的试验参数，指导大面积重夯施工。

4. 施工步骤

(1) 清理并平整施工场地；

(2) 设计有减振沟的部位，开挖减振沟；

(3) 标出第一遍夯点位置，并测量场地高程；

(4) 起重机就位，使夯锤对准夯点位置；

(5) 测量夯前锤顶高程；

(6) 将夯锤起吊到预定高度，待夯锤脱钩自由下落后，放下吊钩，测量锤顶高程，若发现因坑底倾斜而造成夯锤歪斜时，应及时将坑底整平；

(7) 按每遍 5～6 击，完成一个夯点的夯击；

(8) 用推土机将夯坑填平，并测量场地高程；

(9) 按上述步骤逐次完成全部夯击遍数，最后用低能量满夯，将场地表层松土夯实，并测量夯后场地高程。

5. 施工技术参数

(1) 试夯及停夯标准：工程开工前应通过试夯确定施工方案。夯点的夯击次数，应按现场试夯得到夯击次数和夯沉量关系曲线确定，并应满足下列条件：采用重夯时，最后两击的平均夯沉量不大于 20mm。

(2) 夯击遍数，一般为3遍，前两遍为间隔点夯，为5～6击，最后一遍为满夯。

(3) 满夯采用低落距多次夯击，锤印搭接。

(4) 夯击点布置与间距：

重夯采用500kN·m的夯能以正方形夯击，采用1.6倍锤径左右的点距，如图3-7所示。第一遍夯击1号主夯点，第二遍夯击2号副夯点，第二遍与第一遍的间隔时间为5d。每个夯点都按夯锤底面尺寸标出白灰轮廓线。

6. 测量放样

采用全站仪放出施工区的四周边线，在夯实处理范围内按照设计断面放出左右边线，在需要加密的施工地段进行断面加密放样并撒石灰线作出标识。在施工区域内，根据道路中心线对夯点的中心位置进行放样，并对夯点进行编号、测量、记录。在夯区30m外的地点，设置标高基准点，并测量各夯点的相对标高。

7. 重夯施工

重夯施工在基础开挖平整后进行。根据设计图纸规定的重夯施工范围和夯击点布置、间距及监理人批准的工艺参数进行夯击施工。夯锤重5t，落距10m。两遍之间的间歇时间一般为3～7d；前一遍夯完后，将土推平，即可接着进行下一遍。

履带式起重机就位后，夯锤对准夯点位置，夯击时每一次的夯锤提升高度都必须达到10m，当夯锤即将提升到预定高度时，稍停一下，使锤不摆动，然后继续提升，直至脱钩落下。每次夯击时的落锤要平稳，如夯锤落在夯坑中有倾斜，且当其倾角超过30°时，需用土将夯坑填平，方能进行下一次的夯击。

按照设计规定次数及控制标准，完成第一遍全部夯点的夯击，根据预先选定的3个夯点及周围布置的测量点，测量夯坑及周围土体的高程以确定夯沉量和地面隆起量，然后用推土机将夯坑填平，测量夯击后场地高程。每遍夯击完成间隔3～7d后，再按上述步骤完成全部夯击遍数，同时测量并记录最后两击的平均夯沉量及地面变形情况。

8. 夯击结束标准

达到规定的夯击遍数后，最后两击的相对平均夯沉量小于20mm；夯坑周围地面不应发生过大的隆起；不因夯坑过深发生起锤困难。

当监理工程师检查认可后，进行夯坑的回填、场平工作。用推土机将夯坑周围的土体推至坑内，最后采用振动碾碾压表层松土，直到表面平整、稳定，无明显轮迹为止，然后测量夯后场地高程。

夯击次序为一夯挨一夯进行，当夯点的夯击次数较多时，必须控制每一次夯击的锤印重叠，其偏差不得大于10cm。

夯坑和夯击的场地由于下雨或其他原因积水时，及时采取排水措施，并晾干一段时间，以免形成弹簧土。

9. 施工检测

夯击施工过程中设专人负责下列检测工作：

(1) 开夯前检查夯锤重和落距，以确保单击夯击能量符合设计要求；

(2) 在每遍夯击前，对夯点放线进行复核，夯完后检查夯坑位置，发现偏差和漏夯应及时纠正；

(3) 按设计要求检查每个夯点的夯击次数和夯沉量；

(4) 施工过程中对各项参数及施工情况进行详细记录。

10. 质量检验和验收

(1) 重夯施工开始前，会同驻地监理复核重夯点位的现场放样成果，经监理工程师签认后，方可开始重夯。

(2) 重夯施工过程中，会同驻地监理按试验确定的施工参数，定时进行下列项目的检查：重夯点位偏移值、夯击次数、夯锤落距、每个夯点的最后两击夯沉量、夯锤倾斜度。

(3) 夯击地基内每个夯点的累计夯沉量，不小于试夯时各夯点平均夯沉量的95%为合格。检查后，如质量不合格，应进行补夯，直至合格为止。

(4) 质量检验的方法，根据土性选用原位测试和室内土工试验。

(5) 施工完成后3d，从夯面起至其下3m深度范围内每隔1m取样进行室内试验，测定土的干密度、含水率和湿陷系数。

(6) 重夯处理质量检验合格标准为：重夯施工结束后，3m处理深度范围内土层的湿陷系数小于0.015。

11. 成品保护

(1) 做好场地周边排水设施，防止已重锤夯实的场地被水淹泡。

(2) 夯实完毕后，立即进行下道工序施工，如有间歇，预留200～300mm厚土层，基础施工时再挖除，防止扰动。

3.3.5.3 新旧路基交界处理

1. 纵向高填方路基新旧路基交界处理

纵向高填方路基新旧路基交界处处理方法如下：

路基5m以下新旧路基交界处，旧路基陡坡向内切削1m厚，将表层虚土切除，分层填筑时，加强交界处碾压。重夯补强时，交界处3m范围内满夯，降低差异沉降。

路基5.0m以上新旧路基交界处，纵向搭接长度不应小于2m；分层设置蹬搭茬，每级蹬蹬宽2.0m，蹬高0.6m，坡度3%（朝向旧路基侧），每级铺设一层4.0m土工格栅，上下级格栅竖向错开2m。

路基顶铺一层5m土工格栅。

2. 坡脚处路基处理

坡脚处内侧3m及外侧5m范围内换填150cm厚石灰土（石灰占石灰土重量6%）。

3. 土工格栅铺设

(1) 施工准备

对图纸进行核对；对人员进行岗位培训，使其熟悉掌握设计标准、质量标准和施工规范；做好测量放线工作：依据设计文件规定的尺寸放出路堤边线，并设明显标志；铺设前进行下承层平整；材料试验检验。

(2) 材料要求

必须按设计提供的型号规格选择土工格栅，并有厂家提供的产品合格证。土工合成材料为聚乙烯（PE）或其他高分子聚合物并加有一定的抗红外线助剂。土工格栅应符合《交通工程土工合成材料 土工格栅》JT/T 480—2002和《公路工程土工合成材料试验规程》JTG E50—2006等相关规定和标准要求。

(3) 施工工艺流程

施工准备→下承层处理→铺设土工格栅→填土摊平←碾压夯实→边坡夯拍→检测。

(4) 质量要求

a. 铺设土工格栅时应拉直平顺，紧贴下承层，不得有褶皱。下承层应平整，严禁有坚硬凸出物。下承层平整度不大于2cm。

b. 土工格栅主受力方向沿路堤横向铺设，应直铺设到沟侧，土工格栅沿路基横向不宜搭接，沿路基纵向土工格栅之间的连接应牢固，纵向搭接上下层间搭接长度不小于10cm，采用高强塑料扎扣扎牢，扎扣每10cm一个，严禁用铁丝绑扎；之后沿搭接方向每隔2m设置一个门钉，门钉压入土中30cm。

c. 土工格栅铺设后应及时进行填筑施工，以避免其受阳光长时间的直接暴晒，阳光直接暴晒的时间不能超过24h，否则应拆除已铺设的土工格栅，重新铺设新的土工格栅。施工过程中，土工格栅不应出现任何损坏，否则应重新铺设。

(5) 施工要点

宽度，搭接宽度，扎口绑扎，下承层平整度。

(6) 土工格栅检测项目

土工格栅检测项目见表3-5。

土工格栅检测项目 **表3-5**

项次	检查项目	规定值或允许偏差	检查方法和频率	权值
1	下承层平整度	符合设计、施工要求	每200m检查4处	1
2	搭接宽度(mm)	+50,−0	抽查2%	2
3	搭接缝错开(mm)	符合设计、施工要求	抽查2%	2
4	锚固长度(mm)	符合设计、施工要求	抽查2%	3

3.3.5.4 质量要求

(1) 施工过程中，每一压实层均必须检验压实度，压实度采用灌砂法测定，取土样的底面必须达到本层的底面位置。

(2) 施工中路基弯沉、平整度、宽度、纵横坡度、厚度、边坡坡度等必须符合表3-6的规定及设计要求。

土方路基施工质量检测指标 **表3-6**

项次	检验项目			规定值或允许偏差	检验频率和方法
1	压实度(%)	零填及挖方(m)	0～0.30	—	检查密度法：每200m压实层测4处
			0～0.80	≥96	
		填方(m)	0～0.80	≥96	
			0.80～1.50	≥94	
			>1.50	≥93	
2	弯沉(0.01mm)			不大于设计要求值	
3	纵断高程(mm)			+10,−15	水准仪：每200m测4断面
4	中线偏位(mm)			50	经纬仪：每200m测4点，弯道加HY、YH两点
5	宽度(mm)			符合设计要求	米尺：每200m测4处

续表

项次	检验项目	规定值或允许偏差	检验频率和方法
6	平整度(mm)	15	3m直尺:每200m测2处×10尺
7	横坡(%)	±0.3	水准仪:每200m测4个断面
8	边坡	符合设计要求	尺量:每200m测4处

3.3.5.5 高填方路堤的质量控制

施工控制要点：高填方路堤应优先安排施工，施工中应按设计要求预留路堤高度与宽度，填筑至设计标高后要按要求进行超载预压。

施工前应人工挖十字沟查明场地范围内的地下构筑物和各种地下管线的位置及标高等，并采取必要的措施，以免因施工而造成损坏。

1. 沉降和位移观测

(1) 高填方路堤施工过程中和预压期内必须进行沉降和位移观测，以监测路堤变形情况，控制填筑速率，指导施工；并根据实测资料推算评估工后沉降，指导后续工程施工。

(2) 沉降通过地表型沉降计（沉降板或桩）、位移通过地表水平位移桩（边桩）进行检测；必要时设地下水平位移计（测斜管）对地下土体分层水平位移量进行监测。

(3) 观测点的位置、数量及埋设必须严格按照设计或合同文件的要求执行。

(4) 沉降和位移观测要遵循“五固定”原则：依据的基准点、工作基点和被观测点点位要固定；仪器、设备要固定；观测人员要固定；观测时的环境条件基本固定；观测路线、镜位、程序和方法要固定。

(5) 施工中严格按要求的观测方法和频率对沉降和位移进行跟踪观测，观测资料必须及时进行整理和汇总分析，及时指导施工和提供给相关单位作为评估依据，并作为质量资料归档。

(6) 当路堤中心沉降速率大于1.0cm/d或坡脚水平位移速率大于0.5cm/d时，立即停止填筑，增加观测频率，待观测值恢复到限界值以下时恢复填筑。

施工前，在离路基沉降区范围以外的稳定区域埋置2～3个观测点，用全站仪及水准仪精确定出基点的标高及基线的方位；在路基两侧的路堤坡脚处、坡脚以外2m和4m处每隔200m分别对称埋置3个测点，测点用15cm×15cm×150cm的钢筋混凝土桩制成。在路基填筑前根据基点的标高及基线的方位用全站仪观测出测点的初始位置，并做好记录；在路基填筑过程中，每天对测点进行一次观测（测点位移变化不大时，可3d一次或7d一次），并记录观测数据。当测点的水平和竖向位移超出规范要求的值时，地基沉降处于不稳定状态，这时必须立即停止填筑，并采取相关措施进行处理，待路基稳定后方可继续填筑。

2. 路堤边坡休整

(1) 按设计图纸要求检查路基的中线位置、宽度、纵坡、横坡、边坡及相应的标高。

(2) 在休整需要加固的坡面时，预留出加固位置，对填土不足或边坡受雨水冲刷形成小冲沟的地段，采取边坡挖台阶，分层填补，仔细夯实的方法处理。

(3) 路基两侧超填的宽度予以切除，边坡缺土时，要挖成台阶，分层填补夯实。

(4) 挂线进行边沟休整，路基整修完毕后，堆于路基范围的废弃土料弃置指定的弃土场。

3. 高填方路堤常见质量问题的防治及管理措施。

(1) 路堤整体下沉或局部沉降防治及管理措施：

①施工时高填方路基要早开工，避免填筑速度过快，路基填筑完成后进行超载预压，使高填方路基有充分的沉降；

②严格控制填料质量，施工中做好排水，防止局部积水；

③在软弱地基上进行高填方路基施工时，除按设计对软基进行处理外，从原地面以上1～2m高度范围内不得填筑细粒土，应填筑硬质石料，并用小碎石、石屑等材料嵌缝、整平、压实；

④视情况采取补救措施，延长预压时间，按规范补宽和补高。

(2) 路堤滑动或边坡坍塌防治及管理措施：

①填料来源不同，性质相差较大时，应分层或分段填筑，不应纵向分幅填筑；

②必须按要求超宽填筑、超宽碾压，每侧超设计宽度不少于50cm，并保证压实宽度不小于设计宽度；

③基底处于斜坡地带时，必须严格按要求开挖台阶；

④施工中做好防排水工作，工序衔接紧凑，防护工程如急流槽等应及时修筑；

⑤全部返工，对基底处理合格后重新按要求分层填筑压实。

4. 土方路堤常见质量问题的防治及管理措施。

(1) 中线偏位防治及管理措施：

①加固保护导线点至交工验收；

②每填高60～80cm恢复一次路线中桩，测定路基标高及宽度；

③亏坡的一侧按照规范要求开台阶补填，多余的一侧进行削坡处理。对现场负责人、技术负责人和监理人员进行相应处罚。

(2) 翻浆、“弹簧”现象防治及管理措施：

①避免用天然稠度小于1.1，液限大于40，塑性指数大于18，含水量大于最佳含水量两个百分点的土作为路基填料；

②土的实际含水量大于最佳含水量时，采取翻拌晾晒、加白灰或换填适宜的填料，达到要求后方可进行压实；

③清除碾压层下软弱层，换填良性土壤后重新碾压。

(3) 路基边缘压实度不够防治及管理措施：

①路基施工必须按要求进行超宽填筑；

②控制碾压工艺，保证机具碾压到边，确保边缘带碾压频率不低于行车带；

③返工至符合压实度要求的层次。

(4) 起皮、松散防治及管理措施：

①起皮：严禁薄层贴补；低液限粉土填筑路基时，碾压过程中应适量洒水；

②松散：适当洒水后重新碾压；冬季施工时填筑层碾压完毕后及时封土保温。

(5) 路基边坡冲刷防治及管理措施：

①削坡后及时进行边坡防护工程；

②按要求设挡水埂和临时泄水槽，且随时保证完好并发挥作用；

③雨水冲刷后应及时修补路基；

④路基必须按要求超宽填筑、超宽碾压；亏坡整修严禁贴补；

⑤排水沟边缘距路基坡脚不小于2m。

3.3.5.6 雨期施工措施

1. 雨期施工路基排水应符合下列规定：

(1) 雨期施工应综合规划、合理设置现场防排水系统，采取有效措施，及时引排地面水。

(2) 对施工临时挤占的沟渠、河道应采取措施保证不降低原有的排水能力。

(3) 路堤填筑的每一层表面应设2%～4%的排水横坡。

(4) 在已填路堤路肩处，应采取设置纵向临时挡水土埂、每隔一定距离设出水口和排水槽等措施，引排雨水至排水系统。

(5) 雨期路堑施工宜分层开挖，每挖一层均应设置纵横排水坡，使水排放畅通。

2. 路基基底处理应符合下列规定：

(1) 在雨季前应将基底处理好，孔洞、坑洼处填平夯实，整平基底，并设纵横排水坡。

(2) 低洼地段，应在雨期前将原地面处理好，并将填筑作业面填筑到可能的最高积水位0.5m以上。

3. 填方路堤施工应符合下列规定：

(1) 利用挖方土作填料，含水量符合要求时，应随挖随填及时压实。含水量过大难以晾晒的土不得用作雨期施工填料。

(2) 雨期填筑路堤需借土时，取土坑的设置应满足路基稳定的要求。

(3) 路堤应分层填筑，当天填筑的土层应当天或雨前完成压实。

4. 结构物基坑在雨期开挖后未能及时施工时，应采取防浸泡措施，必要时雨后应对基坑地基承载力再次检测，以确定是否满足设计要求。

5. 制定雨期施工安全预案，做好防洪抢险的准备工作。

3.4 本章小结

利用传统的各种压路机对黄土高填方路堤进行分层碾压时，即使严格按照有关规范及标准进行压实，路基仍然有较大的沉降量。为了进一步提高黄土高填方路堤的压实质量和显著降低工后沉降，本项目结合实际工程提出一种适于黄土填料高填方路堤的振动压路机分层压实与隔层重锤补夯相结合的综合压实技术，并将其应用于太原市太行路阎家峰路段。该综合压实技术的基本工作原理是分层振动压实与重锤夯实的压实机理。在此基础上，太行路阎家峰黄土高填方路堤工程中拟定了具体的施工方案。

参考文献

[1] 苏跃宏，杜瑞锋，白志平．208高速公路集丰段高填方路基沉降与稳定观测试验研究［J］．内蒙古

农业大学学报，2007，28（4）：154～158.
[2] 刘奉银，赵然，谢定义，等．黄土高填方路堤沉降分析［J］．长安大学学报（自然科学版），2003，23（6）：23～28.
[3] 何淑梅，毕贵权，徐存东，等．黄土高填方坝式路堤沉降变形模拟［J］．低温建筑技术，2011，（3）：99～100.
[4] 北京市政建设集团有限责任公司，太原理工大学．用于黄土地区高填方路堤的综合压实技术［P］．中国：ZL 2014 1 0262497.4，2016.3.
[5] 郑治，贺铭．高填方路堤补强压实措施对比分析［J］．公路交通科技，2009，（6）：9～13.
[6] Gambin M P. Ten year's Dynamic compaction［J］. Proceeding of the Eighth Retinal Conference for African on Soil Mechanics and Foundation Engineering，1984，Vol I：363～370.

第 4 章　综合压实方法的压实效果试验研究

为了提高黄土填料的压实效果，有效减少工后沉降和缩短预留沉降期，在太原市太行路（东中环）阎家峰高填方路段施工中，首次应用了本书提出的振动压路机分层压实与隔层重锤补夯相结合的综合压实技术。为了对阎家峰高填方路堤的压实机理和效果做更为全面的研究，开展了黄土填料的击实试验和路堤压实土体的压实度试验、湿陷性试验及固结压缩试验等研究。

4.1　黄土填料原状土的击实试验

土的压实性是指土体在荷载作用下其密度增加的性状。土的压实性指标通常在室内采用击实试验测定。

4.1.1　击实试验的基本原理

在室内进行击实试验，是研究土的压实性的基本方法，土的压实度可通过测量干密度的变化来反映。通过大量的试验研究可知，黄土填料中含水量较低时，由于土粒表面结合水膜较薄，土颗粒间的间距较小，故而颗粒间的作用力以引力为主，土颗粒间的相对位移阻力就大，在这种情况下，击实力难以克服颗粒间的阻力，此时压实效果就差。随着黄土填料中的含水量的增加，结合水膜增厚，土颗粒间的间距也就增大，这时候颗粒间的排斥力增加而相互引力减小，压实作用力可以较容易地克服土颗粒间的引力而使土颗粒相互移动，相互紧楔，从而趋于紧密，压实效果较好。但当黄土填料中的含水量再继续增加时，即超过最佳含水量后，虽然土壤颗粒间的引力减小，但土壤中会出现自由水，而在此过程中，土壤空隙中过多的自由水无法很快排出，从而阻挡土壤颗粒间的相互紧楔，与此同时排不出去的气体，以封闭气体的形式存在与土壤内部，击实时气体体积暂时减小，很大一部分击实功由孔隙气体承担，转化为孔隙压力，颗粒间所受的压力减小，故而这种情况下击实只能够引起土颗粒间更高程度的定向排列，而土体的体积几乎不发生变化，压实效果反而下降。因此对于某一土样，在一定的击实功作用下，只有当土的含水量为某一适宜值时，土样才能达到最密实状态，因此在击实曲线上必然会出现一峰值，峰点所对应的纵坐标值为最大干密度 ρ_{dmax}，峰点所对应的横坐标为最优含水量 ω_{op}。

4.1.2　击实试验的操作方法

先将击实仪平稳置于刚性基础上，击实筒与底座连接安好，装好护筒，在击实筒内壁均匀涂一薄层凡士林作为润滑剂。再把配好含水量的试样倒入击实筒内，分 3 层击实，每层 25 击。每层试样高度宜相等，两层交界处的土面用刮刀刨毛。击实完成时超出击实筒顶的试样高度应小于 6mm。

卸下护筒，用直刮刀修平击实筒顶部的试样，拆除底板，试样底部若超出筒外也应修平，擦净筒外壁，称筒与试样的总质量，准确至1g，并计算试样的湿密度。用TYT-3型液压推土器将试样从击实筒中推出，取2个代表性试样测定含水量，2个含水量的差值应不大于1%。

对不同含水量的试样依次击实。击实仪器如图4-1所示。

图4-1　TYT-3型液压推土器与轻型击实仪

击实试验所用的仪器具体数据如表4-1所示。

试验仪器参数　　　　**表4-1**

试验方法	锤底直径(mm)	重锤质量(kg)	落高(mm)	击实筒			护筒高度(mm)
				内径(mm)	筒高(mm)	容积(cm^3)	
轻型	51	2.5	305	102	116	947.4	50
重型	51	4.5	457	152	116	2103.9	50

本工程选用重型击实试验。

4.1.3　黄土填料的击实试验结果

图4-2为该土样通过击实试验得到的干密度随含水量的变化曲线（击实曲线）。

从图4-2可知最大干密度$\rho_{dmax}=1.7047g/cm^3$，最优含水量为$\omega_{op}=12.99\%$，以此确定现场控制含水量为13%左右。

4.1.4　击实曲线的特征分析

从图4-2可知，该击实曲线的左段（低于最优含水量）的坡度明显比右段要陡[1,2]。这一现象表明，当含水量低于最优含水量时，干密度随含水量的变化率较大，即含水量变化对干密度的影响在偏干时比偏湿时更加明显。因此，在施工时控制现场含水量与最优含水量的偏差时，出现正偏差（即现场含水量大于最优含水量）时更有利，因为正、负偏差数值相等的情况下正偏差含水量引起的干密度降低程度更低。以此指导现场控制含水量的偏差尽量取正值。

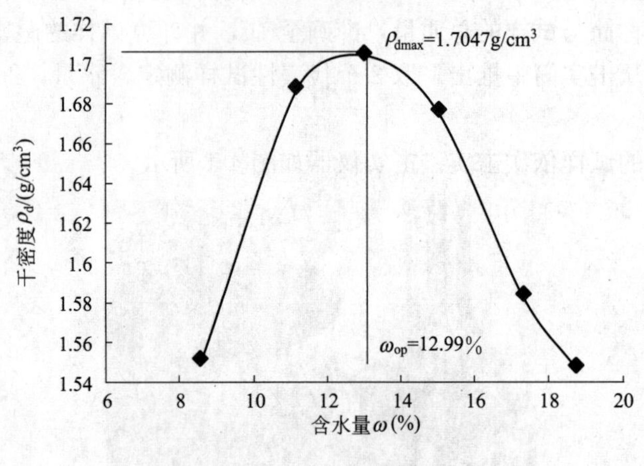

图 4-2　击实曲线

4.2　路堤压实土体的压实度试验

4.2.1　有关压实度要求

根据有关文献[3]，填方高度在 10～30m 的高填方路基，其工后沉降、蠕变滑坡等现象非常明显，路基在施工中的主要控制指标是填土的压实度[4]。

土的压实度是指现场土质材料压实后的干密度 ρ_d 与室内击实试验得到的最大干密度 ρ_{dmax}的比值，也可以称为压实系数，可以用公式(4-1) 表示：

$$\lambda_c = \frac{\rho_d}{\rho_{dmax}} \tag{4-1}$$

式中　λ_c——土的压实度，以百分率表示；

ρ_d——现场土质材料压实后的干密度；

ρ_{dmax}——室内击实试验得到的最大干密度。

针对高速道路普遍出现的路面使用寿命不足，相当数量的路段出现早期沉降病害的情况，现行的 JTG B01—2014《道路工程技术标准》[5] 对路堤压实度提出了要求。表 4-2 为现行规范的压实度要求。

路堤压实度　　**表 4-2**

填料应用部位		压实度(%)		
(路面底标高以下深度,m)		高速公路	二级公路	三、四级公路
填方路堤	上路床(0～0.30)	≥96	≥95	≥94
	下路床(0.30～0.80)	≥96	≥95	≥94
	上路堤(0.80～1.50)	≥94	≥94	≥93
	下路堤(>1.50)	≥93	≥92	≥90

4.2.2 试验方案

为更好地研究该综合施工方法处理后填土的压实特性，拟结合施工进程进行填土的压实度试验。

由于本书提出的综合施工方法是每碾压 3m 厚填土再进行重锤补夯一遍，如此循环施工……。因此可认为在每个 3m 循环厚度填土的施工结束时，其物理力学性质是相同的，于是取其中 2 个循环厚度即 6m 厚填土进行相关土性试验研究，即可代表填方体各层土的压实特性。取土位置分别位于 K4＋050、K4＋085、K4＋120、K4＋190、K4＋306 断面位置处；取土时间为跟踪路面下 7m 以上的填筑施工过程；取土方式通过人工开挖探井获得土样，且取土分两种情况：一种为仅经过压路机碾压后取得；另一种为再经重锤补夯后取得。取土深度为路面下 1～7m 深。取土时每 0.5m 左右取一组土样，并在个别深度处加密选取土样。

采用所取得的填土土样在实验室进行压实度试验，得到高填方路堤各层填土在两种施工情况下（情况 1 为只经压路机碾压，情况 2 为再经重锤补夯后）的压实度 λ_c 和孔隙比 e。

图 4-3 为开挖探井取样的现场照片，其中（*a*）图为探井的形状，（*b*）图为现场取土方式，（*c*）图为现场削取土样，（*d*）图为现场包装及编号完毕的土样。

图 4-3 现场取样照片

4.2.3 试验结果

通过室内试验得到高填方路堤各层填土的压实度，表 4-3 列出最大填方高度即 29m

的 K4＋050 断面位置不同深度处填方土体在重锤补夯前（即仅分层碾压）和经重锤补夯后的压实度与孔隙比，图 4-4、图 4-5 分别绘出 K4＋050 断面处的实测压实度 λ_c、孔隙比 e 随深度的变化曲线；表 4-4 列出 K4＋085 断面位置不同深度处填方土体在重锤补夯前和经重锤补夯后的压实度与孔隙比，图 4-6、图 4-7 分别绘出 K4＋085 断面处的实测压实度 λ_c、孔隙比 e 随深度的变化曲线；表 4-5 列出 K4＋120 断面位置不同深度处填方土体在重锤补夯前和经重锤补夯后的压实度与孔隙比，图 4-8、图 4-9 分别绘出 K4＋120 断面处的实测压实度 λ_c、孔隙比 e 随深度的变化曲线；表 4-6 列出 K4＋190 断面位置不同深度处填方土体在重锤补夯前和经重锤补夯后的压实度与孔隙比，图 4-10、图 4-11 分别绘出 K4＋190 断面处的实测压实度 λ_c、孔隙比 e 随深度的变化曲线；表 4-7 列出 K4＋306 断面位置不同深度处填方土体在重锤补夯前和经重锤补夯后的压实度与孔隙比，图 4-12、图 4-13 分别绘出 K4＋306 断面处的实测压实度 λ_c、孔隙比 e 随深度的变化曲线。

K4＋050 断面填土的压实度、孔隙比一览表 **表 4-3**

取土深度(m)	仅分层碾压 压实度 λ_c	仅分层碾压 孔隙比 e	重锤补夯后 压实度 λ_c	重锤补夯后 孔隙比 e
1.0	0.92	0.72	0.9803	0.6246
1.5	0.919	0.722	0.9514	0.6741
2.0	0.922	0.715	0.9382	0.6976
2.5	0.923	0.716	0.9351	0.7032
2.75	0.925	0.72	0.9347	0.7040
3.0	0.921	0.721	0.9986	0.5949
3.5	0.925	0.715	0.9621	0.6554
4.0	0.919	0.723	0.9487	0.6788
4.5	0.922	0.719	0.9427	0.6895
5.0	0.92	0.722	0.9370	0.6998
5.5	0.919	0.721	0.9355	0.7025
5.75	0.921	0.72	0.9351	0.7032
6.0	0.922	0.719	0.9864	0.6146
6.5	0.92	0.728	0.9601	0.6589
7.0	0.922	0.718	0.9478	0.6804

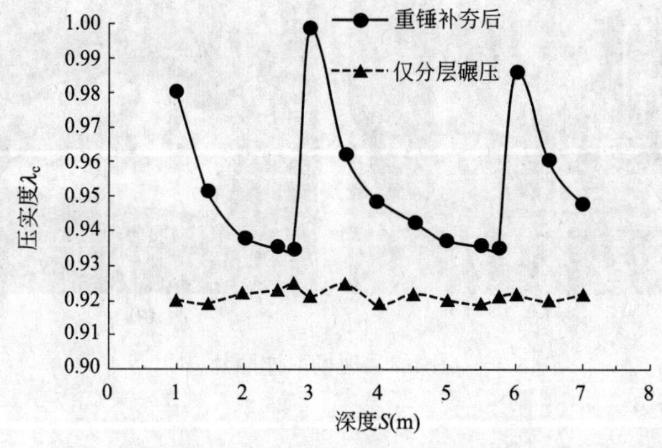

图 4-4 K4＋050 断面压实度 λ_c-S 的关系曲线

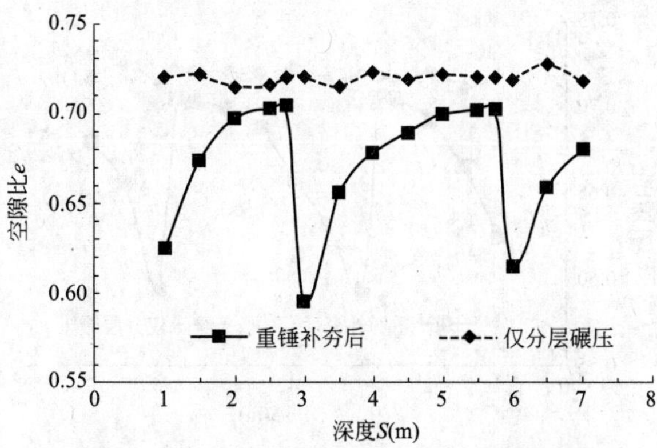

图 4-5　K4＋050 断面孔隙比 e-S 的关系曲线

K4＋085 断面填土的压实度、孔隙比一览表　　**表 4-4**

取土深度(m)	仅分层碾压 压实度 λ_c	仅分层碾压 孔隙比 e	重锤补夯后 压实度 λ_c	重锤补夯后 孔隙比 e
1.0	0.921	0.718	0.9800	0.6252
1.5	0.925	0.712	0.9560	0.6660
2.0	0.921	0.72	0.9380	0.6930
2.5	0.924	0.716	0.9362	0.7050
2.75	0.925	0.718	0.9350	0.7060
3.0	0.922	0.72	0.9985	0.5951
3.5	0.93	0.716	0.9630	0.6323
4.0	0.919	0.723	0.9456	0.6590
4.5	0.928	0.72	0.9418	0.6890
5.0	0.92	0.721	0.9368	0.7000
5.5	0.915	0.721	0.9348	0.7038
5.75	0.921	0.723	0.9342	0.7049
6.0	0.923	0.715	0.9950	0.5955
6.5	0.918	0.726	0.9589	0.6560
7.0	0.92	0.716	0.9469	0.6800

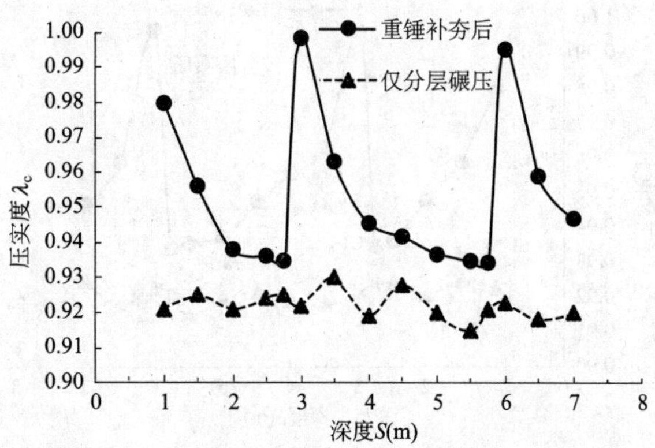

图 4-6　K4＋085 断面压实度 λ_c-S 的关系曲线

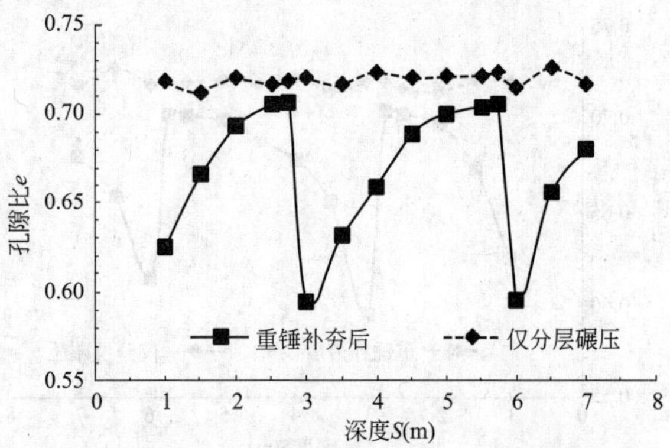

图 4-7　K4＋085 断面孔隙比 e-S 的关系曲线

K4＋120 断面填土的压实度、孔隙比一览表　　　**表 4-5**

取土深度(m)	仅分层碾压 压实度 λ_c	仅分层碾压 孔隙比 e	重锤补夯后 压实度 λ_c	重锤补夯后 孔隙比 e
1.0	0.923	0.713	0.9800	0.6252
1.5	0.925	0.712	0.9590	0.6608
2.0	0.921	0.725	0.9480	0.6930
2.5	0.924	0.715	0.9362	0.7050
2.75	0.925	0.718	0.9350	0.7060
3.0	0.922	0.721	0.9965	0.5983
3.5	0.918	0.716	0.9630	0.6323
4.0	0.919	0.723	0.9556	0.6590
4.5	0.922	0.72	0.9478	0.6890
5.0	0.92	0.725	0.9378	0.7000
5.5	0.915	0.721	0.9356	0.7023
5.75	0.921	0.723	0.9342	0.7049
6.0	0.923	0.715	0.9970	0.5970
6.5	0.918	0.723	0.9591	0.6560
7.0	0.925	0.713	0.9469	0.6800

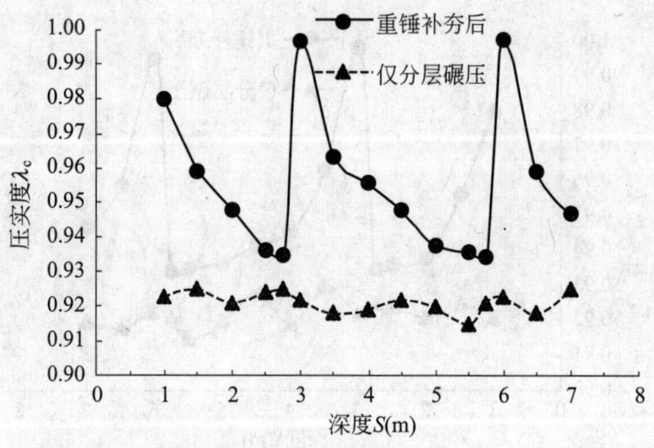

图 4-8　K4＋120 断面压实度 λ_c-S 的关系曲线

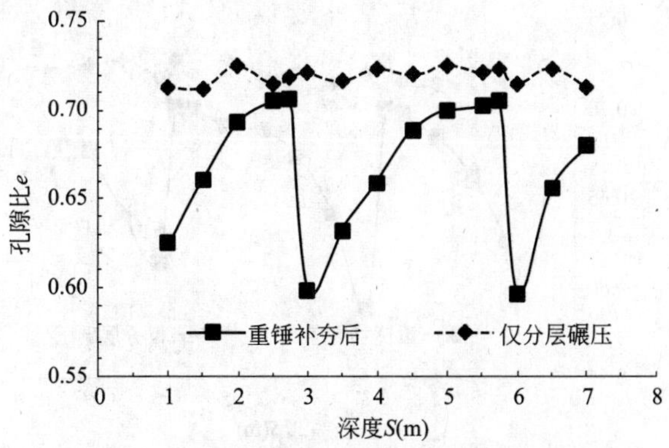

图 4-9　K4＋120 断面孔隙比 e-S 的关系曲线

K4＋190 断面填土的压实度、孔隙比一览表　　**表 4-6**

取土深度(m)	仅分层碾压 压实度 λ_c	仅分层碾压 孔隙比 e	重锤补夯后 压实度 λ_c	重锤补夯后 孔隙比 e
1.0	0.92	0.716	0.9790	0.6269
1.5	0.925	0.722	0.9612	0.6650
2.0	0.922	0.715	0.9410	0.6850
2.5	0.923	0.716	0.9351	0.6980
2.75	0.921	0.728	0.9347	0.7010
3.0	0.921	0.721	0.9986	0.5890
3.5	0.915	0.715	0.9621	0.6430
4.0	0.919	0.723	0.9510	0.6748
4.5	0.922	0.719	0.9427	0.6895
5.0	0.918	0.729	0.9370	0.6920
5.5	0.919	0.721	0.9363	0.7011
5.75	0.921	0.728	0.9359	0.7020
6.0	0.918	0.719	0.9864	0.6146
6.5	0.92	0.728	0.9661	0.6430
7.0	0.92	0.725	0.9478	0.6780

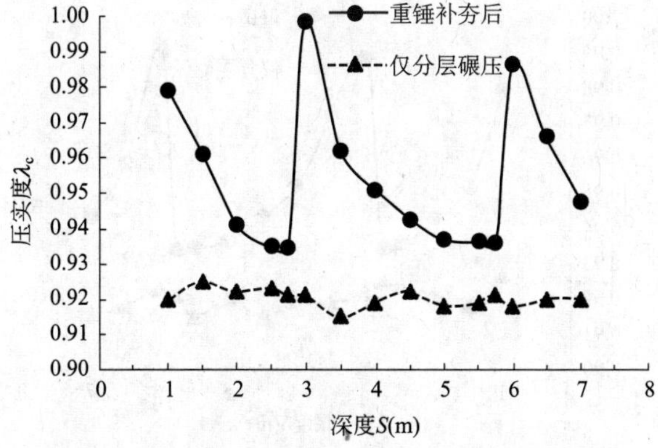

图 4-10　K4＋190 断面压实度 λ_c-S 的关系曲线

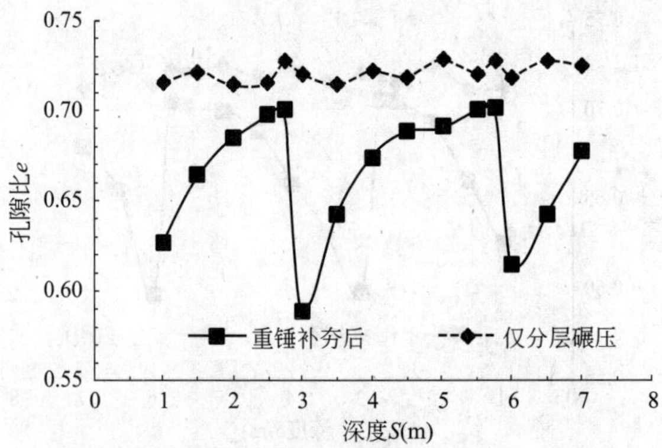

图 4-11　K4＋190 断面孔隙比 e-S 的关系曲线

K4＋306 断面填土的压实度、孔隙比一览表　　表 4-7

取土深度(m)	仅分层碾压 压实度 λ_c	仅分层碾压 孔隙比 e	重锤补夯后 压实度 λ_c	重锤补夯后 孔隙比 e
1.0	0.927	0.71	0.9800	0.6252
1.5	0.918	0.712	0.9520	0.6500
2.0	0.921	0.712	0.9430	0.6830
2.5	0.924	0.716	0.9362	0.7030
2.75	0.925	0.723	0.9350	0.7060
3.0	0.922	0.72	0.9890	0.6080
3.5	0.919	0.713	0.9730	0.6310
4.0	0.919	0.713	0.9526	0.6590
4.5	0.915	0.712	0.9438	0.6780
5.0	0.92	0.721	0.9368	0.6900
5.5	0.915	0.721	0.9348	0.7010
5.75	0.921	0.716	0.9342	0.7050
6.0	0.923	0.725	0.9930	0.6000
6.5	0.918	0.726	0.9589	0.6550
7.0	0.916	0.728	0.9435	0.6850

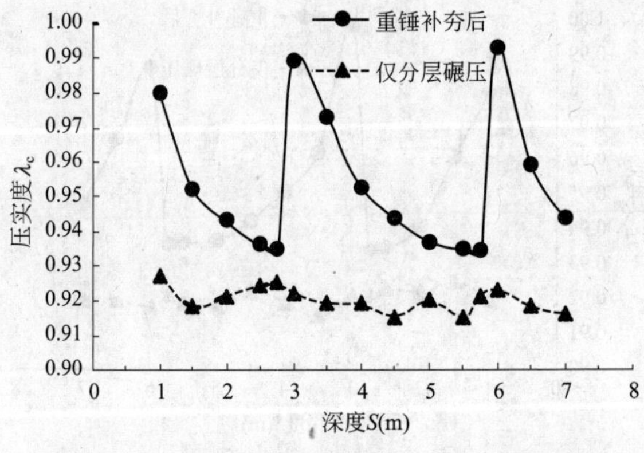

图 4-12　K4＋306 断面压实度 λ_c-S 的关系曲线

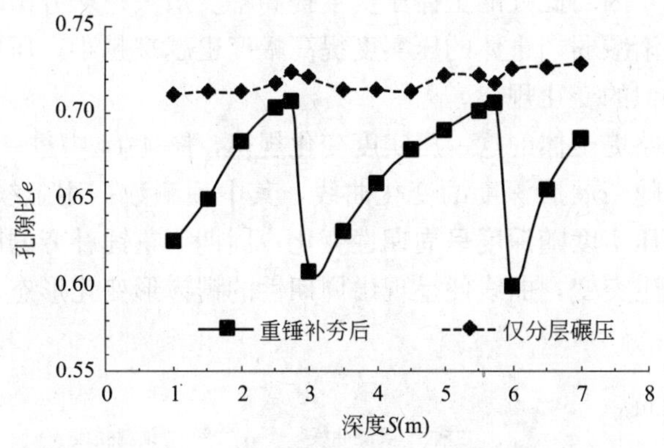

图 4-13 K4+306 断面孔隙比 e-S 的关系曲线

4.2.4 路堤土体的压实度分析

4.2.4.1 与现行有关规范要求的比较分析

从表 4-3～表 4-7、图 4-4、图 4-6、图 4-8、图 4-10、图 4-12 中数据可以看出，只经压路机碾压的填土压实度总体上随着土层深度呈一近水平变化规律，数值大致在 0.91～0.93 之间变化，表明压路机的碾压效果相对比较均匀，但仅靠碾压工艺再进一步提高其压实度显然比较困难，即使在本项目中经过严格的施工控制也很难达到规范规定的压实度 $\lambda_c=93\%$的要求。但当经过振动压路机分层碾压后的填土再经重锤补夯之后其压实度均得到进一步显著提高。

下面以 K4+050 断面的实测压实度数据与 JTG B01—2014《道路工程技术标准》所规定的压实度进行比较：1m 处所取土样的压实度为 $\lambda_c=98\%$，与规范中上路堤（0.80～1.50m）的压实度相对应，实测压实度远大于规范的要求 $\lambda_c=94\%$；当深度大于 1.5m 时规范要求压实度大于 $\lambda_c=93\%$，从表 4-3 和图 4-4 中数据可知该填方土层的压实度完全满足现行规范的要求。从表 4-4～表 4-7 及图 4-6、图 4-8、图 4-10、图 4-12 中数据可知，其他四个断面 K4+085、K4+120、K4+190、K4+306 的路堤土体压实度也均满足规范要求。可见，通过振动压路机分层压实与隔层重锤补夯相结合的综合施工方法对土体的压实效果非常显著，并且压实度指标高于相关技术规范的要求，具有较高的实用性和较好的应用前景。

4.2.4.2 压实度、孔隙比曲线的变化形态分析

从图 4-4～图 4-13 中数据进一步可以看出，经过振动压路机分层碾压后的填土再经重锤补夯之后其压实度不但得到进一步显著提高，而且呈现特殊的变化规律：在重锤夯实的界面处（此处为 0m、3m、6m 深处）压实度达到最大值，而孔隙比达到最小值；在达到下一个峰值之前压实度逐渐减小，孔隙比逐渐增大。以此类推，每隔一个重锤补夯厚度(3m)，便以此规律循环变化。分析其原因，这是由于路堤土层在经振动压路机分层碾压后其压实度得到第一次提高，由于碾压过程控制良好则压实度较为均匀。当每隔 3m 再经重锤补夯后，土体经夯实致密使压实度得到进一步提高，此时各个深度处土体的压实度提高幅度是随着夯实能的作用和影响程度而变化的：在 3m 厚度范围内，靠近夯击表面的土

层受夯击能影响最大，因而此处的土体压实度提高幅度最大；从夯击表面起随着深度的增加，夯实能的作用逐渐减弱，土体的压实度提高幅度也越来越小。压实后路堤土体的孔隙比亦发生与压实度类似的变化规律。

为了更好地说明路堤土体的这一压实度变化规律，图 4-14 中进一步补充绘制出 K4+050 断面土体压实度随拓展后深度的变化曲线，其中预测数据用虚线绘出。从图 4-14 可以更加明显地看出，压实度随深度呈周期性变化，周期为重锤补夯的厚度；由于在重锤夯实的界面处压实度发生突变，曲线便呈现出周期性的锯齿形变化形态。同样，孔隙比的变化亦是如此。

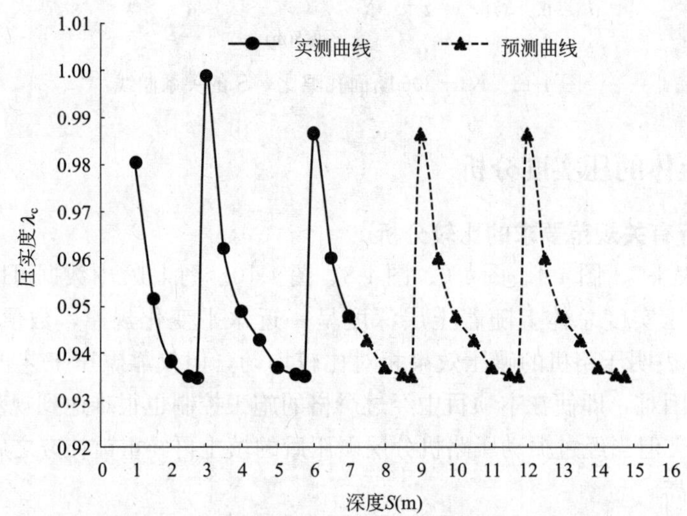

图 4-14　K4+050 断面压实度 λ_c 与深度 S 的关系曲线

4.2.4.3　重锤补夯的影响深度分析

从图 4-4～图 4-14 还可看出，当从重锤夯实界面往下到达 2.5m 后压实度与孔隙比的变化均趋于缓慢，表明该夯击能下的重锤夯实影响深度为 2.5～3.0m，对其下的土体已作用微弱。本工程采用的施工工艺是每填筑 3m 夯实一遍，从而最大限度地发挥了重锤夯实的作用。

4.3　路堤压实土体的湿陷性分析

黄土的湿陷性是指土体在自重压力作用下或自重压力和附加压力综合作用下，受水浸湿后土的结构迅速破坏而发生显著附加下沉的特征。相关研究表明：受水浸湿是湿陷性发生所必须的外界条件；黄土的多孔隙结构特征及胶结物质成分（碳酸盐类）是产生湿陷性的内在原因。

该工程使用的填料原土为湿陷性黄土，如果处理不当，填方路堤中的管道（或水池）漏水、地面积水、生产和生活用水等渗入地下，或由于降雨量较大，灌溉渠和水库的渗漏或回水使地下水位上升均可引起填方土体的湿陷沉降，后果亦不堪设想。因此，通过该综合压实技术处理填方土体后最大限度地消除其湿陷性是黄土路堤处理的目的之一。

4.3.1 路堤填料的原状黄土湿陷性评价

阎家峰高填方路堤的黄土填料均就近取自附近的黄土层，依据《太行路朝阳段高架桥、相交道路立交及跨线桥工程地质勘察报告（详勘）》，取土层（20m深度）范围内主要有两层湿陷性黄土（Q_3^{eol}），原状土探井取样的湿陷性计算见表4-8。

原状地基土湿陷性计算表 **表4-8**

钻孔编号	取样深度（m）	自重湿陷系数 δ_{zsi}	代表厚度 h_i（m）	β_0	第 i 层土的自重湿陷量 $\triangle z_{si}$（mm）	自重湿陷量计算值 $\triangle z_s$（mm）	湿陷系数 δ_{si}	湿陷起始压力（kPa）	代表厚度 h_i（m）	β	第 i 层土的湿陷量 $\triangle z_{si}$（mm）	湿陷量计算值 $\triangle s$（mm）	湿陷类型	湿陷等级
DT3	1.15	0.009	1.0	0.5		132.5	0.037	36	基底以上			455.5	自重	中等Ⅱ级
	2.15	0.011	1.0	0.5			0.031	56	基底以上					
	3.15	0.018	1.0	0.5	9		0.024	33	1.0	1.5	36			
	4.15	0.029	1.0	0.5	14.5		0.062	37	1.0	1.5	93			
	5.15	0.027	1.0	0.5	13.5		0.028	24	1.0	1.5	42			
	6.15	0.015	1.0	0.5	7.5		0.022	99	1.0	1.5	33			
	7.15	0.033	1.0	0.5	16.5		0.038	34	1.0	1.5	57			
	8.15	0.046	1.0	0.5	23		0.062	40	1.0	1	62			
	9.15	0.035	1.0	0.5	17.5		0.041	39	1.0	1	41			
	10.15	0.024	1.0	0.5	12		0.036	94	1.0	1	36			
	11.15	0.002	1.0	0.5			0.024	335	1.0	1	24			
	12.15	0.022	1.0	0.5	11		0.023	34	1.0	1	23			
	13.15	0.006	1.0	0.5			0.004		1.0	0.5				
	14.15		1.0	0.5					1.0	0.5				
	15.15		1.0	0.5					1.0	0.5				
	16.15	0.008	1.0	0.5			0.008		1.0	0.5				
	17.15	0.012	1.0	0.5			0.014		1.0	0.5				
	18.15	0.011	1.0	0.5			0.013		1.0	0.5				
	19.15	0.016	1.0	0.5	8		0.017	262	1.0	0.5	8.5			
	20	0.007	1.0	0.5			0.007		1.0	0.5				
DT4	1.15	0.004	1.0	0.5		141	0.025	116	基底以上			521	自重	中等Ⅱ级
	2.15	0.016	1.0	0.5	8		0.084	35	基底以上					
	3.15	0.027	1.0	0.5	13.5		0.057	25	1.0	1.5	85.5			
	4.15	0.037	1.0	0.5	18.5		0.074	21	1.0	1.5	111			
	5.15	0.016	1.0	0.5	8		0.027	78	1.0	1.5	40.5			
	6.15	0.012	1.0	0.5			0.015	177	1.0	1.5	22.5			
	7.15	0.029	1.0	0.5	14.5		0.043	55	1.0	1.5	64.5			
	8.15	0.067	1.0	0.5	33.5		0.08	22	1.0	1	80			

续表

钻孔编号	取样深度(m)	自重湿陷系数 δ_{zsi}	代表厚度 h_i (m)	β_0	第 i 层土的自重湿陷量 $\triangle z_{si}$ (mm)	自重湿陷量计算值 $\triangle z_s$ (mm)	湿陷系数 δ_{si}	湿陷起始压力(kPa)	代表厚度 h_i (m)	β	第 i 层土的湿陷量 $\triangle z_{si}$ (mm)	湿陷量计算值 $\triangle s$ (mm)	湿陷类型	湿陷等级
DT4	9.15	0.041	1.0	0.5	20.5	141	0.045	29	1.0	1	45	521	自重	中等Ⅱ级
	10.15	0.023	1.0	0.5	11.5		0.035	58	1.0	1	35			
	11.15	0.026	1.0	0.5	13		0.037	63	1.0	1	37			
	12.15		1.0	0.5					1.0	1				
	13.15	0.006	1.0	0.5			0.004		1.0	0.5				
	14.15		1.0	0.5					1.0	0.5				
	15		1.0	0.5					1.0	0.5				

由表 4-8 中数据可知，阎家峰高填方路堤的取土层（原状土）为自重湿陷性场地，地基湿陷等级为Ⅱ级（中等）。

4.3.2 路堤土体的湿陷性试验方法

在 K4＋050 断面、K4＋120 断面、K4＋306 三个断面位置处，分别选取仅经分层碾压土样（深度为 4.5m 处）和再经重锤补夯后土样（深度分别为 4m 与 5m 深度处）进行湿陷性试验。

按照《土工试验方法标准》制备湿陷性试验所需的试样，对每个断面的 4m、4.5m、5m 处的土样分别制备 8 个试样。确定本次试验需要施加的各级压力时，考虑到较深处（最大填方深度约 29m）填方土体所承受的自重及车辆荷载较大，最大试验压力选取至 400kPa。因而，试验压力等级依次为 50kPa、100kPa、150kPa、200kPa、250kPa、300kPa、350kPa、400kPa 8 个施压等级。

先对 4m 处土样制备的 8 个土样进行试验。1 号仪器对应 50kPa 的试验压力，2 号仪器对应 100kPa 的试验压力，3 号仪器对应 150kPa 的试验压力，4 号仪器对应 200kPa 的试验压力……8 号仪器对应 400kPa 的试验压力。

1～8 号仪器同时施加第一级 50kPa 压力，每隔一个小时测量一次数据，并准确记录读数与时间，直至试样变形达到稳定。1 号仪器对应的试样稳定后，向 1 号仪器内自上而下注入已经准备好的纯水，使水面高出试样顶面，在试验的过程中及时补水，使水面一直高于试样顶面，再每隔一个小时记录试样的变形情况，直至试样变形稳定为止。并测量记录试样浸水变形稳定后的数据。

2 号仪器的试样在第一级 50kPa 压力稳定后不加水，继续施加第二级压力，再每隔一个小时记录试样的变形情况，直至试样变形稳定为止。当 2 号仪器对应的试样在 100kPa 压力等级稳定后，向 2 号仪器内自上而下注入已经准备好的纯水，使水面高出试样顶面，在试验的过程中及时补水，使水面一直高于试样顶面，再每隔一个小时记录试样的变形情况，直至试样变形稳定为止。并测量记录试样浸水变形稳定后的数据。

如此类推，使 1～8 号仪器中对应的 8 个试样在各自的压力等级下变形稳定，再加水，变形稳定，测量记录试样浸水变形稳定后的数据。

做完 4m 处土样的试验后继续做 4.5m、5m 处土样的湿陷性试验。

4.3.3 路堤土体的湿陷性试验结果及分析

黄土是否具有湿陷性，以及湿陷性的强弱程度如何，应该按照某一给定的压力作用下土体浸水后的湿陷性系数 δ_s 的值来衡量。通过上述的试验步骤，在固结仪中将原状试样逐级加压到试验压力 p，等它稳定后测得试样的高度 h_1，然后加水浸湿，测得在该压力下试样下沉稳定后的高度 h_2。设土样的原始高度为 h_0。按照式(4-2) 来计算黄土的湿陷性系数：

$$\delta_s = \frac{h_1 - h_2}{h_0} \tag{4-2}$$

式中 δ_s——湿陷系数；

h_0——土样的原始高度；

h_1——在某级压力下试样变形稳定后的高度（mm）；

h_2——在某级压力下试样浸水湿陷变形稳定后的高度（mm）。

K4＋050 断面、K4＋120 断面、K4＋306 断面位置处的湿陷性试验结果分别见图 4-15～图 4-17。

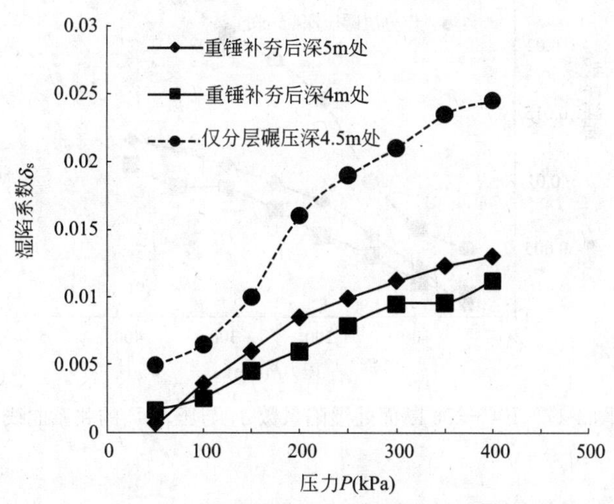

图 4-15 K4＋050 断面处湿陷系数 δ_s 与压力 P 的关系曲线

由图 4-15～图 4-17 数据表明，仅经分层碾压土样（深 4.5m 处）的湿陷系数 δ_s 在 150kPa 压力之前数值较小（小于 0.015），但在 200kPa 压力之后数值逐渐增大，当压力为 400kPa 时达 0.025，显然不能消除湿陷性。

相比之下，经分层碾压再经重锤补夯之后的土样（深 4m 与 5m 处）的湿陷系数 δ_s 在 400kPa 压力范围内均小于 0.015，并且在 300kPa 压力之后其增长趋势变得非常缓慢。由于该 2 个深度的土体具有很强的代表性，故而可以认为该综合压实技术可有效消除黄土填料的湿陷性。同时可以看出 4m 处的湿陷系数总体上小于 5m 处的湿陷系数。可见，湿陷系数随着压实度的增大（孔隙比的减小）而减小。路堤压实土体的湿陷性试验结果从另一方面说明该综合压实方法具有显著的压实效果。

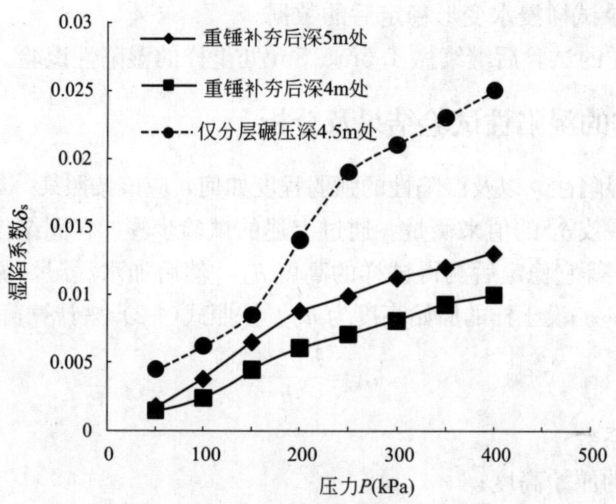

图 4-16 K4+120 断面处湿陷系数 δ_s 与压力 P 的关系曲线

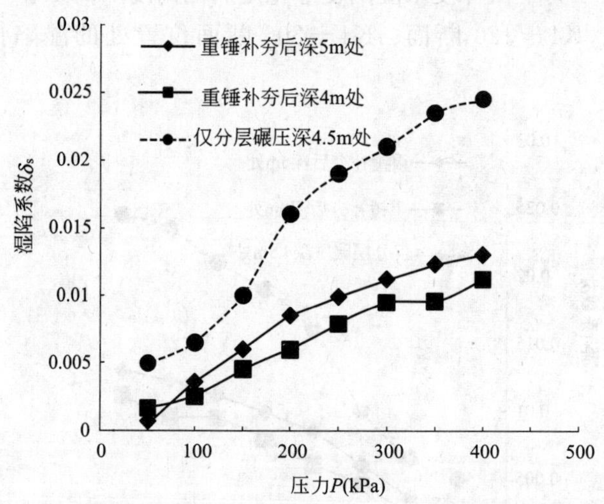

图 4-17 K4+306 断面处湿陷系数 δ_s 与压力 P 的关系曲线

4.4 路堤压实土体的固结压缩试验

土体的压缩性是指土体在压力作用下土体体积缩小的特性。土体的压缩性是反映土体的孔隙规律的基本内容之一，更是判断高填方路堤压实效果的依据，从而为综合压实方法的有效性提供判断依据。通过大量的试验研究表明，土体在一般压力（100～600kPa）作用下，土体中的水与土体颗粒的压缩量与土体总的压缩量相比是微不足道的（小于1/400），总体来说是可以忽略不计的，而土体中被压缩的封闭气体量很小，也可以忽略不计。综上所述，土体的压缩可以认为是土体中孔隙体积的缩小量，具体来说就是土体中气体与水所占体积的缩小，此时，土体颗粒重新排列，调整位置，互相紧楔。对于饱和土体的压缩，由于土体空隙中气体所占的体积被水侵占，故而土体中孔隙的体积缩小，即土体中水所占的体积的缩小。饱和土压缩的全过程，即在压力作用下随土体中水所占体积缩小的全过程，称为土体的固结。在计算高填方路基变形的时候，必须取得土体的压缩性指标，并力求试验条件与土体的天然应力状态及其外荷载作用下的实际应力条件相适应。

4.4.1 固结压缩试验方法

高填土通过单轴固结仪进行固结压缩试验来测定被压土体的压缩系数 a、压缩模量 E_s 等压缩性指标。本次固结试验所用的固结仪由量测设备、加压设备和固结容器组成，如图 4-18 所示。

图 4-18 固结试验仪器

按照《土工试验方法标准》用内径为 79.8mm，高度为 20mm 的环刀制备固结试验所需的试样。其中环刀应具有一定的刚度，内壁保持较高的光洁度，并在环刀内壁上涂抹薄薄一层凡士林作为润滑剂。检查加压设备的使用情况，确保加压设备垂直地施加各级压力，并且没有冲击力，压力准确度符合《土工仪器的基本参数及通用技术条件》GB/T 15406 的相关规定。在此基础上对固结仪及加压设备进行校准。

本次试验选取深度为 2～6m 不同深度处的土样作为试验对象。按照要求制备固结试样，并测定试样的初始含水量 ω。

试验开始之前，根据土样的软硬程度确定本次试验施加的各级压力。由于所取的高填方土样经过分层压实与重锤隔层补夯处理，土质较硬，故而确定第一级压力为 50kPa。为了减少土的结构强度被扰动，加荷率（前后两级荷载之差与前一级荷载之比）取≤1。综上所述，试验施加的各级压力确定为 50kPa、100kPa、200kPa、400kPa、800kPa、1200kPa、1600kPa。很明显最后一级施加的压力大于土体自重与附加压力之和，满足相关要求。

固结试验应按下列步骤进行：

首先在固结容器内依次放置刚性护环、透水石和薄型滤纸；再将制备好的带有试样的环刀装入护环内；放置导环，试样上再依次放上薄型滤纸、透水石和加压上盖，并将固结容器置于加压框架正中，使加压上盖与加压框架中心对准，安装百分表。调节百分表的位置，使百分表的位置适中，确保百分表能够测量试样的竖向变化量。滤纸与透水石的湿度与试样的湿度相接近。由于试样为非饱和试样，故用湿棉纱围住加压板周围。在试验过程中，为了保证试样与仪器上下各部件之间接触良好，先施加 1kPa 的预压力，再读取并记录百分表的初读数。

本次试验不需测定沉降速率，则在施加第一级压力后 24 个小时读取并记录百分表的读数，再过一个小时后再读取并记录百分表的读数。如果这一个小时内试样的竖向位移变化量小于或等于 0.01mm 时，可以认为试样的竖向位移变化稳定。反之，当竖向位移变化量大于 0.01mm 时，继续隔一个小时测量试样的竖向位移变化量。

当试样在第一级压力作用下稳定后，再施加第二级压力，以此类推，直至最后一级压力。试验结束后拆除仪器各部件，洗干净，恢复原状。

通过固结试验我们可以得到在不同压力下试样的竖向位移变形量。通过这些数据我们就可以推算出各级压力作用后土体的孔隙比 e、压缩系数 a、压缩模量 E_s 等压缩性指标。

4.4.2 固结压缩试验结果及分析

本次试验土样选自 K4＋050 断面路面铺筑结束时，选取深度分别为 2m、2.8m、3m、4m、5m、5.8m。根据试验结果绘制路基压实土的 e-p 曲线，如图 4-19 所示。

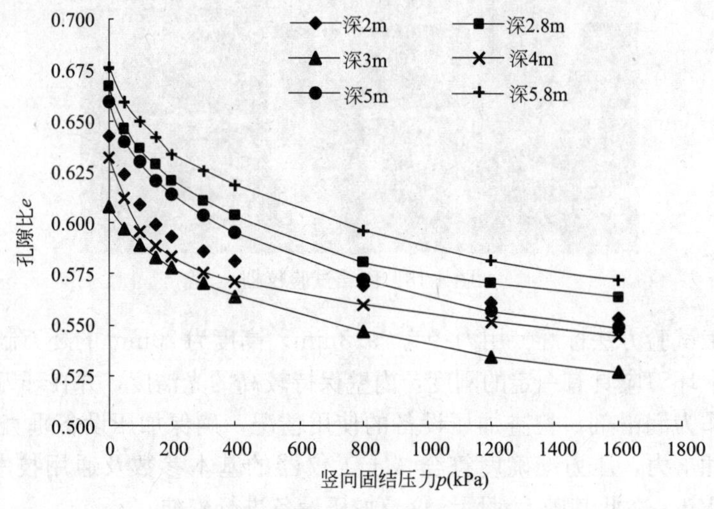

图 4-19 路基压实土的 e-p 曲线

土的压缩系数的定义是土体在侧限条件下孔隙比减小量与有效压应力增量的比值，即 e-p 曲线中某一压力段的割线斜率。为了便于比较，通常采用压力段由 p_1＝100kPa 增加到 p_2＝200kPa 时的压缩系数 $a_{1\sim2}$。图 4-20 绘制出压缩系数 $a_{1\sim2}$ 与深度的关系曲线；同样，压缩模量 $E_{s1\sim2}$ 与深度的关系曲线也绘于图 4-20 中。

如图 4-20 所示，不同深度土样的压缩系数 $a_{1\sim2}$ 与压缩模量 E_s 呈现一定规律：深度 3m 处（在重锤夯实的界面）的压缩系数 $a_{1\sim2}$ 最小、压缩模量 $E_{s1\sim2}$ 最大，在达到下一夯实界面（6m）前，压缩系数逐渐增大、压缩模量逐渐减小。每隔一个重锤补夯厚度（3m），便以此规律循环变化，表现出与前述压实度、孔隙比同样的变化规律。

4.4.3 压缩模量变化对路堤沉降的影响分析

压缩模量 E_s 在每一个夯实界面之上的深度处达到最小值，可以保守地认为该深度处的压缩模量是只受分层碾压作用而达到的压缩模量，重锤补夯对其影响忽略不计。根据图 4-20 的试验数据可知，仅分层碾压作用下的压缩模量为 10MPa，在重锤补夯界面处的压缩模量高达 14.6MPa。则经过重锤补夯后高填方路堤土层的平均压缩模量为 E_s＝13MPa。路堤的压缩沉降量 s_i 与压缩模量 E_s 的关系式为：

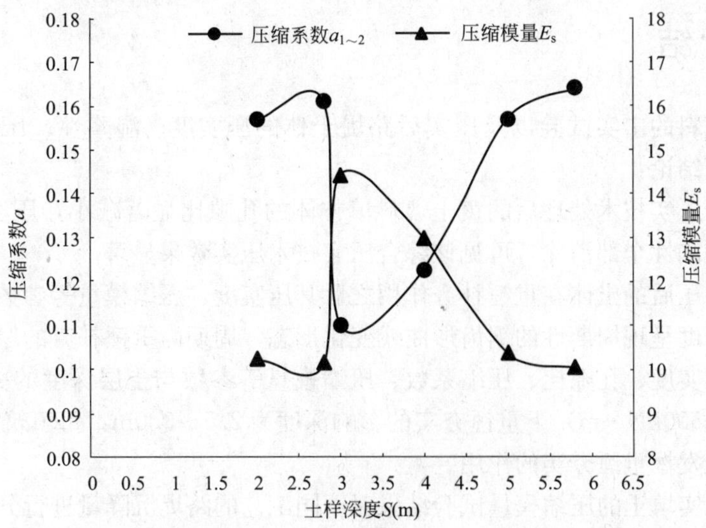

图 4-20　压缩系数 $a_{1\sim2}$、压缩模量 $E_{s1\sim2}$ 与深度 S 的关系曲线

$$s_i = \frac{\sigma_p}{E_s} H_i \tag{4-3}$$

在受力与填方路堤高度不变的条件下，按照式（4-3）经过分析计算可知，经过重锤补夯后的填方土层沉降量与常规的仅分层碾压方法相比可减小沉降量 20%以上。因此，通过重锤补夯工艺可大大提高填方路堤的压缩模量，从而减小了路堤的沉降量。如果仅把分层碾压后的土层压缩模量作为基本控制量，那么经过重锤补夯后的压缩模量与基本控制量的差值就是通过重锤补夯后填方路堤土层压缩模量的增量 ΔE_s。图 4-21 绘出该增量 ΔE_s 随土层深度的变化曲线。其中实线为实测值，虚线为预测值。图 4-21 中压缩模量的增量 ΔE_s 曲线也呈现出周期性的锯齿形变化形态。正是由于重锤补夯产生了这种周期性的模量增量，才进一步减小了路堤的压缩沉降量。

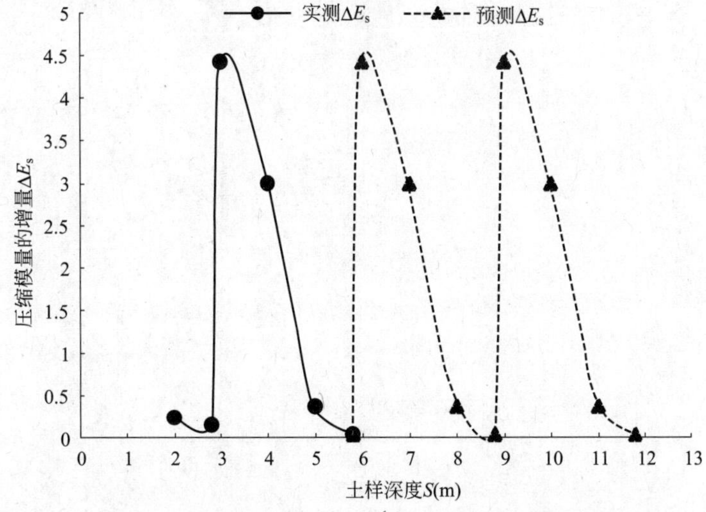

图 4-21　压缩模量增量 ΔE_s 与深度 S 的关系曲线

4.5 本章小结

通过黄土填料的击实试验以及压实后路堤土体的压实度、湿陷性、压缩性等试验研究，可得出以下结论：

（1）该综合压实技术处理后的黄土填料填方体的孔隙比显著减小，压实度显著提高，高填方土层的湿陷性全部消除，可见该综合压实技术压实效果显著。

（2）分层碾压后的土体在重锤补夯作用之后其压实度、压缩模量等参数得到进一步提高，且随填方深度呈现周期性的锯齿形曲线变化形态，周期为重锤补夯的厚度。

（3）通过压实度、孔隙比、压缩系数、压缩模量等参数与土层深度的关系分析可知，在常规夯击能（500kN·m）下重锤夯实的影响深度为2.5～3.0m，每填筑3m夯实一遍，能够最大限度地发挥重锤夯实的作用。

（4）根据压实填土的压缩模量试验结果对不同工艺的路堤沉降量进行分析比较，结果表明该综合压实方法比常规的仅分层碾压方法可减小沉降量20%以上。

参考文献

[1] 胡颖，巨玉文，王文正，等.高填方路堤顶部沉降及黄土填料试验研究［J］.科学技术与工程，2015，15（10）：226～229.

[2] 薛凯元.适于黄土填料高填方路堤综合压实技术的应用研究［D］.太原：太原理工大学，2015.

[3] 霍明.山区高速道路勘察设计指南［M］.北京：人民交通出版社，2003.

[4] 张林洪，吴华金.路基填筑施工技术［M］.北京：人民交通出版社，2008.

[5] 中国道路学会.JTG B01—2014 道路工程技术标准［S］.北京：人民交通出版社，2014.

第 5 章　工后沉降规律原位试验研究

高填方路堤沉降病害是较为普遍的问题，此类问题始终备受学术界及工程技术人员的重视。事实上，由于高填方路堤的沉降变形受种种现场因素影响，最为直接有效的研究方法是采用原位监测试验。国内采用原位监测的高填方工程更多针对机场工程[1~3]，国外的高填方原位监测的填料主要是砂岩、泥岩、砂卵石等[4,5]，而涉及黄土填料的情况罕见文献报道。

本章以经过碾压和重锤夯实综合压实后的阎家峰黄土填料高填方路堤工程为研究对象，对该路堤进行现场原位沉降监测并辅以压实后填土的室内再压缩试验，深入研究高填方路堤的工后沉降规律及影响因素，探讨各层填土的工后压缩模量变化特征，并提出黄土高填方路堤工后沉降的估算公式，其结果可为类似高填方工程提供可靠的试验数据及理论依据。

5.1　填方土体的工后压缩模量变化特征分析

5.1.1　室内再压缩试验方案

高填方的施工（本项目采取上述的综合施工方法）过程结束后即完成对填方土体的第一次压实（即施工压实）。为了对填方土体的再压缩特性进行研究，设计了土样的室内再压缩试验，旨在探讨路堤各土层的工后压缩模量变化特征，以揭示工后沉降规律的内在原因。

由于本研究项目中的综合施工方法是每碾压 3m 厚填土再进行重锤夯实一遍，如此循环施工。可认为每个 3m 循环厚度填土的施工结束时，其物理力学性质指标是相同的，因此取其中一个循环厚度即 3～6m 深之间的土样进行室内再压缩试验。取样时间为 3～6m 深度的填土刚施工结束时，这样可以认为该深度范围内的土样尚未受到上覆土层的自重作用影响。

具体做法：（1）首先在高填方路段的最大填方断面 K4＋050 处通过人工挖探井的方式获得 4m、5m 两处深度的土样；（2）参照《土工试验方法标准》的试验方法对所采土样进行压缩试验，试验荷载分别按 50kPa、100kPa、200kPa、300kPa、400kPa、500kPa、800kPa、1200kPa、1600kPa 逐级施加。

5.1.2　填方土体的工后压缩模量变化特征分析

对饱和土体而言，土样的压缩试验结果可反映土体在固结排水条件下的压缩特性，而本研究项目工程中为非饱和黄土填料，经施工压实后填土土样的压缩试验则主要反映填土被进一步压实的“再压缩”变形特性。

根据室内再压缩试验结果，两个典型深度（4m、5m）土样所绘制的 e-p 压缩曲线如图 5-1 所示。

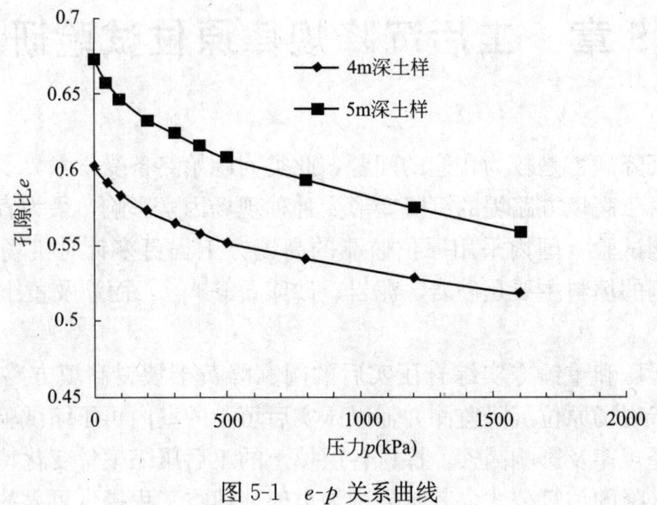

图 5-1 e-p 关系曲线

土体的压缩性大小可由压缩曲线的陡、缓来反映，由图 5-1 数据可看出，压实后填方土体的再压缩 e-p 曲线总体上比较平缓，表明填方土体经综合施工方法压实后压缩程度明显减小、压缩性能显著改善。为了更好地量化分析填方土体的再压缩特性，通过图 5-1 中的 e-p 曲线，可计算得出这两处土样在各压力段的压缩模量 $E_{s0\sim0.5}$、$E_{s0.5\sim1}$、$E_{s1\sim2}$、$E_{s2\sim3}$、$E_{s3\sim4}$等值（分别表示取 0～50kPa，50～100kPa，100～200kPa，200～300kPa，300～400kPa 等压力段所得的压缩模量）。进而绘制出土样在不同压力区间下的压缩模量 E_{si}-P 变化曲线，如图 5-2 所示。

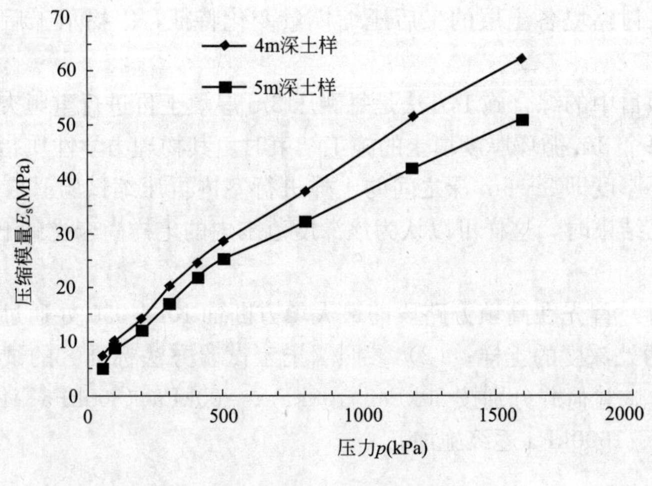

图 5-2 E_s-p 关系曲线

由图 5-2 中数据可知，经过施工压实后的黄土土样再次受荷时，其再压缩模量随着荷载压力的增大而逐渐增大，前期压力段（约压力不超过 500kPa 时）增长速率更快，且近似呈直线规律变化。分析其原因，由于填方土体虽然已经施工压实，但土颗粒之间仍然有被继续压密、靠近的空间，在逐渐增大的压力作用下被压得越来越密实，其压缩模量也随着密实度的增大而逐渐增大。但是，当压力超过某一界限值（约500kPa）时，土颗粒彼此之间紧密接触到一定程度，再增大压力时土体的密实度变化越来越微小，宏观上则表现为压缩模量随荷载的增大增速越来越缓慢。

高填方路堤的施工是逐层铺筑、逐层压实的，当某一层填土（黄土填料）的施工结束后即完成第一阶段的施工压实，其上部土层铺筑时，本层填土在上部土层自重的作用下被进一步压密而进入自重再压缩阶段。而路堤的每一层填土均需要一定的施工周期，当上部土层施工结束时对下一层填土的再压缩过程也基本结束，这一过程与室内再压缩试验中某一级荷载的稳定过程基本相同。因而，可以根据室内再压缩试验结果解释填方土层在上覆土层作用下的再压缩特性。根据室内再压缩试验结果，填方土层的再压缩模量是随着荷载（在此为上覆土层自重）的增大而逐渐增大的，上覆土层越厚，其压缩模量就越大。因此，当黄土填料高填方路堤的施工全部结束后，路堤土层的工后压缩模量自上而下逐渐增大；当填方厚度不是很大（最大自重压力不超过500kPa）时，则工后压缩模量随深度呈直线规律变化。

5.2 原位沉降监测试验方案

5.2.1 沉降监测目的

太行路的路基原土为湿陷性黄土，一般来说在湿陷性黄土地区进行填筑施工以构成高填方路基时，通常会在具体路面施工前为黄土的沉降固结预留足够多的时间，以期在这段时间内完成地基的沉降，而在这段时间内装置相关的监测仪器，对高填方路堤本身及路基的具体沉降变形过程进行实时监测，并将得到的数据与设计预期的估算量进行比对，如发现较大沉降或不均匀沉降等异常情况及时进行反馈，以便进行分析处理，避免大事故发生。

本章通过对山西省太原市东中环太行路工程阎家峰路段的黄土填料高填方路堤进行现场原位沉降监测，由于工期要求紧，该高填方路段填筑施工结束后立即进行路面铺筑和通车运营，沉降监测从此时开始。监测历程为从2013年11月15日开始至2014年11月16日结束，沉降监测历时一年。在获得高填方路基沉降变形数据后，研究高填方路基原地基和填方体各层填土的沉降规律，并探讨各种因素对高填方沉降的影响。结合实测高填方沉降数据，对高填方数据进行回归分析并拟合曲线。根据拟合的规律及工程经验，提出量化预测高填方工后沉降的方法，为指导类似工程提供可靠的试验数据及理论依据。

5.2.2 沉降监测内容

沉降监测的内容主要分为三部分：

（1）路面总沉降监测；

（2）高填方路堤自身的压缩沉降量监测；

（3）路基原土的沉降监测。

5.2.3 沉降监测点布置方案

为了研究该高填方路面总沉降变形规律，在路段 K4＋050～K4＋306（长 256m）分别选取路面沉降监测断面 8 个，布置监测点共 16 个，以此进行路面沉降监测。路面沉降监测采用数字水准仪（天宝 DINI0.3）以三等水准精度要求施测（基点校核时采用二等水准）。

为了研究该高填方路堤各土层的沉降变形规律，选取 5 个断面做分层沉降监测试验，每个断面布设 3 个测孔，共布置测孔 15 个。分层沉降监测采用常州金土木工程仪器有限公司生产的 JTM-8000 型钢尺沉降仪和 JTM-H8800A 型沉降磁环。

路面监测点及分层沉降测孔的具体平面布置如图 5-3 所示。图 5-3 中的 K1D～K5D 表示路段东侧路肩 5 个测孔，K1X～K5X 表示路段西侧路肩 5 个测孔，K1Z～K5Z 表示路段中央位置 5 个测孔。每个测孔由上至下分别布设 4 个不同深度的磁环，以此对土体内部进行分层沉降监测。当然，分层沉降监测需结合测孔中埋设的沉降测管顶的水准高程监测来进行。

图 5-4 绘出工程地形及测孔的断面位置，可知，测孔 K1（包括 K1D、K1Z、K1X）的深度最大，为 31.5m。

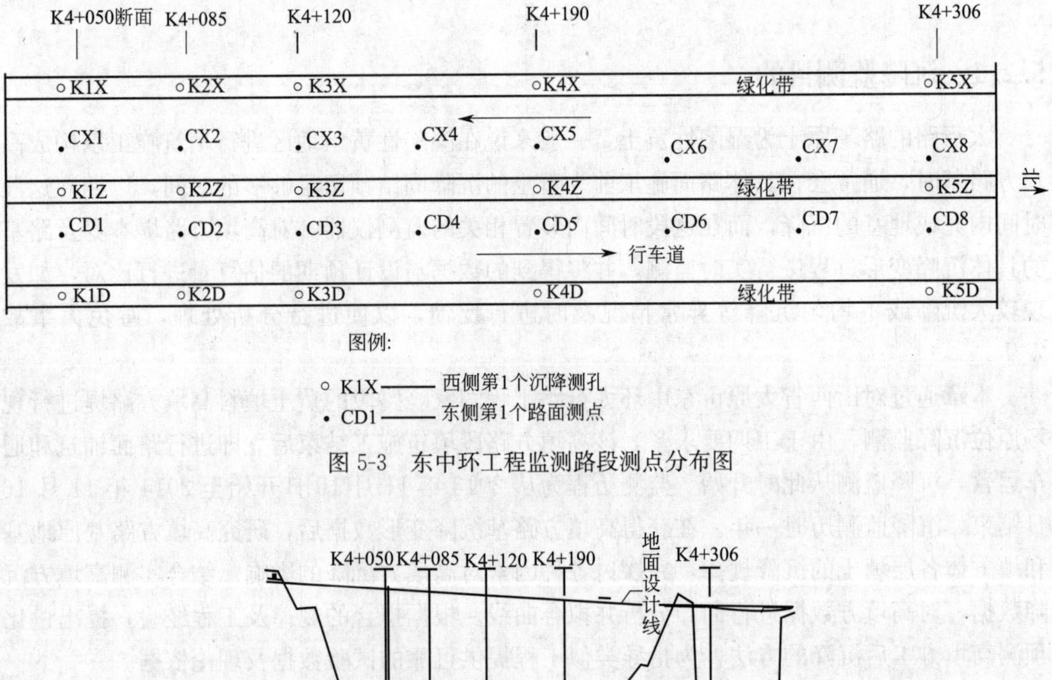

K4+050断面 K4+085 K4+120 K4+190 K4+306

K1X K2X K3X K4X 绿化带 K5X

CX1 CX2 CX3 CX4 CX5 CX6 CX7 CX8

K1Z K2Z K3Z K4Z 绿化带 K5Z 北

CD1 CD2 CD3 CD4 CD5 CD6 CD7 CD8

行车道

K1D K2D K3D K4D 绿化带 K5D

图例:

○ K1X —— 西侧第1个沉降测孔

• CD1 —— 东侧第1个路面测点

图 5-3 东中环工程监测路段测点分布图

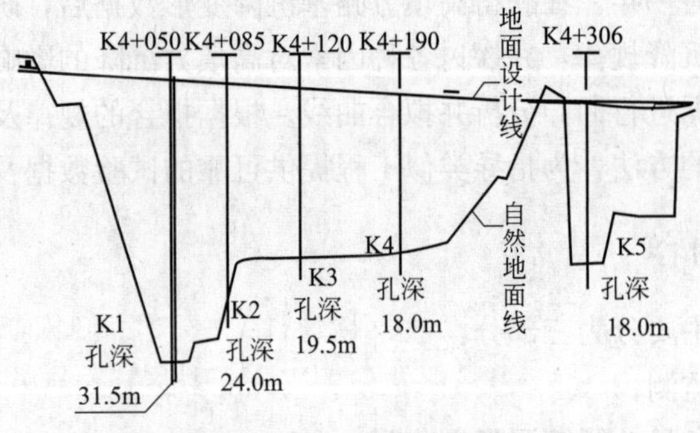

图 5-4 工程地形及测孔断面位置

5.2.4 沉降监测方法

5.2.4.1 路面沉降监测方法

路面沉降监测采用数字水准仪（天宝 DINI0.3）、条码尺、尺垫等，以三等水准精度要求施测（基点校核时采用二等水准）。由水准工作基点引测各沉降测点高程，监测点初始高程应取两次测量均值，一定时段内测点高程的变化即该时段内测点沉降量，每次观测测点高程变化时，应该固定测站。采用三等水准测量精度，每千米高差全中误差为0.5mm，闭合差限差应≤0.7mm。图 5-5 为路面沉降监测现场照片，图 5-6 为所用数字水准仪（天宝 DINI0.3）。

(a) (b)

图 5-5 路面沉降监测现场照片

图 5-6 数字水准仪

5.2.4.2 路堤分层沉降监测方法

路堤分层沉降监测可以测得路堤本身各深度段的压缩沉降量和路基原土的沉降量，监测方法为采用埋设沉降管及沉降磁环，用钢尺分层沉降仪进行观测。

（1）成孔

成孔的目的是埋设沉降管和安装沉降磁环。为了同时测量地基与路堤不同深度土层的位移变形量，沉降管的管底需深入原土地基一定深度，也就是说成孔深度要高于填筑深度。由于本次试验是通过沉降磁环来测量路堤不同深度土层的沉降量，故而沉降磁环与孔壁的接触牢固程度直接影响了沉降测量的准确性。为此在成孔的过程中要尽量减少对土体的扰动。为了满足这一要求，采用机械洛阳铲的方式进行成孔，用 ϕ108 钻头钻孔，如图 5-7 所示。在成孔的过程中观察并记录取出土样的性状，且及时对成孔的深度进行测量。如图 5-8 所示。

图 5-7 机械洛阳铲成孔

图 5-8 测量孔深

(2) 仪器安装方法

沉降管外径为 53mmPVC 管，每段长 2m，用外接头连接，接头处密封不透水，沉降管的内径为 45mm。分层沉降管利用已钻成的孔进行埋设。钻孔分层沉降安装示意图如图 5-9 所示。一般埋设安装步骤如下：

第一步，安装管子的连接采用外接头。

第二步，磁环的安装，按设计要求在每节管子上套上磁环和定位环，并用螺栓固定定位环，然后再把管子插入外接头内，拧紧接头螺钉，这样边接边向下放，直到设计深度止。

第三步，若磁环的间隔距离不是整 2m 时，可采取调节管子长短来实现，也可采用管子上套定位环的方法来解决，但要掌握一个原则：磁环向下要有足够的沉降距离。

第四步，沉降管放到设计要求深度后，盖上盖子就可以进行回填。回填原料为现场干细土或中粗砂，回填速度千万不能太快，以免堵塞后回填料下不去，从而形成空隙，最好时隔一两天后再去检查一下，回填料下沉后再重复回填满之后方可，管子周围加上保护措施，方可放心待后测量。

第五步，管口应高出地平面 50～100cm，并加以保护。

第六步，回填结束后待稳定一段时间，进行初次观测。首先测出管口高程，然后从管口用沉降仪进行首次观测，首次测试应进行 2～3 次，取这几次的平均值为原始数据，并做好记录。根据沉降仪的读数计算出各磁环的高程，此高程即作为该磁环的初始高程。

分层沉降监测设备及测管埋设见图 5-10。

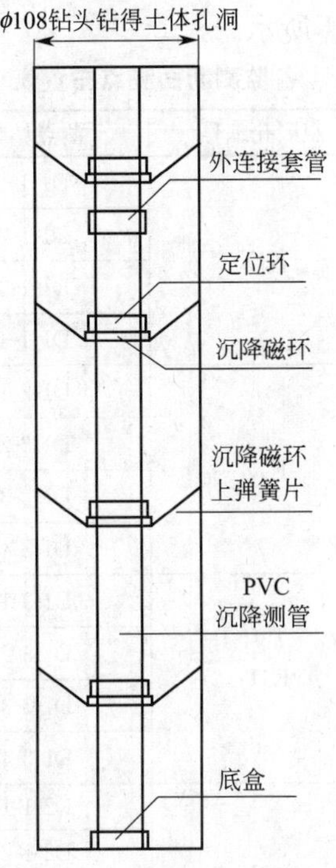

图 5-9　钻孔分层沉降安装示意图

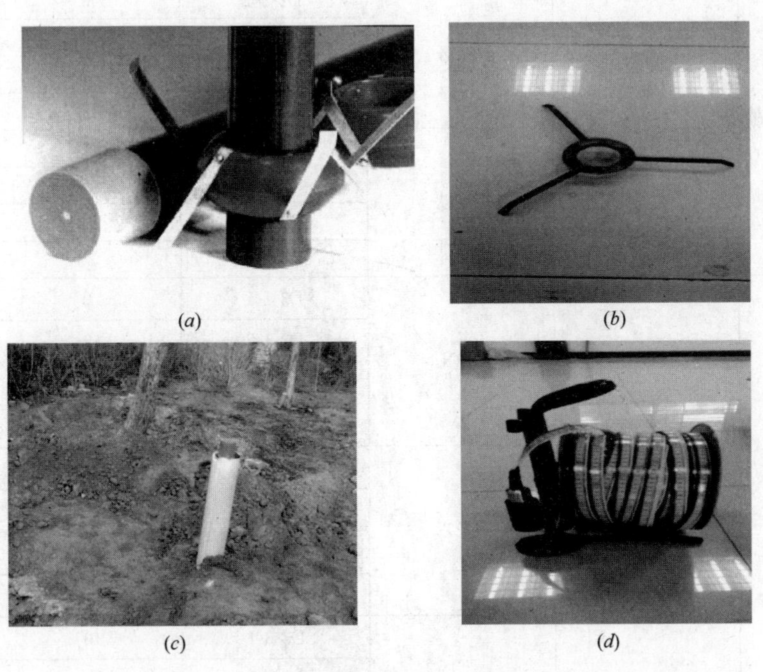

图 5-10　分层沉降监测设备

（a）沉降测管；（b）沉降磁环；（c）测管埋设；（d）分层沉降仪

（3）测点布置

各测点具体布置位置见表 5-1 所示。

各监测断面测点布置表 **表 5-1**

桩号	填方高度(m)	观测孔编号	测点编号	测点深度(m)	测点数量(个)
K4+050	29	K1X	D1-1-1	0	1
			D1-1-2	3	1
			D1-1-3	16	1
			D1-1-4	29	1
		K1Z	D1-2-1	0	1
			D1-2-2	3	1
			D1-2-3	16	1
			D1-2-4	29	1
		K1D	D1-3-1	0	1
			D1-3-2	3	1
			D1-3-3	16	1
			D1-3-4	29	1
K4+085	24	K2X	D2-1-1	0	1
			D2-1-2	3	1
			D2-1-3	13	1
			D2-1-4	23	1
		K2Z	D2-2-1	0	1
			D2-2-2	3	1
			D2-2-3	13	1
			D2-2-4	23	1
		K2D	D2-3-1	0	1
			D2-3-2	3	1
			D2-3-3	13	1
			D2-3-4	23	1
K4+120	19.5	K3X	D3-1-1	0	1
			D3-1-2	3	1
			D3-1-3	10.5	1
			D3-1-4	18	1
		K3Z	D3-2-1	0	1
			D3-2-2	3	1
			D3-2-3	10.5	1
			D3-2-4	18	1
		K3D	D3-3-1	0	1
			D3-3-2	3	1
			D3-3-3	10.5	1
			D3-3-4	18	1

续表

桩号	填方高度(m)	观测孔编号	测点编号	测点深度(m)	测点数量(个)
K4+190	18	K4X	D4-1-1	0	1
			D4-1-2	3	1
			D4-1-3	10	1
			D4-1-4	17	1
		K4Z	D4-2-1	0	1
			D4-2-2	3	1
			D4-2-3	10	1
			D4-2-4	17	1
		K4D	D4-3-1	0	1
			D4-3-2	3	1
			D4-3-3	10	1
			D4-3-4	17	1
K4+306	18	K5X	D5-1-1	0	1
			D5-1-2	3	1
			D5-1-3	10	1
			D5-1-4	17	1
		K5Z	D5-2-1	0	1
			D5-2-2	3	1
			D5-2-3	10	1
			D5-2-4	17	1
		K5D	D5-3-1	0	1
			D5-3-2	3	1
			D5-3-3	10	1
			D5-3-4	17	1

（4）观测方法

磁环的沉降量用钢尺分层沉降仪进行观测，目前使用的仪器型号 JTM-8000，生产厂家为常州金土木工程仪器有限公司。测量时，先将测头放到沉降管的底部，然后自下而上依次测定各磁环到管口的距离，每测点应平行测定两次，读数误差不得大于 2mm。每次观测前应首先用三等水准测定管口高程，以便根据分层沉降仪的读数计算各磁环的本次高程。

（5）计算方法

计算公式

$$h=h_0-\Delta h \tag{5-1}$$

式中 h_0——管口的高程（m）；

Δh——某磁环到管口的距离（m）；

h——该磁环的高程（m）；

磁环的高程变化即为该位置土体的沉降量，精确到 1mm。

5.3 工后沉降规律分析

5.3.1 路面工后总沉降量监测结果及分析

表 5-2 依次给出 CD1 \ CX1、CD2 \ CX2、CD3 \ CX3、CD5 \ CX5、CD8 \ CX8 测点的最终路面沉降位移数值（2014 年 11 月 16 日）。从表 5-2 中可以看出，K4＋050 横断面所在位置为最大填方高度即 29m，其对应的两个测点 CD1 和 CX1 的沉降也为最大。CD1 测点（东侧）的沉降量为 26.58mm，CX1 测点（西侧）的沉降量为 29.61mm，平均沉降值为 28.1mm。

测点 CD1/CX1～CD8/CX8 的最终沉降位移值 表 5-2

测点 / 时间	CD1	CX1	CD2	CX2	CD3	CX3	CD5	CX5	CD8	CX8
	K4＋050 断面		K4＋085 断面		K4＋120 断面		K4＋190 断面		K4＋306 断面	
2014-11-16	−26.58	−29.61	−21.4	−20.3	−17.3	−17.1	−16.1	−16.3	−14.1	−15.2

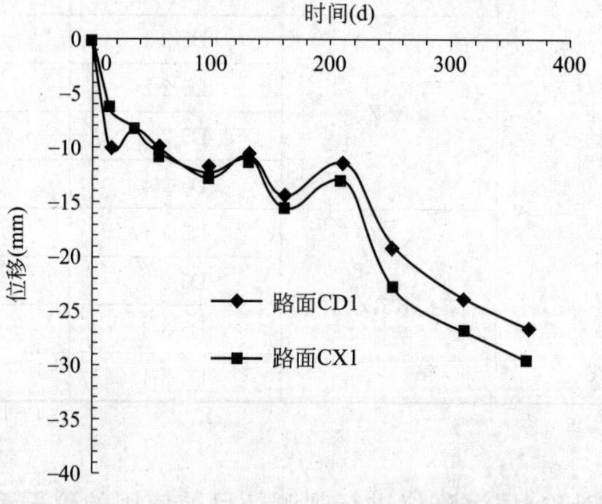

图 5-11 路面 CD1/CX1 测点的沉降曲线

图 5-11 绘出 K4＋050 断面对应的两个测点 CD1 和 CX1 的路面沉降位移随监测时间的变化曲线。监测时间从 2013 年 11 月 15 日起，至 2014 年 11 月 16 日止，历时 1 年。

从图 5-11 中可以看出，路面沉降随时间的沉降速率总体上呈现先大后小的特征，大约在 250d 后沉降值逐渐趋于稳定，最终在监测结束时（2014 年 11 月 16 日）的沉降值平均值 28.1mm 仅占填土厚度 29m 的 0.1%，充分表明该综合压实技术的压实效果显著，可大幅度降低工后沉降。

5.3.2 工后沉降组成分析

高填方路堤工后总沉降 s 可以认为由原地基工后沉降 s_1 和填方体工后压缩沉降 s_2 组

成，即 $s=s_1+s_2$。现以 K4＋050 和 K4＋190 断面的中央测点为例分析，得出沉降监测结果如图 5-12 所示，沉降量为“-”表示土层向下发生沉降位移。表 5-3 列出两个断面的最终（2014 年 11 月 16 日）沉降结果。

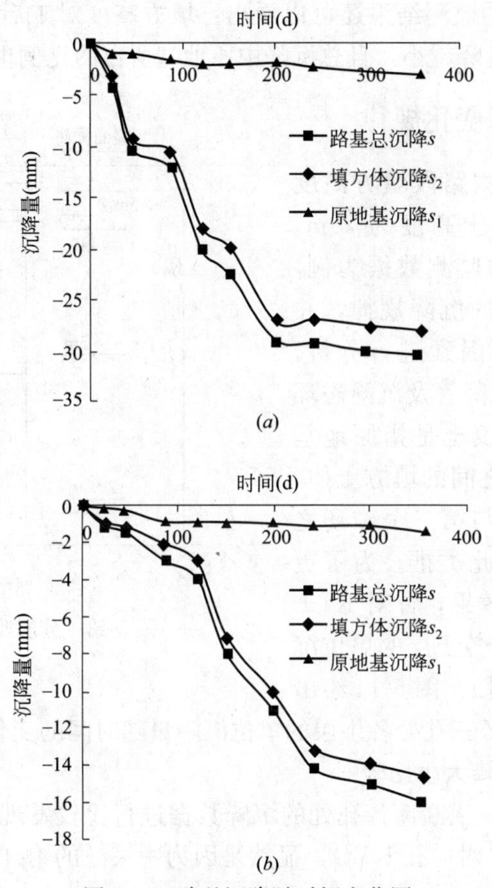

图 5-12　路基沉降随时间变化图

（*a*）K4＋50 断面（填方 29m）；（*b*）K4＋190 断面（填方 18m）

最终沉降位移值　　**表 5-3**

断面	总沉降量(mm)	原地基沉降量(mm)	填方体沉降量(mm)
K4＋050	30.61	3.02	27.59
K4＋190	16.08	1.40	14.68

图 5-12 和表 5-3 的监测结果表明，路面总沉降与路堤填方体沉降量都较小，比传统的高填方路堤压实技术对沉降量的控制有较大的提高，且经过较短的时间就可达到变形稳定。由图 5-12 和表 5-3 的监测数据可知，填方 29m 的 K4＋050 断面上填方体沉降量占总沉降的 90％左右，原地基沉降量占总沉降的 10％左右；填方 18m 的 K4＋190 断面上填方体沉降量占总沉降的 91.3％左右，原地基沉降量仅占总沉降的 8.7％左右。可见对于工后沉降而言，造成总沉降的主体为填方体的自身压缩沉降。

从图 5-12 可以看出，填方体随时间的沉降速率总体上呈先大后小的特征，沉降曲线大约在 100d 以后出现了明显的加速特征。这一点，可结合太原市当年的路面行车情况加以分析。在 2014 年 3 月初，道路辅助设施已基本完善，车流量明显增大，车辆荷载加速了黄土填料的进一步压密，因而在宏观上表现出路面及路基各土层的沉降快速增大。之后随着路堤、地基土的逐渐压密，沉降速率逐渐变缓，大约在240d后沉降值逐渐趋于稳定。

从图5-12和表5-3的监测结果还可以看出：填方高度对工后沉降有较大影响，填土高度越小，路基顶面总沉降越小，且总沉降中原地基所占的比例也越小[6]。

5.3.3 各填土层沉降变化规律

K4＋050断面是监测路段填方高度最大的一个断面，其填土高度为29m。以下以K4＋050断面的监测数据为例，研究高填方路堤各土层的沉降规律，并就其产生的原因及影响因素进行分析。图5-13为监测用PVC沉降管及沉降磁环的布置图，图中第一层填土是指原地基顶至最下方第四个磁环之间的填方土体，第二层是指第四个磁环与第三个磁环之间的填方土体，其余以此类推。为了更好地比较各土层的沉降效果，针对K4＋050断面分别计算出路堤各土层的单位沉降量（单位厚度的沉降量）。图5-14绘出该断面K1D、K1X、K1Z三孔处各土层的单位沉降量随时间的变化曲线。

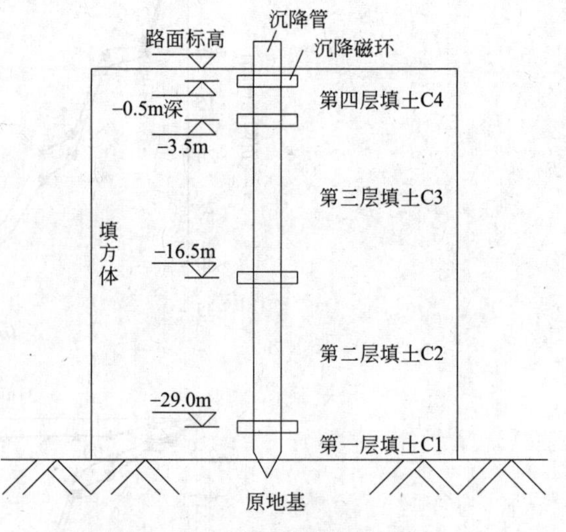

图5-13　分层监测装置布置图

5.3.3.1 各填土层的沉降大小比较

首先对图5-14中同一横断面各孔处的沉降数据进行比较发现，同一个断面上发生最大沉降的是路堤中央处（对应孔K1Z），显然是因为中央处的附加应力最大所致，符合土力学一般规律。

从图5-14中数据可以明显看出，各孔处第一层至第三层填土的单位沉降量逐渐增大，这一现象与前述路堤土体的工后压缩模量的变化特征是相符的。高填方施工全部结束后各土层的压缩模量自上而下呈线性规律逐渐增大。第一层填土位于最下层，具有最大的压缩模量，在外荷载（包括车辆荷载、自重的进一步压实等）作用下产生的单位沉降变形量自然最小，自下而上，第二层、第三层填土的压缩模量逐渐变小，因而会发生越来越大的单位沉降量。

而位于顶部的第四层填土的单位沉降量则不符合上述规律，其单位沉降量又骤然变小。究其原因，第四层填土处于最上层，土层厚度仅3m，由于施工工艺的需要，第四层填土的顶部是由含有6%生石灰的灰土混合填料来进行回填的。在压实度相等的情况下，灰土的压缩模量大大高于素填土（黄土），因而第四层土表现出单位沉降量又减小的现象。

根据图5-14中孔K1Z处的测试结果，上部的第三层土体厚度仅占填方总厚度的43%，而沉降（压缩）量却占填方体沉降总量的63%左右。可见，对于黄土填料高填方而言，填方土体的沉降量大部分发生在上部土层中，这一现象进一步验证了上部土层的压缩模量小于下部土层的结论。

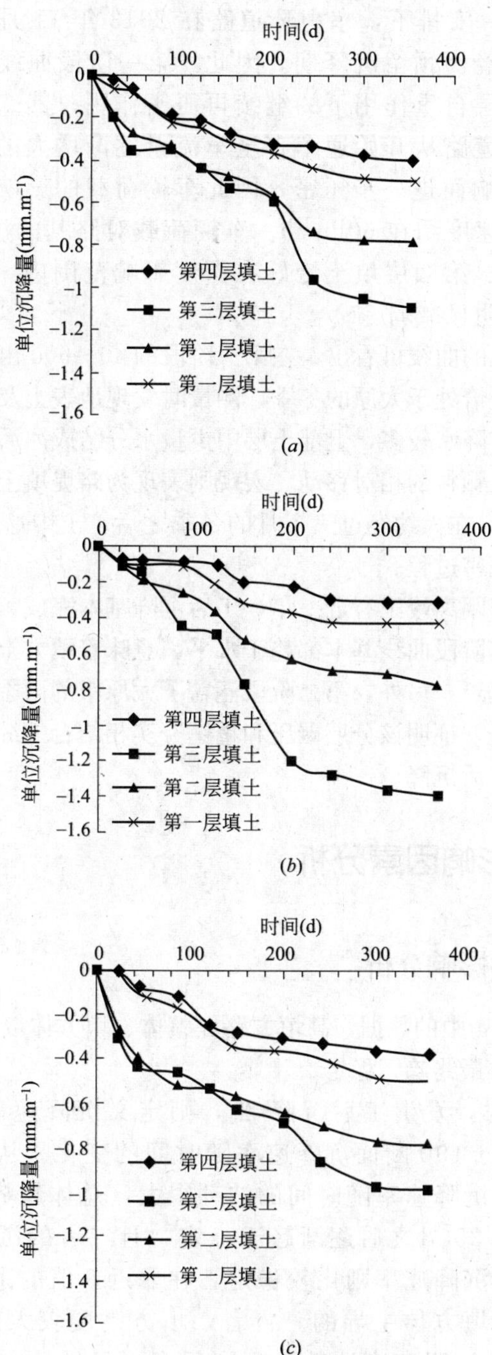

图 5-14　各土层单位沉降量随时间变化图

(*a*) K1D 路堤；(*b*) K1Z 路堤；(*c*) K1X 路堤

5.3.3.2　各填土层沉降曲线的时间特征

图 5-14 中的四层填土尤其是第二层、第三层土的单位沉降曲线大体可以分为两个阶段，即第一阶段（约 25～200d）、第二阶段（约 200～365d）。第一阶段曲线下降迅速，第二阶段曲线则趋于平缓。

在太原市政府的统一安排下，东中环道路在 2013 年 11 月建设完毕后即通车运行，该高填方路段没有经历预留沉降期。因此，第一阶段曲线明显下降的主要原因有两个：其一是上覆土层自重作用下的继续再压密作用；其二为车辆荷载的作用影响。第一阶段正经历该道路从开始通车直至车流量逐渐增大的阶段，填方体各土层显然要受车辆荷载的影响而进一步压密，因此车辆荷载的影响尤为显著。东中环道路车流量非常大，行车速度约在 60km/h。车辆荷载对路基的沉降影响深度一般在 6～10m[7]。上部第三层、第四层填土恰好在深度影响范围内，而第一层、第二层填土则受车辆荷载的影响明显减弱。

另外，从第三、四层的曲线可看出，在第一阶段的 40～90d 出现一明显的平缓变化阶段。究其原因，这个阶段恰处于太原的冬季，测量时发现地表土及一定深度范围内有冻结现象，太原市当年冬季前降水较多，上部土层中少量水分结成冰后填充了粒间孔隙，扩大了土颗粒的间距，导致土颗粒的相对移动，宏观则表现为路堤填土下沉平缓甚至有微量的上涨（由其他测点可知）。在大约经过三个月的冬季之后，土中这部分结冰融化后，上部土层继续恢复正常的再压密过程。

第二阶段的测量时间距离竣工有近一年，工后沉降基本完成，在外部环境因素比较稳定的条件下各层填土在该阶段曲线基本都趋于水平，意味着填方土体沉降渐趋稳定（大约在工后 240d 以后更加明显）。另外，第二阶段涵盖了太原市的雨季，在此阶段填方体的四层填土均没有明显的沉降，证明该分层碾压和重锤夯实相结合的综合施工方法可显著减小黄土填料高填方路堤的工后沉降。

5.4 工后沉降的影响因素分析

5.4.1 时间对沉降的影响分析

对照图 5-12 与图 5-14 中的数据，高填方路堤整体、填方体以及各层填土的沉降均随时间呈现阶段性增长，并最终趋于稳定。

假设在 Δt 时间段内，发生工后沉降 Δs，则定义沉降速率 $v=\Delta s/\Delta t$。图 5-15 描述了 K4＋050 和 K4＋190 断面沉降速率随时间的变化。从图中可以看出，高填方路堤整体和填方体的沉降速率随时间的波动很大，总体趋势是早期沉降速率较大且不稳定，大约在工后 250d 之后逐渐趋于稳定，且二者的沉降速率随时间波动规律基本一致。原地基的沉降速率则比较稳定，在靠近 0 值的附近波动，即高填方路堤整体的沉降速率是由填方体主导的。再者，填方高度较大的 K4＋050 断面沉降速率比 K4＋190 断面的沉降速率波动要剧烈很多，可见填方高度与沉降速率随时间波动的振幅呈正相关。

5.4.2 填土高度对沉降的影响分析

结合图 5-12、表 5-3 以及其他各测点数据可知：路基总沉降、填方体沉降、原地基沉降以及原地基沉降占地基总沉降的比例四者与填土高度皆成正相关关系。

设平均沉降速率为 s，填土高度为 H，以 K4＋050、K4＋120 和 K4＋190 三个断面

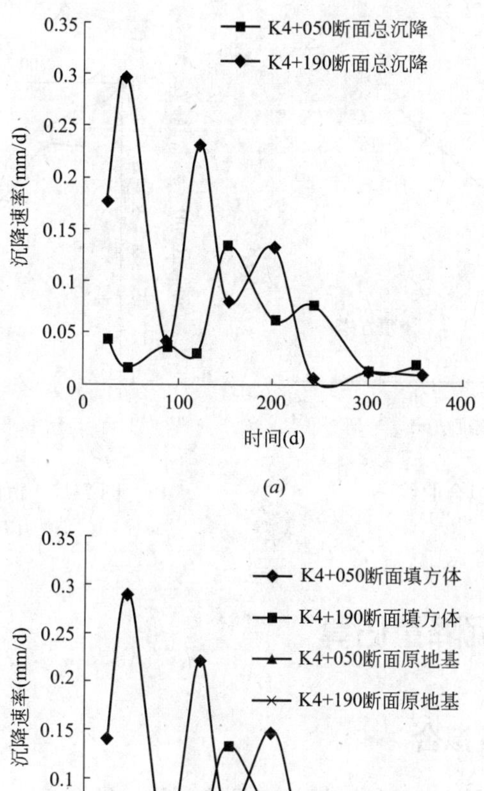

图 5-15　工后沉降速率曲线

(*a*) 高填方路堤整体；(*b*) 填方体和原地基

为例，对填方体的平均沉降速率与填土高度进行线性拟合，拟合线性相关系数 $R^2=0.9726$，结果如图 5-16 所示。由此可知，填方体的平均沉降速率与填土高度线性相关，填方体的平均沉降速率与填土高度的关系可以用下式描述：

$$s=0.0047H-0.0421 \tag{5-2}$$

5.4.3　地形对沉降的影响分析

K4＋190 和 K4＋306 断面在施工条件、工艺、填土高度等条件基本相同的情况下，填方体的工后沉降量有所差异[8,9]，如图 5-17 所示。K4＋306 断面的填方体工后沉降量比 K4＋190 断面的要小 12%，经分析认为是两个断面所处的地形不一样导致了工后沉降的差异。如图 5-4 所示，K4＋190 断面处于较为平缓的斜坡上，这种地形会产生较大的水平侧向位移，导致沉降较大；K4＋306 断面则处于槽形沟中，且两侧壁较陡起到“围箍”作用，从而限制了水平侧向位移，其沉降也较小。故而，地形也是对高填方工后沉降产生较大影响的一个重要因素。

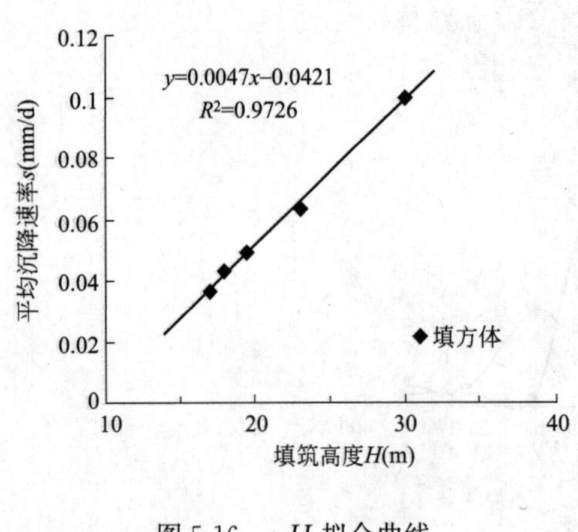

图 5-16　s-H 拟合曲线

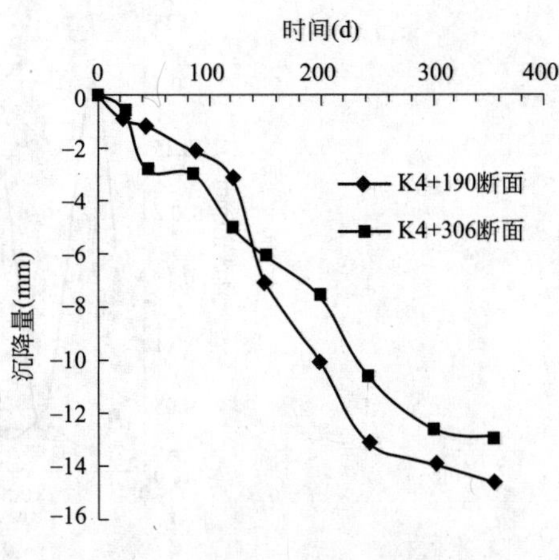

图 5-17　沉降量随时间变化图（H=18m）

5.5　填方体工后沉降量估算

5.5.1　工后沉降曲线拟合

由前面分析可知工后沉降量随时间并不是简单的线性关系，且高填方路堤的整体沉降是由填方体的工后沉降主导的，因此以 K4＋050 断面数据为例分别采用线性、指数、对数和幂函数的回归分析对实测填方体的工后沉降进行曲线拟合，各拟合曲线见图 5-18，拟合结果见表 5-4。

拟合曲线模型及参数　　**表 5-4**

模型	数学表达式	回归参数
线性	$y=ax+b$	$a=0.0752, b=6.2816$
指数	$y=ke^{ax}$	$k=6.5641, a=0.0053$
对数	$y=a\ln(x)-b$	$a=10.064, b=29.76$
乘幂	$y=kx^{a}$	$k=0.384, a=0.7694$

由图 5-18 可以看出，对于填方体来说，对数曲线与实测值最为近似，即填方体工后沉降与时间呈对数关系，其能近似描述填方体的沉降趋势，初期沉降较大，最后将趋于平稳。

5.5.2　填方体工后沉降估算

根据上述分析可知，填方体工后沉降量与时间呈对数关系，可用下式对填方体的工后沉降进行估算：

$$s/H=\mu\lg(t/t_0) \tag{5-3}$$

式中，t_0 为竣工时间，令竣工后时间 $\Delta t=t-t_0$，Δt 时间段内发生的工后沉降量为 s，

填土高度为 H，μ 为常数，μ 的取值与填料性质和施工时填筑方式有关。

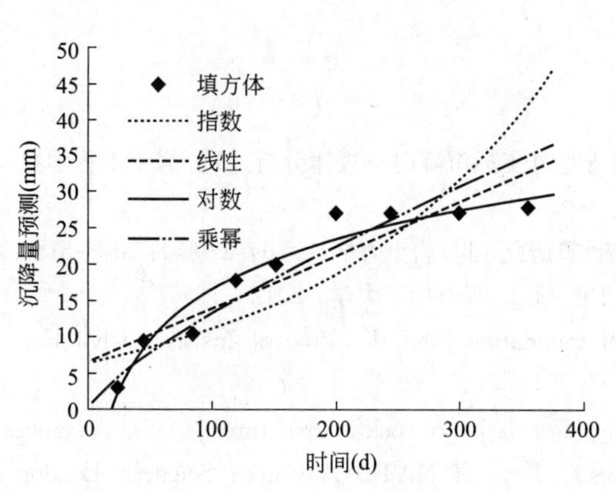

图 5-18 填方体工后沉降与时间关系拟合曲线

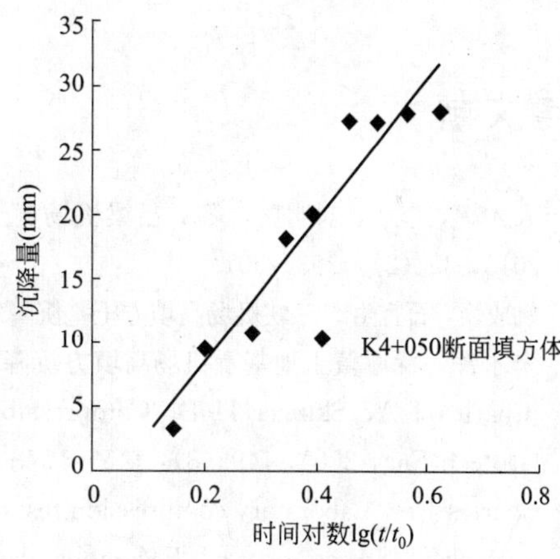

图 5-19 工后沉降与时间的关系

如图 5-19 所示，本工程中 K4＋050 断面的填方体工后沉降量 s 与时间对数 $\lg(t/t_0)$ 线性相关，对于黄土填料和本综合施工方法可以取 $\mu=0.15\%$。因此，式(5-3)可作为填方体工后沉降的估算公式，为类似工程提供参考。

5.6 本章小结

本章结合实际工程，对采用综合施工方法处理后的黄土填料高填方路堤进行现场原位沉降监测及室内再压缩试验研究，分析并验证了压实黄土的工后压缩模量变化特征，探明了高填方路堤的沉降规律及主要影响因素，并提出填方体的长期工后沉降估算公式，结论如下：

（1）沉降监测结果表明该综合压实技术处理后的黄土填料高填方路堤的工后沉降显著减小，路面总沉降仅占填方高度的 0.1%。在工期要求紧张的道路工程中可明显缩短（甚至省去）预留沉降期，在满足快速施工要求的同时也带来巨大的社会效益和经济效益。

（2）由室内再压缩试验结果得到了压实黄土的再压缩模量随荷载压力的变化规律，由此可分析得出：黄土填料高填方路堤各土层的工后压缩模量自上而下逐渐增大；当填方厚度不是很大（最大自重压力不超过 500kPa）时，工后压缩模量随深度呈直线规律变化。

（3）沉降监测结果表明，造成高填方路堤总沉降的主体是填方体的沉降，且自下而上各填土层的单位沉降量逐渐增大；填方体各层填土的沉降随时间呈现阶段性增长，并大约在工后 240d 后趋于稳定。

（4）填土高度是影响高填方路堤工后沉降的重要因素，填土高度越小，路面总沉降越小，且总沉降中原地基所占的比例也越小；填土高度与填方体的平均沉降速率线性相关。

（5）地形是填方体工后沉降的又一重要影响因素，位于槽型沟的填方体工后沉降量小于位于平缓地形的填方体。

（6）填方体工后沉降与时间呈对数关系，公式 $s/H=\mu\lg(t/t_0)$ 可以估算填方体的长期工后沉降，μ 与填料性质和填筑方式有关，本工程可取 0.15%。

参考文献

［1］ 朱才辉，李宁，刘明振，等．吕梁机场黄土高填方地基工后沉降时空规律分析［J］．岩土工程学报，2013，35（2）：293～301.

［2］ 姚成焕，石宜生．三峡机场高填方土基沉降观测与计算研究［J］．岩土力学，2001，22（4）：513～518.

［3］ 朱才辉．深厚黄土地基上机场高填方沉降规律研究［D］．西安理工大学，2012.

［4］ Charles J A，Skinner H D. Compressibility of foundation fills［J］. Proc of Instit of Civil Eng，Geotech Eng，2001，149（3）：145～157.

［5］ Charles J A，Laboratory compression tests and thedeformation of rockfill structures［C］// Advances in Rockfill Structures（ed EMaranha das Neves），Proc of NATO Advanced Science. London：Kluwer，1990：53～72.

［6］ 汤东，杨有辉．路堤高度与沉降变形关系的计算分析［J］．道路交通技术，2007，（9）：1～3.

［7］ 仇敏玉，俞亚南．道路行车荷载影响深度分析［J］．岩土力学，2010，31（6）：1822～1826.

［8］ 薛凯元，巨玉文，王文正，等．地形对黄土高填方路堤沉降的影响［J］．科学技术与工程，2014，14（32）：282～285.

［9］ 胡颖．黄土填料高填方路堤的工后沉降规律试验研究［D］．太原：太原理工大学，2015.

第 6 章　填方体工后沉降的改进计算方法

从 20 世纪 80 年代开始，设计人员对路基沉降问题就开始已有大量研究，但主要是研究地基沉降和软土地基沉降，对高填方路堤沉降变形认识非常薄弱，其路堤的自身沉降的计算，还未有统一的理论计算方法或者公式，基本无法用于指导路堤施工，表明目前研究工作量还不足。因此，高填方沉降计算方法是目前工程界迫切需要进一步研究解决的问题。高填方路堤沉降由路堤下原地基沉降和填方体沉降共同组成，在填方高度较低的路段，填方体自身压缩变形较小，一般只计算路堤原地基沉降，不考虑填方体在自重及荷载作用引起的沉降。但对于填土高度较高的路堤来说，因为填方体在填料自重作用下也会产生较大的压缩变形，为保证道路的安全性，对填方体的自身压缩变形量不可忽视。目前，对于高填方路堤的填方体自身沉降的计算，主要套用计算地基沉降的方法，即分层总和法、以原位实测数据为依据进行沉降预测法以及有限元分析法。虽然国内外大量学者对地基的沉降计算方法有了一定研究，但总体而言，针对黄土填料高填方路堤的比较完善的沉降计算方法还未形成，对其还需进一步研究与探讨。

本书以山西太原市阎家峰高填方路堤工程为依托，在总结前人研究成果的基础上，对黄土填方体的自身沉降的计算方法进行了研究，以期对类似高填方路堤的工程设计与应用提供参考。

6.1　路堤沉降计算方法综述

目前，国内外关于路基沉降的计算常用方法总体上可归为：分层总和法、割线模量法、按应力路径计算法、有限元数值分析法、现场监测试验研究法等，分别简要介绍如下。

6.1.1　分层总和法

分层总和法是沉降计算的基本方法，物理意义简单，计算参数容易获取，因此，在工程界广泛使用。利用分层总和法[1]计算高填方路堤沉降时，计算参数一般根据 e-p 曲线选取，或者压缩模量来进行计算。一般是假设土体不发生侧向变形，将压缩土体分成 n 个土层，在计算每一层变形量时，分别求出各个分层中心处所受的实际应力，再根据室内压缩试验指标求出各个分层的变形量，并将其总和起来即为土体的总变形量。

根据 e-p 曲线，各层土的压缩量公式为：

$$s=\frac{e_{1i}-e_{2i}}{1+e_{1i}}H_i \tag{6-1}$$

式中　e_{1i}——第 i 土层压缩前对应的孔隙比；

e_{2i}——第 i 土层压缩后对应的孔隙比；

H_i——第 i 层填土的厚度。

根据压缩模量$E_s=\frac{1+e_1}{a}$关系式，公式(6-1)还可表示为：

$$\Delta s_i=\frac{\Delta P_i H_i}{E_{si}}=\frac{P_{2i}-P_{1i}}{E_{si}}H_i \tag{6-2}$$

式中 P_{1i}——第 i 土层受到的自重应力；

P_{2i}——第 i 土层受到的自重应力和附加应力之和；

ΔP_i——第 i 土层受到的应力增量；

E_{si}——第 i 层填土土体所对应的压缩模量。

由于分层总和法建立在室内土工试验的基础上，参数的确定主要来自土样的室内试验。土样受取土条件的限制，钻探取样时难免对其结构发生扰动，从而使试验得出的土体压缩指标、变形参数、应力应变关系和实际有所差异。另外，土样在压缩试验中是在侧限条件下进行的，没有考虑侧向变形，实际土体会发生侧向膨胀，从而使得沉降计算结果与实际情况不一样。因此，为了修正的地基沉降量，使其与实测值接近，规范法还引入了沉降计算经验系数 M，修正后的沉降公式为：

$$s'=M\times s \tag{6-3}$$

式中 s——根据分层总和法公式求得的总沉降量；

M——修正系数；按经验得出的，取值范围在 0.2～1.4 之间，由于沉降受各种因素的影响，这种经验系数的取值也存在不确定，需进一步完善。

在分层总和法计算中，也可以用 e-log$P$ 曲线法中的斜率来描述土的压缩特性。在1936 年时，卡萨格兰德就根据 e-log$P$ 曲线来确定地基土的先期固结应力。e-log$P$ 曲线法相对e-P 曲线法的优点可以考虑土体的应力历史，使土体在超固结、正常固结以及欠固结下的情况下沉降均可以计算出沉降量[2]，见表 6-1。孔隙比计算公式如下：

$$e=e_0-C_c\lg\frac{P'}{P_c} \tag{6-4}$$

式中 e_0——初始孔隙比；

P'——某时刻对应的有效应力；

P_c——前期固结压力；

C_c——压缩指数。

考虑土体的应力历史沉降量计算公式 **表 6-1**

正常固结土	$P_C=P_1$	$S_i=\frac{C_cH_i}{1+e_0}\lg\frac{P_{1i}+\Delta P_i}{P_{1i}}$
欠固结土	$P_1>P_C$	$S_i=\frac{H_i}{1+e_0}C_C\lg\frac{P_{1i}+\Delta P_i}{P_C}$
超固结土	$\Delta P<P_C-P_1$	$S_i=\frac{H_i}{1+e_0}C_e\lg\frac{P_{1i}+\Delta P}{P_{1i}}$
	$\Delta P<P_C-P_1$	$S_i=\frac{H_i}{1+e_0}\left(C_e\lg\frac{P_c}{P_{1i}}+C_C\lg\frac{P_{1i}+\Delta P_i}{P_C}\right)$

这几种方法都是假设土体无侧向变形，事实上土体在竖向变形时还会发生侧向变形，如不考虑侧向变形，则计算的沉降值会偏小。为此，黄文熙[3]提出了三维压缩法，假设

土体是受三向应力的，根据虎克定律来计算。该方法考虑了土体的侧向变形，沉降计算公式为：

$$s_{\mathrm{c}}=\sum_{1}^{n}K_i\frac{\Delta e_i}{1+e_{0i}}H_i \tag{6-5}$$

侧向变形修正系数 K 为：

$$K=\frac{1}{1-2\mu}\left[(1+\mu)\frac{\sigma_z}{\sigma_x+\sigma_y+\sigma_z}-\mu\right] \tag{6-6}$$

式中　H_i——第 i 层土层的厚度；

Δe_i——第 i 层土压缩前后土层孔隙比变化量；

e_{0i}——第 i 层土层的初始孔隙比；

μ——泊松比。

虽然该方法相对单向压缩分层总和法考虑了侧向变形，计算公式有了进一步的改进，但其参数选取复杂，所以并未被广泛使用。

分层总和法还包括如浙大经验公式法、规范法等，这些都属于分层总和法。

6.1.2　割线模量法

经过大量的数据收集、分析与研究，魏汝龙教授[4,5]还提出一种割线模量法，是整理压缩试验数据成果的一种方法。近年来，刘保健[6,7]（1999）、李仁平[8]等提出了该计算方法在沉降计算的应用，该计算将固结压缩试验数据整理成用压缩应变与应力ε_{si}-P_i的关系表示，并且用双曲线的形式表示，对其进行双曲线拟合。通过进行大量试验分析表明，割线模量法几乎适用于大部分正常固结的土，验证了割线模量计算方法在沉降计算中的适用性、可靠性。该计算方法中压缩应变与应力的关系可表示为：定义$\frac{P_i}{\varepsilon_{si}}=E_{sci}$为各压力下的割线模量，且$E_{sci}=a+bP_i$。

$$E_{\mathrm{sc}}=\frac{\Delta P}{\Delta\varepsilon_{\mathrm{s}}}=\frac{E_{\mathrm{cs2}}E_{\mathrm{cs1}}}{E_{\mathrm{sc0}}}=\frac{E_{\mathrm{cs2}}E_{\mathrm{cs1}}}{a} \tag{6-7}$$

同分层总和法计算过程一样，计算某点的沉降时，需要把压缩土体分为 n 个土层，每层厚度为 H，则第 i 层土的沉降变形为：

$$\Delta s_i=\Delta\varepsilon_{si}H_i=\frac{a}{E_{\mathrm{cs2}}E_{\mathrm{cs1}}}\Delta PH_i=\frac{a}{(a+bP_1)(a+bP_2)}\Delta P_iH_i \tag{6-8}$$

则填土体的总沉降 s 为：

$$s=\sum_{i=1}^{n}\Delta s_i \tag{6-9}$$

式中　P_1——土层受到的自重应力；

P_2——土层受到的自重应力与附加应力之和；

E_{cs1}、E_{cs2}——分别为P_1、P_2作用下的割线模量；

a，b——侧限压缩试验参数，选用双曲线拟合$\varepsilon_{si}-P_i$曲线公式的参数；$P=0$时，则$E_{\mathrm{sc0}}=a$；

Δs_i——第 i 层填方体的沉降变形值。

用该方法计算沉降量的优点是计算方便，十分易于电算化，不用考虑 e 等参数带来的误差，不需考虑土层的应力历史，不管是正常固结、超固结，还是欠固结状态，都适合用于该方法计算。而之后丁洲祥[9]、李友云[10]等学者又分析探讨了割线模量法在沉降计算中存在的缺点，提出了修正系数 α，对割线模量法方法进行了进一步的改进，使其应用于实际工程中，且现场观测结果进行了对比分析，从而验证了改进后的割线模量法能更好地适用于沉降计算。不管是魏汝龙教授提出的割线模量法还是改进的割线模量法，在计算中应力-应变关系都是用双曲线形式表示，但是双曲线形式是否是最适合实际土体的应力-应变曲线形式还需进一步研究与分析。

6.1.3 按应力路径计算法

1964 莱姆（Lambe）[11]提出了一种通过室内三轴试验，考虑应力路径对沉降进行计算的新方法。该计算方法与其他计算方法相比考虑了剪切变形[12]、加荷方式和加荷速率的影响，有利于准确计算出沉降值。

在荷载的作用下，土体中单元中的应变、孔隙压力和强度都与应力路径有关，地基中各点的主应力的值因位置、时间不同，各点固结过程中的应力路径也不同，所以在计算中，应考虑应力路径的不同。计算过程是[13]：首先计算需要计算沉降点的自重应力与附加应力，再结合室内三轴试验，求得在附加应力作用下土体固结前后的竖向应变。将在附加应力作用前后这两种应变的差值与土层的厚度相乘，求得地基固结沉降量。

该计算方法土体的压缩变形量主要根据土体的应力路径来计算，缺点是需要做大量的室内试验，工作量比较大且技术要求高，因此，在实际工程应用中比较麻烦，受限制，尚未被工程界采用。

6.1.4 有限元数值分析法

随着计算机的发展及各种有限元软件如 ANSYS、ABAQUS 等越来越多应用于实际工程中[14]，用来模拟解决工程中各种复杂的问题。利用有限元可以结合土的变形特性描述土体应力-应变关系的模型，可以把土的变形特性看作非线弹性、弹塑性、非均质性[15~18]等模型。利用有限元可以考虑土体复杂的本构关系，可以模拟施工现场填方土体逐级加荷的过程，能考虑土体的侧向变形，以及复杂的边界条件。

有限元法也被国内外广泛应用，国外学者 B. Indraratna[19]利用有限元的方法对路基建立了模型，进行了沉降计算，与实测沉降相比，发现二者计算结果差距不大，验证了有限元法可以应用在路基沉降计算中。於永和[20]针对高填方路堤的特点，运用 ANSYS 软件，对高填方路堤填土施工过程进行分层模拟，考虑了材料的非线性特性，分析了高填方路堤的沉降变形规律，探讨了沉降与变形模量、压实度的关系。数值分析计算了路堤自重作用下的变形，且符合实际高填方工程所测的沉降量，说明了本节计算所选取模型较符合高填方的工程性质，有限元模拟分析法也能较好地模拟出高填方路堤实际施工过程。逄成万[21]通过有限元数值模拟分析了高填方路堤填筑过程中路堤的竖向位移、水平位移及应力场，与实际工程中的受力变形相接近，为高填方路堤的沉降变形规律分析与计算提供了重要的参考依据，可以客观地反映其受力变形特征。梁莉[22]运用了 ANSYS 有限元软件，对万州五桥机场高填方路堤进行模拟，分析了填方高度对沉降量的影响且计算了沉降量，将有限元计算值与实测值进行了分析比较，表明运用有限元计算方法能更好地反映高填方路堤的沉降变形规律，且沉降规律性更明显。

从目前计算方法上来说，有限元计算法相当精确，能较好地模拟工程的实际施工过程，以及受力变形情况，是一种较为完善的计算分析沉降的方法。但其存在的缺点是计算参数选取复杂，不容易确定，还需做土体的三轴排水试验，从而使计算工作量加大，目前主要在特殊地段或者重点工程应用。

6.1.5 现场监测试验研究法

高填方路堤的沉降由地基的沉降和路堤填土本身的沉降组成，由于目前路基工程设计和沉降计算理论的研究水平有限，很难准确计算出这两部分沉降，而沉降计算又是迫切需要解决的问题。因此，需通过现场试验与测试来研究沉降变形规律。

许兴旺[23]通过对郑西铁路工程布设沉降板进行沉降监测，对其沉降规律进行了探讨，分析发现其沉降变形与时间的关系符合双曲线的规律。龙锦永[24]修建了陕西杜康沟高填方路堤，并对其进行了观测，根据观测数据，提出了路堤工后沉降与路堤填土高度的关系式为：

$$s=\frac{H}{4.5H+64}+0.00652H \tag{6-10}$$

6.1.6 小结

以上这几种方法各有特点、适用范围和不足之处，需根据实际工程情况选用适合的沉降计算方法。李善皋[25]早在 1989 年计算总沉降量时就已经采用分层总和的方法来计算。张占荣[26]、郑治[27]等根据路堤填土自身压缩变形特点，运用 Terzaghi 的一维固结理论，计算了高填方路堤自身的压缩变形量。计算中考虑了施工过程中的逐级加载，且对分层总和法沉降计算方法进行了分析，并对其进行了改进。杨晶[28]等分析了分层总和法计算方法与割线模量法的区别，且对采用割线模量法计算沉降时存在的问题进行了探讨，得到了运用改进的割线模量法求得沉降的计算公式。李传勋[29]通过单向室内固结压缩试验，分析了压实黄土的应力与应变之间的关系。将割线模量沉降计算方法运用到了高填方路堤的沉降计算中，从而得到了压实黄土填料路堤的一维沉降计算模型，可同时考虑力、变形和时间三者对路堤沉降的影响。与分层总和法计算方法相同，都是基于一维条件下计算的沉降值，沉降计算中没有考虑土体受侧向变形的影响。在此基础上，王志亮[30]提出了用修正的分层总和法来计算路基沉降，该方法主要考虑了侧向变形对路基沉降值的修正。於永和[31]、吴俊[32]等学者均以高填方路基为研究对象，根据其特点，运用 ANSYS 有限元分析软件，土体采用弹塑性模型，对高填方路堤自身沉降用有限元进行了分析，并与实测结果进行了比较。验证了其计算方法是适用于实际工程应用，并可以对类似实际工程进行指导，且具有非常深远的实际意义。刘保健[33]根据实际工程，以室内实验为基础，对黄土高填方路堤的现场实测沉降数据进行了收集整理，分析了沉降的变形规律。最后通过室内试验、现场观测并与理论相结合，分析提出了具有创新性的压实黄土路堤的沉降计算方法，具有重要的参考价值。

总之，随着岩土工程学科的发展，最近几十年来，国内外学者已作出了许多努力，提出了许多新的路基沉降计算方法[34~37]。然而，随着公路建设的发展，高填方路基沉降理论计算方法还存在许多缺陷，仍需进一步的研究和改进。

6.2 黄土填料的压缩试验研究

想要研究填方体的沉降量，首先要了解黄土填料的压缩性，最直接的方法是通过压缩试验，通过压缩曲线得到压实黄土的压缩指标，认识黄土的力学性能。因此，本文对回填黄土进行了单向固结压缩试验，分析了其变形特性。试验仪器主要包括金属环刀、刚性护环、透水石、水槽、加压活塞。其中环刀内径为 61.8mm、高度为 20mm。为保证环刀光滑，试验时需在内壁涂层凡士林，且百分表的读数精度为 0.01mm。试验仪器设备如图 4-18 所示。

首先在太行路阎家峰高填方路段的填方断面 K4＋120 处通过人工挖探井的方式获得 3m、4m、5m 三处深度的土样，然后进行室内压缩试验，试验步骤如下：

① 用环刀获取土样。首先应在金属环刀内侧涂抹一层薄薄的凡士林润滑油，将刀口向下放在土块中间位置处。之后沿环刀外侧，用刀由外向中间逐渐切削土样，至削出土样顶部比环刀高，从环刀底部削出土样。最后将环刀两端突出土样整平，并在环刀顶部和底部盖上玻璃片。

② 在固结容器内依次放入刚性护环、透水石，将环刀试样小心放入，再在试样上放上刚性护环、放入透水石并盖上加压活塞，把加压框架放在加压活塞上，使中心对准，安装百分表，并调整仪器。

③ 检查仪器，使试样与仪器、仪表件之间相互接触，并记录初始读数。

④ 初始加压 50kPa，等到读数大约稳定后，隔一小时都依次记录数据，直至变形差小于 0.01mm 时，则变形稳定，依次加压 100 kPa、200 kPa、300 kPa、400 kPa、800 kPa、1200 kPa、1600kPa。每次至数据不再发生变化，土样变形稳定方可施加下一级压力。

土体的压缩性指土中孔隙体积减小引起的土体变形，通过固结试验可以得到在不同压力下试样的竖向变形量，求得各级压力作用下的孔隙比e_i与各个压力段下的压缩模量E_s，如图 6-2～图 6-4 所示。

其中：受压前初始孔隙比$e_0=\frac{d_s(1+\omega)\rho_w}{\rho}-1$；某级压力稳定后土体孔隙比 $e_i=e_0-\frac{(1+e_0)\ \Delta H_i}{H_0}$；压缩系数$\alpha_v=\frac{e_i-e_{i+1}}{P_{i+1}-P_i}$；压缩模量$E_s=\frac{1+e_0}{\alpha}$。

d_s——土样的比重；

ω——土样的含水量；

ρ_w——水的密度；

ρ——土样的天然密度；

P_i、P_{i+1}——代表施加前的压力和施加后的压力；

e_i、e_{i+1}——在压力P_i、P_{i+1}作用下所对应的孔隙比；

ΔH_i——土体在压力 P_i 作用后的变形稳定后的压缩量；

H_0、H_i——黄土土样的原始高度和施加压力 P_i 作用稳定后的高度。

6.2.1 *e-p* 曲线

三个深度土样所绘制的 *e-p* 压缩曲线[38]如图 6-1 所示。

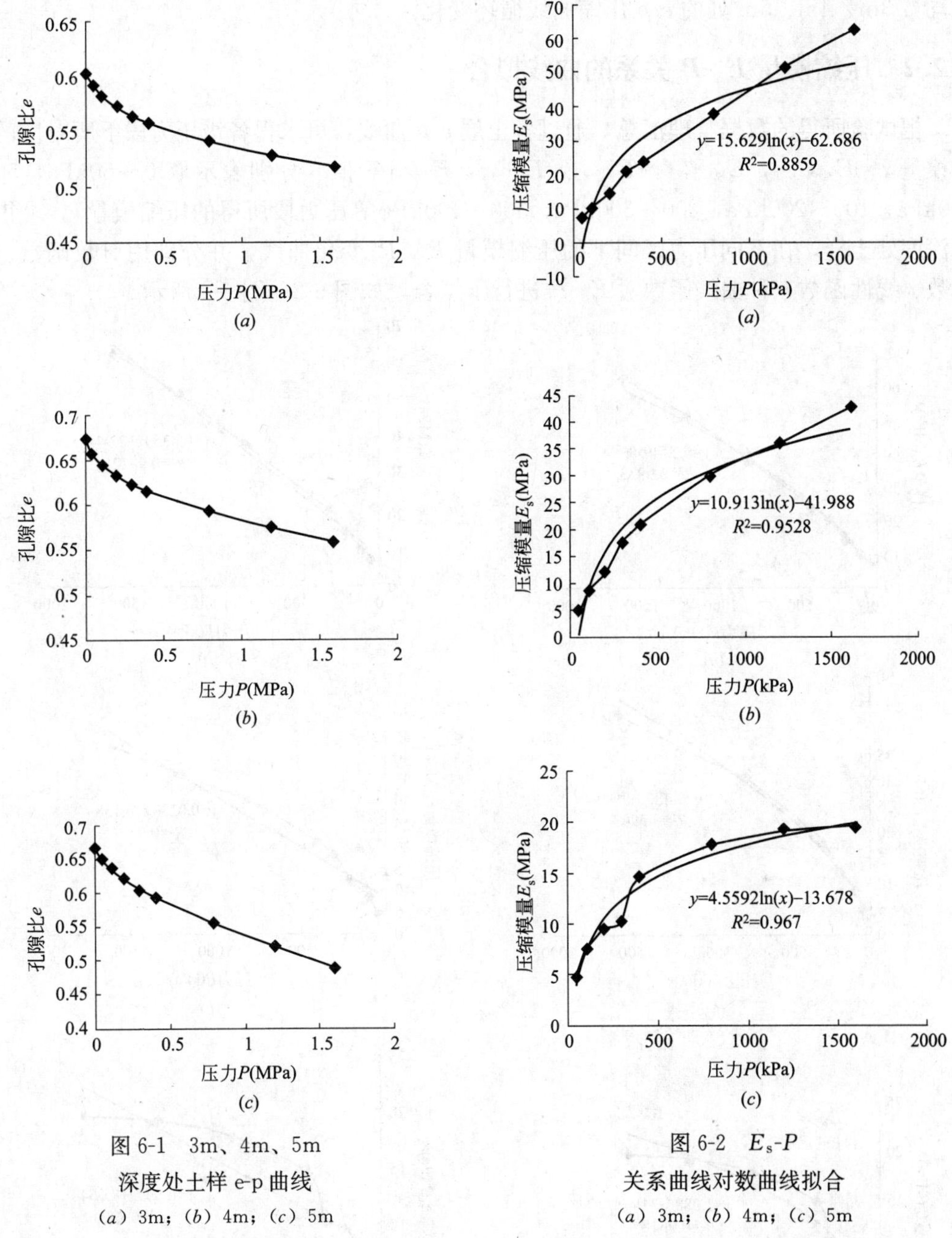

图 6-1　3m、4m、5m 深度处土样 e-p 曲线
（*a*）3m；（*b*）4m；（*c*）5m

图 6-2　E_s-P 关系曲线对数曲线拟合
（*a*）3m；（*b*）4m；（*c*）5m

评判土压缩性的压缩指标是压缩系数$a_{1\sim2}$，高压缩性土的$a_{1\sim2}$是小于 0.1MPa^{-1}低压缩性土的$a_{1\sim2}$是不小于 0.5MPa^{-1}，而中压缩性土的$a_{1\sim2}$是介于 0.1MPa^{-1}和 0.5MPa^{-1}之间。根据本次试验结果及压缩曲线可知 3m、4m、5m 三个土样的压缩系数$a_{1\sim2}$分别为：0.11MPa^{-1}、0.14MPa^{-1}、0.17MPa^{-1}，介于 0.1MPa^{-1}和 0.5MPa^{-1}之间，为中压缩性土。由图中数据可知，施工工艺是每分层填筑 3m 重锤夯实一遍，则在重锤夯实的界面处（3m 处）压实度达到最大值，因此，孔隙比达到最小值。根据之前求得的土样孔隙比与深度的曲线规律，认为每隔 3m，土的物理力学参数指标是相同的，各层土的 e-p 曲

线均按 3m、4m、5m 处的 e-p 压缩曲线循环变化。

6.2.2 压缩模量 E_s-P 关系的曲线拟合

把试验所得的数据整理汇总，通过各土层 e-p 曲线，可求得各级压力段下所对应的压缩模量[39] $E_{s0\sim0.5}$，$E_{s0.5\sim1}$，$E_{s1\sim2}$，$E_{s2\sim3}$，$E_{s3\sim4}$ 等值（分别表示取 0～50kPa，50～100kPa，100～200kPa，200～300kPa，300～400kPa 等压力段所得的压缩模量）。求得不同深度处土样，在不同压力区间下的压缩模量 E_{si}-P_i 变化曲线，并分别用对数函数、幂函数、线性函数三种曲线函数对 E_s-P 进行了拟合，如图 6-2～图 6-4 所示。

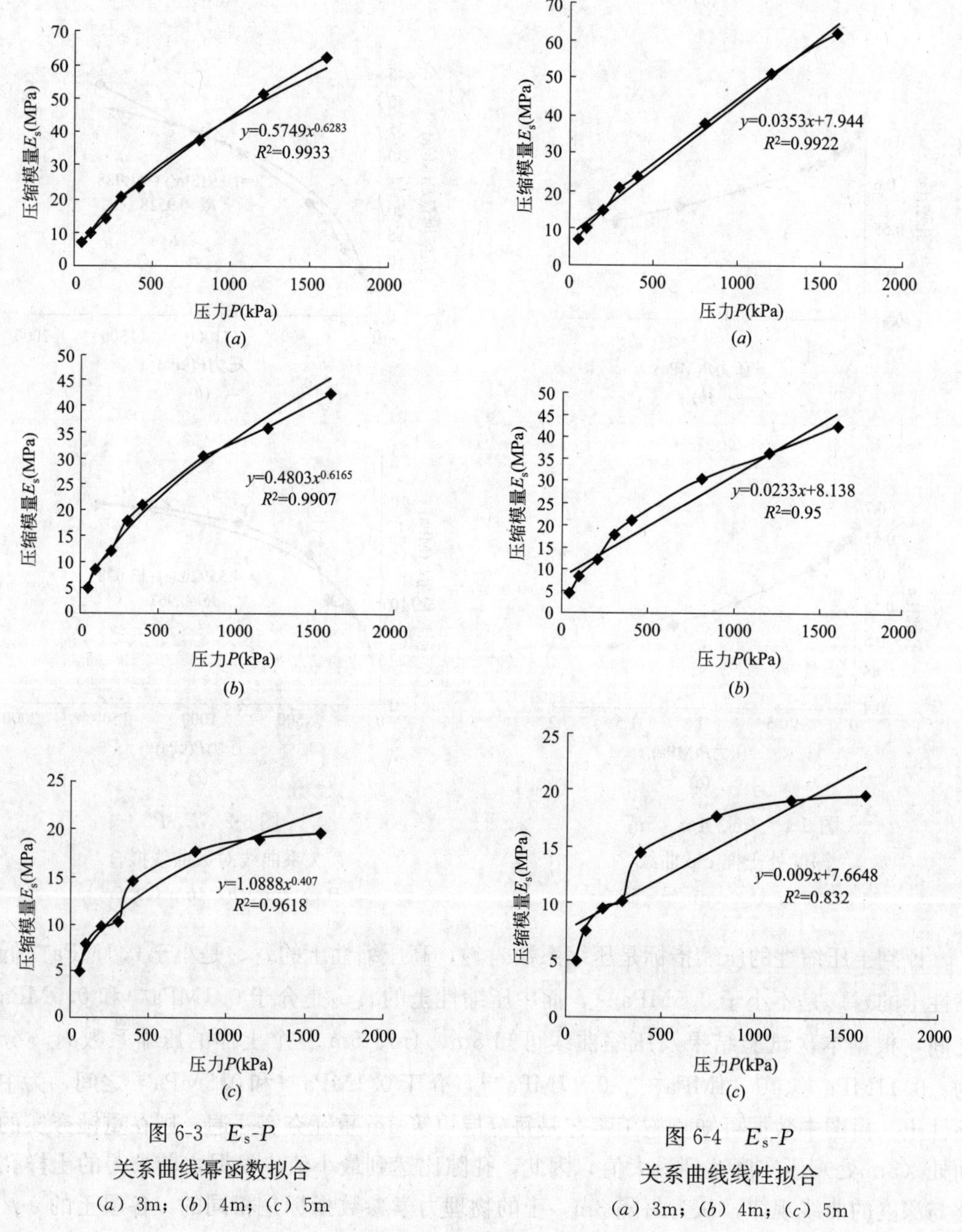

图 6-3 E_s-P 关系曲线幂函数拟合
（a）3m；（b）4m；（c）5m

图 6-4 E_s-P 关系曲线线性拟合
（a）3m；（b）4m；（c）5m

通过对不同深度处 E_s-P 曲线分别用对数函数、幂函数、线性函数三种函数进行拟合，由图 6-2～图 6-4 中 a～c 三种曲线数据拟合结果发现，用幂函数拟合的相关系数分别为 0.993、0.991、0.962，相对其他两种函数，相关性为最好，则说明压缩模量与压力的关系可用 $E_s=aP^b$幂函数来表示，且与实际情况的 E_s-P 曲线更加相吻合。土体的压缩模量 E_s随着压力加大，压缩模量逐级增大。各个土层的压缩模量 E_s与压力 P 的关系曲线，与 e-p 曲线一样，每隔一个重锤补夯厚度（3m），均应按 3m、4m、5m 的规律循环变化。且在重锤夯实的交界处（3m、6m）的压缩性最低，所以压缩模量 E_s最大。

6.2.3 黄土试样的 ε-p 的关系曲线

陈开圣[40]在研究压实黄土特性时引入了压缩变形系数的概念，探讨了压实黄土压缩变形系数与土样物理指标的关系。杨晶[41]在研究压实黄土的应力-应变关系时也引入了压缩应变概念，分析了试样压缩应变随竖向压力的关系，同时探讨了应力-应变曲线的双曲线规律。结合之前学者研究的内容，为了更好地研究黄土填料的压缩变形特性，本节在室内压缩试验的基础上，通过整理压缩试验数据，也对本工程的压实黄土的压缩变形系数与竖向压力、含水量的关系进行了分析，并绘制了其关系曲线如图 6-5 所示。

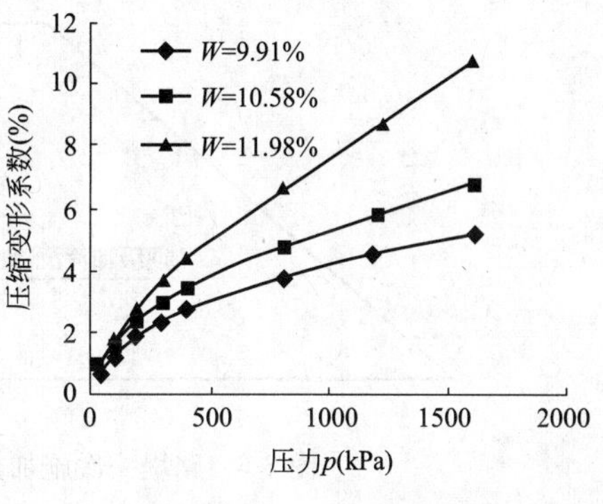

图 6-5 ε-p 的关系曲线

压缩变形系数 ε 也为压缩应变，是土样某一级压力下的总变形量与其初始高度的比值，反映了土体的变形程度，与所受的压力有关。压力越大，压实黄土压缩变形系数值越大，压缩程度越大。压缩变形系数公式为：$\varepsilon=\frac{h_0-h_i}{h_0}\times 100\%$，式中$h_0$为初始高度，$h_i$为某一级压力下变形后的高度。

从图 6-5 可知，黄土试样随着压力的增大，含水量的增大，压缩变形系数非线性增加。在含水量不变的情况下，随着压力的增加，压缩变形系数非线性的增大。在同一压力下，随着含水量的增大，压缩变形系数也在增大。因此，含水量对黄土填料的压缩变形量有着一定的影响，施工时应注意控制黄土填料的含水量，选用合适的含水量，从而使填料达到较好的压实效果，减小路堤的工后沉降。

6.3 改进的分层总和法

6.3.1 高路堤沉降的组成

路基最终的沉降由两部分组成：①原地基土的沉降；②填方体自身压缩变形。路堤填土自身的沉降从时间上分为：①施工期沉降，路堤在填筑过程中，由施加填土荷载而产生的沉降；②工后沉降，路堤填筑完成后，随着时间的变化路堤产生的沉降。本节在沉降计算中不考虑时间对沉降的影响，主要研究路堤在填土自身作用下引起的工后固结压缩总沉降变形。

6.3.2 路堤自身沉降的研究

在路堤的沉降计算中，考虑填筑过程分层施加填土荷载与一次施加全部荷载变形机理有所不同。对于一次施加全部荷载，任意高度处的变形，所受荷载是整个路堤全部土体的自重，所以在路堤顶部，填土高度最高处，竖向变形最大。而在实际填筑过程中，路堤是逐级加载的，在土层下方的土体不会影响上部土体的变形，如果到某一高度，该高度处的土体的变形仅受其上部土层的自重作用。当填筑到路堤顶部时，由于其上方不再填筑土层，则不再有荷载施加，所以路堤顶处变形为零。高填方路堤自身沉降并不是在其顶部最大，而是在沿路堤高度距路堤底部 1/2～1/3 位置处最大，如图 6-6 所示。

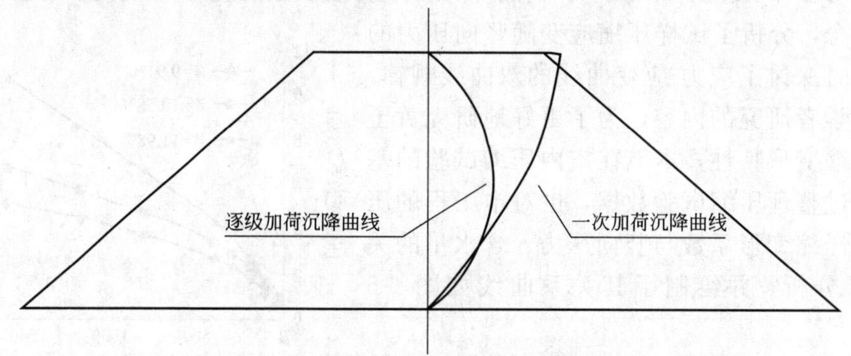

图 6-6 路堤一次施加全部荷载与逐级施加荷载的沉降变化图

6.3.3 适用于黄土填料高填方路堤沉降计算方法的研究

对于本黄土填料高填方路堤而言，本节主要研究填方土体在自重荷载作用下发生的沉降。目前，分层总和法[42,43]是学术界和工程界最为常用且认可度最高的沉降计算方法。分层总和计算方法一般以压缩试验为基础，计算参数一般根据 e-p 曲线选取，或者压缩模量来进行计算。先将压缩土体分层，分别求出路堤填土各个分层中心处所受的实际应力，然后根据室内压缩曲线，分层求算土体压缩变形量再求总和，为路堤总的沉降量。研究分析之前学者的沉降计算方法，存在的问题主要有以下几点：

① 高填方路堤施工过程是分层填筑的。与地基沉降相比，高填方路堤由于其填筑高度大，在实际施工过程中，路堤填筑是分层填筑的，是一个逐级施加荷载的过程且分层层数很多。采用传统分层总和方法计算时，考虑荷载是一次全部施加的，不符合路堤实际填筑情况。

② 压缩模量根据实际压力区间变化而变化。在传统的分层总和法中，由于假定一定范围内地基土是均匀的，压缩模量一般是由 e-p 曲线在 100～200kPa 压力段求得。但是在实际情况下，填方土体的一些物理力学参数随着填土深度的变化，受到的应力也在变化。沿高度方向，靠近路堤顶部，应力较小，相对应的土层压缩模量也较小。越靠近高填方路堤底部，由于填土深度大，土体所受到的应力较大，在路堤土层深处的应力范围超出了 100～200kPa 多，使土体的压缩模量也增大。因此，在计算中，填方体各土层的压缩模量

应考虑随着填土深度不同及应力变化而变化。为了方便计算选取压缩模量，本章第 6.2.2 节中提出按幂函数拟合压力与压缩模量的关系曲线，见图 6-3(a)～(c)，分别根据其深度不同、压力不同来选取土体的压缩模量，从而进行沉降计算。

6.3.3.1 路堤内部应力的计算

路堤沉降计算一直是个难题，其内部应力与沉降过程也相对复杂。对于实际的高填方工程，路堤的填筑是一个逐级加载的过程，认为路堤压缩变形是由土体自重应力中产生的，每一层填土既是承重体也是下一土层的荷载。因此，在填方体沉降计算时应考虑这个分层填筑的过程，每填筑一层土体，都会分别作用于其下各填筑土层引起土体压缩变形。分别计算出各填筑层加载后对其下填方各土层作用时产生的变形，再将各土层变形总和为某层路堤的变形。因此，根据路堤自身压缩特点，为简化计算这里假设[44]：

1. 路堤边界条件的复杂性及填土的特殊性，为了简化计算工作量，在计算沉降时一般不考虑路面车辆的活荷载。

2. 每层施加填筑荷载发生固结时，上、下填土层固结对其是不产生影响的，是独立固结的。

3. 每层填土不考虑填土时间，看做是瞬时加载的过程。

4. 各土层是受压层，同时也是荷载，各层土只承受位于本层以上土层的自重荷载。因此，填土的自重应力按公式 $\sigma=\gamma h$ 计算，路堤的填土高度按路堤的中心处计算。

5. 在计算路堤自身压缩变形时，每填筑一层，该填土层作为附加荷载，作用于下面各土层。

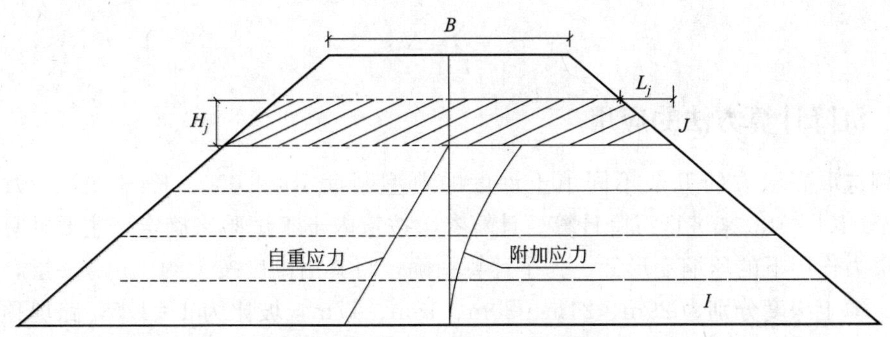

图 6-7 填方体内部应力关系图

根据相关资料[45]，计算路堤中心处的沉降时，各土层的应力计算公式为：

各土层自重应力：

$$\sigma_i=\gamma_i H_i \tag{6-11}$$

每增加一层土层，对其下方各层土体作用引起的附加应力为：

$$\Delta\sigma_{ij}=\gamma\times\frac{H_j}{\pi}\times\frac{2\times\left(\frac{B_j}{2}+L_j\right)}{L_j}\times\arctan\frac{\frac{B_j}{2}+L_j}{y}-\frac{B_j}{L_j}\times\arctan\frac{\frac{B_j}{2}}{y} \tag{6-12}$$

式中 H_j——第 j 土层厚度；

B_j——第 j 土层上顶宽；

L_j——第 j 土层边坡水平投影宽度；

$\Delta\sigma_{ij}$——第 j 土层对其下方土体第 i 层作用产生的附加应力；

y——第 i 填土层的中心到第 j 填土层中心的土体高度。

则在 i 层上方所有土层对 i 层作用产生的附加应力总和为：

$$\Delta \sigma_i = \sum_{j=i}^{n} \Delta\sigma_{ij} \tag{6-13}$$

6.3.3.2 基于幂函数拟合的改进分层总和法计算公式

由前面图 6-3 知用幂函数拟合 E_s-P 的相关性为最好，与实际的曲线更加相吻合，为了方便计算选取压缩模量，本节提出的改进计算方法主要是将压缩模量与压力的关系用 $E_s=aP^b$幂函数表示。根据幂函数拟合关系，第 i 土层的压缩模量为 $E_{si}=aP_i^b$，第 i 土层受上方所有土层对 i 层作用产生的附加应力总和为 $\Delta\sigma_i$，由公式(6-13)求得。则根据分层总和法公式，经过代入幂函数拟合的 $E_{si}=aP_i^b$ 公式，得第 i 层土的压缩变形量是：

$$\Delta s_i = \Delta \varepsilon_s H_i = \frac{\Delta\sigma_i}{E_{si}} H_i = \frac{\Delta\sigma_i}{a P_i^b} H_i \tag{6-14}$$

式中 H_i——第 i 层填土的厚度；

P_i——第 i 层土受到的自重应力σ_i与附加应力$\Delta\sigma_i$的和；

E_{si}——第 i 层土受到土体自重应力σ_i与附加应力$\Delta\sigma_i$之和时所对应的压缩模量。用 $E_{si}=aP_i^b$ 表示，a，b 为幂函数拟合的 E_s-P 曲线的系数，与填土深度有关，考虑了压缩模量随实际压力区间的变化，根据土层实际应力范围来取值。其余变形参数都是根据实际工程地质条件资料和室内试验来进行选取的。

则填土的总压缩变形量为：

$$s = \sum_{i=1}^{n} \Delta s_i \tag{6-15}$$

6.3.4 沉降计算方法的应用

本例选取高填方的五个不同填土深度的典型断面 K4＋050、K4＋085、K4＋120、K4＋190、K4＋306 来进行沉降计算。计算参数按室内土工试验来确定，主要计算填方体在自身重力作用下的压缩变形量，为了计算精确，将其沿高度按大约 1m 分一层，分层进行计算。填土深度分别为 29m、24m、20m、18m、17m，坡比为 1∶1.5，路堤顶部宽度为 32m。

由于各个土层的压缩模量 E_s与压力 P 的关系曲线，每隔一个重锤补夯厚度（3m），压缩模量 E_s取值均应按 3m、4m、5m 的规律循环变化。表 6-2 给出一个循环厚度内土样的 E_s-P 曲线幂函数拟合公式。表 6-2 中土样 1 代表深度为 $3n$ 米处的土层，土样 2 代表是 $3n+1$ 米深度处的土层，土样 3 代表 $3n+2$ 米深度处的土层（$n=0$，1，2，3，4，5，6，7，8，9）。

E_s-P 曲线幂函数拟合公式表 **表 6-2**

土样序号	土样深度(m)	幂函数拟合公式	拟合参数	相关系数
1	3(3n)	$E_s=0.5749P^{0.6283}$	$a=0.5749, b=0.6283$	0.9933
2	4(3n+1)	$E_s=0.4803P^{0.6165}$	$a=0.4803, b=0.6165$	0.9907
3	5(3n+2)	$E_s=1.0888P^{0.407}$	$a=1.0888, b=0.407$	0.9618

计算高路堤填方体在自身重力作用下的压缩变形量时，将路堤各土层参数，分别代入基于幂函数改进的分层总和法公式(6-14)和传统分层总和式(6-2)计算方法中。参数 a、b 根据 E_s-P 曲线按幂函数 $E_s=aP^b$ 拟合的公式来选取，根据填土深度的不同来选取公式如表 6-2 所示，则分别求得高路堤填方体的自身压缩的总变形量如表 6-3 所示。

沉降计算值 **表 6-3**

路堤断面(填土深度,m)	基于幂函数拟合改进分层总和法(mm)	传统分层总和法(mm)
K4+050(29m)	92	148
K4+085(24m)	78	114
K4+120(20m)	46.5	87
K4+190(18m)	37.5	71
K4+306(17m)	35.4	65

6.3.5 总沉降计算值与工后沉降实测值对比分析

由于计算沉降值为填方体的固结压缩总沉降值，理论上包括填方体施工期间的固结沉降量和工后沉降量。因此，实测填方体的工后沉降量仅为总沉降量一部分。通过整理沉降观测数据可知，填方体的压缩量随着时间的增长逐渐呈增大趋势，现将用基于幂函数拟合的分层总和法计算的沉降值与现场沉降观测值进行对比见表 6-4。

沉降计算值与实测值对比 **表 6-4**

典型断面 (填土深度,m)	K4+050 (29m)	K4+085 (24m)	K4+120 (20m)	K4+190 (18m)	K4+306 (17m)
工后沉降实测值(mm)	28.5	28	18	15	14.5
沉降计算值(mm)	92	78	46.5	37.5	35.4
修正系数 K 实测值/计算值	0.31	0.36	0.39	0.40	0.41

为了根据总沉降量计算值推算工后沉降量，可依据工后实测沉降数据对本节提出的沉降计算公式做进一步修正。根据现场监测的五个不同填方深度断面 K4+050、K4+085、K4+120、K4+190、K4+306 处的填方体工后沉降实测值，引入修正系数 K。K 为填方体工后沉降实测值与填方体总沉降计算值的比值，见表 6-4。同时由表中修正系数进行回归计算，建立了修正系数与填土深度的关系式，如图 6-8 所示。

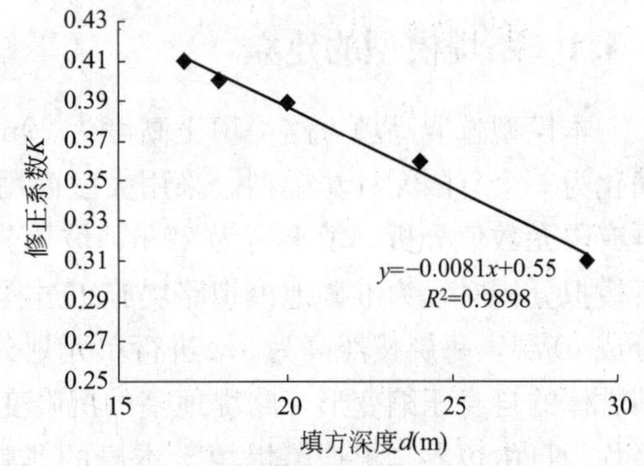

图 6-8 修正系数 K 与填方深度 d 关系

则修正系数与填方深度的关系式为：

$$K=-0.0081d+0.55 \tag{6-16}$$

式中 d——填方深度。

通过图 6-8 中，可以发现修正系数与填方深度为线性关系，呈负相关性，随着填方深度越大，修正系数越小。由于本工程的最大填土深度为 29m，则适合于本工程黄土填料高填方路堤的沉降修正系数取值在 0.3～0.4 之间。这样，引入修正系数 K 后，修正后的填方体工后沉降计算公式为：

$$s'=K\times s=K\times\sum_{i=1}^{n}\Delta s_i=K\times\sum_{i=1}^{n}\frac{\Delta\sigma_i}{aP_{\mathrm{i}}^{\mathrm{b}}}H_i=\frac{1}{a}(-0.0081d+0.55)\sum_{i=1}^{n}\frac{\Delta\sigma_i}{P_i^{\mathrm{b}}}H_i \tag{6-17}$$

式(6-17)即为引入修正系数 K 之后的基于幂函数拟合的改进分层总和法计算公式。通过表 6-4 对比分析计算结果与实测结果，提出了修正系数公式，使修正后的基于幂函数拟合压缩模量与压力曲线关系的改进分层总和计算方法所得沉降量与实测工后沉降值最为接近。因此，本节提出的计算公式(6-17)，可作为本综合压实技术处理的黄土高填方路堤的堤身工后沉降的一种实用计算方法。

6.4 有限元补充分析

随着计算机软件技术的发展和计算方法的不断创新以及国内外学者的努力研究，数值模拟分析法已经得到了进一步的发展，将成熟的有限元理论运用到了计算机软件中，而且其计算结果的精度和可靠性也越来越高。土体的边界和变形特性可以很好地、全面地被数值分析考虑在内。自从 1966 年以来，伍德沃德和克拉夫在研究土坝的受力变形情况时首次运用有限元模拟计算法，使得有限元计算分析法在以后的岩土工程中不断应用，对实际工程中的问题分析非常方便，也为工程带来了极大经济效益。对本工程来说，在分析路堤变形规律和计算路堤沉降方面，有限元法是一种相对较为完善的方法，适合处理复杂边界及非线性问题[46]，用于重点地段、重要工程。有限元法将力学、数学和计算机三方面的知识相结合，就是由于该方法的灵活、快捷和有效性，使其在工程实际应用中快速发展，成为岩土工程领域中一种常用且最有效的分析计算方法[47]。大型有限元分析软件 ABAQUS 是目前功能最强大、最灵活的软件，可以反映土体的真实应力-应变，模拟复杂的工程，计算分析各种复杂问题。通过应用 ABAQUS 软件模拟高填方路堤的填筑过程，从而更好地对路堤的自身沉降变形规律及趋势进行分析探讨，为高填方路基的设计与修建提供了一些重要的参考价值。

6.4.1 路堤模型的建立

本模型选取高填方路堤填土高度为 29m 的 K4＋050 断面进行模拟分析，将实际工程简化为一个有限元计算模型。采用大型商用有限元模拟软件 ABAQUS 对该工程进行了二维有限元数值分析，填土高为 29m，坡比为 1∶1.5，路堤顶宽度为 32m。在用有限元进行模拟分析时，为准确地模拟路堤施工过程，按照施工顺序，将路堤根据其填土深度共划分成 10 层，每层按照高为 3m 进行单元划分，最后一层按 2m 进行单元划分。由于只研究填方体的自身压缩变形，路堤地基的沉降变形不考虑，路堤底部则采用固定边界条件，其余均为自由边界。根据路堤填土本身的非弹性和非线性的特点，土体变形选用弹塑性模型。路堤填筑料的应力应变关系采用摩尔-库仑[48]屈服准则，通过大量的实际工程也证明，摩尔-库仑模型简单实用，计算可靠，贴近实际工程情况，因此，在岩土工程界广泛应用。路堤分层情况见图 6-9。

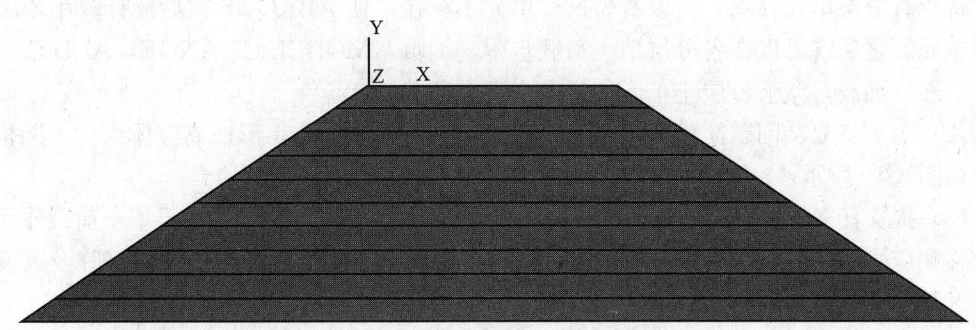

图 6-9 路堤模型

该摩尔-库仑模型总共具有五个参数，为了克服用有限元法计算路堤沉降中土体模型参数选取的困难，本书主要以实际工程为依托，根据现场地质勘察及室内试验来确定土体的各项参数。为真实反映黄土填料压缩模量随填土深度的变化情况，每层填料的密度和弹性模量分别按照上述固结压缩试验取值，模拟路堤所需的其他各项力学参数，结合相似填料的三轴试验数据，按表 6-5 取值[49~51]。

黄土力学参数 **表 6-5**

泊松比 μ	黏聚力 c/(kPa)	摩擦角 φ	剪张角 ψ
0.3	56.9	30	23

6.4.2 有限元分析基本假定

对于实际的高填方路堤工程来说，由于其影响因素众多，路堤在施工过程中的实际受力状况是相当复杂的，为了可以考虑到对路堤的主要影响因素，更好地模拟出填方体的受力过程，并能方便地分析填方体沉降变形规律和计算高路堤自身变形，提出以下假定[52]：

(1) 黄土填料为理想弹塑性体。(2) 不考虑时间影响，每层土体是一次性填筑，填筑时间对路堤沉降不产生影响。(3) 忽略土体孔隙水压力和固结过程对填方体变形的影响。(4) 在填筑体的作用下，只考虑路堤的自身压缩变形，不考虑地基的变形，其模拟的变形结果主要是由填方体引起的。(5) 忽略行车荷载，主要研究填筑体料自重作用下产生的变形。

6.4.3 分层模拟施工步骤

高填方路堤在实际施工过程中是分层填筑，需填料的压实度达到要求之后，再进行下一级的填筑，依次从下到上填筑并压实。也就是说在填第一层土时，第二、三以上土层还未施加，是不存在的。因此，在模拟分析过程中，我们在模拟填土分层加载时需用到单元生死功能。在 ABAQUS 有限元软件中，可以通过模型改变（MODEL CHANGE）来实现这个过程。

具体步骤：

(1) 首先，建立一个二维的高填方路堤模型，按 3m 高进行单元划分，在加载开始前，共建立十个分析步，其次，在 inp 文件中编辑 * MODEL CHANGE，REMOVE 语句，将所有分层单元移除，可以看做这些单元不存在，使 ABAQUS 在后续计算中不考虑整个单元。之后就可以在各分层填土荷载步中，编辑 * MODEL CHANGE，ADD 语句使其可以逐一加载，激活各层土单元，且考虑重力荷载。

（2）为了将复杂问题简单化，将其用四边形进行网格划分，形成离散体结构，网格划分图如图 6-10 所示。

（3）提交任务以后，进入 Visualization 后处理模块，求得路堤在各层填土荷载作用下的位移和应力[53~57]，以及其变形云图，从而分析路堤在填土荷载作用下的沉降及其发展规律。其中竖向位移就是所要求的路堤自身压缩变形量。

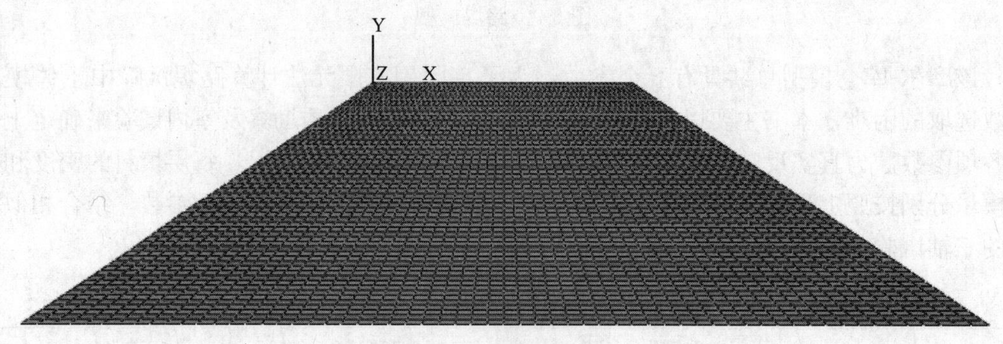

图 6-10　网格划分图

6.4.4　分层模拟结果及分析

路堤的垂直应力云图（ABAQUS 中为 Min，Principal)、竖向和水平变形云图分别如图 6-11～图 6-13 所示。

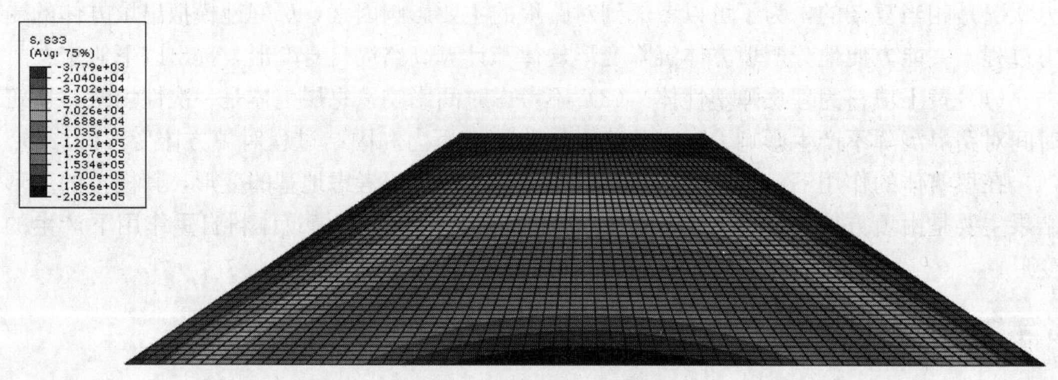

图 6-11　垂直应力云图

6.4.4.1　垂直应力云图

图 6-11 为施工结束后路堤的垂直应力云图。由图中数据列表可知，垂直应力分布情况，深色区域为路堤在填土荷载作用下的垂直应力最大位置处，出现在路堤全断面中间底部，最大主应力基本随上填土深度的增加而线性增加，越往路堤下部应力越大，可见本次对路堤的分层填土模拟是合理的。

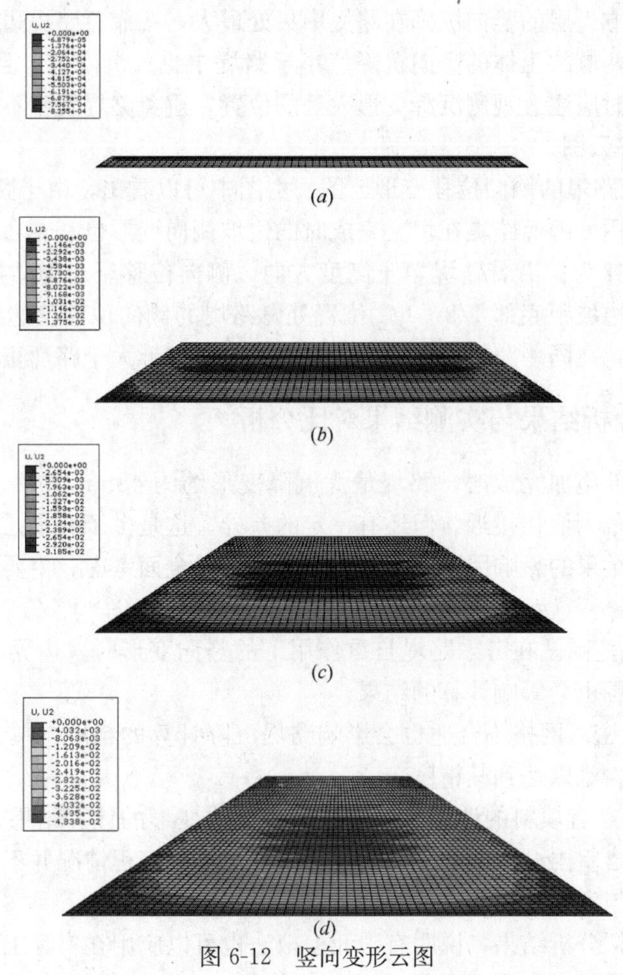

图 6-12　竖向变形云图

（a）第一层填土；（b）第五层填土；（c）第八层填土；（d）第十层填土

6.4.4.2　竖向位移云图

图 6-12(a)～(d)为模拟路堤施加各层填土荷载的竖向位移变形云图，是典型的加载过程变形图，分别为填筑第一层填土、第五层填土、第八层填土和第十层填土。对其分析结果如下：

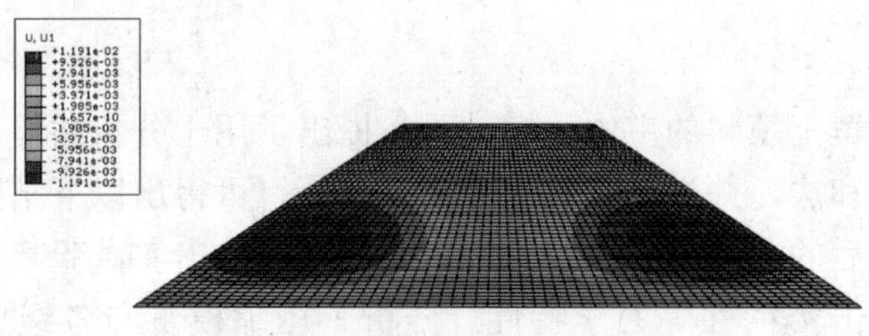

图 6-13　水平变形云图

（1）第十层填土为路堤填筑完成后的变形云图。由于施工过程采用的是分层加载的模拟过程，因而，由图中第十层填土完成时的变形云图来看，沿高度方向，由于路堤顶部上方不再施加荷载，所以最大竖向沉降变形不是发生在填筑体的顶部，而是发生在距路堤底部中心 1/3～1/2 位置处。

（2）路面正下方土层的竖向沉降在路堤中央处最大，在靠近路堤边缘处略微偏小。在同一高度处，路堤两侧的土体的竖向沉降值小于路堤中央处沉降值，且近似呈“凹”形。因此，在路堤施工时应注意观测沉降变形大处的位置，避免路堤发生不均匀沉降。

6.4.4.3 水平位移云图

图 6-13 为模拟路堤的侧向位移变形云图。由图中可以看出，由于路堤是左右对称的，且只受填土荷载作用，因而路堤在填土完成时的边坡侧向变形也是左右对称的。路堤边坡的侧向位移变形规律为：沿着路堤填土高度方向，侧向位移呈近似“抛物线”变化的形式，且在靠近路堤边坡距底部 1/3～1/2 位置处，路堤的侧向位移值达到最大，在底部和顶部位置相对较小。在同一路堤高度处，边坡处的水平变形大于路面正下方土体的。

6.4.5 有限元分析结果与实测结果对比分析

当填土荷载全部施加完成时，路堤最大沉降变形约为 48mm 左右。运用有限元模拟的变形结果与实际观测值相接近，但还有一定的差异。这是由于有限元分析法的模拟过程复杂，对数值计算结果的影响因素众多，在分析中难以全面考虑。主要原因可以归纳为以下几方面：

① 边界条件及范围。在考虑路堤自重作用下的竖向变形时，边界范围决定单元数的数量，所以边界范围也会影响计算的结果。

② 网格划分疏密。网格不合适也会影响路堤沉降计算的精度，单元网格划分过密会使计算结果不收敛，难以达到其精度。

③ 填料参数。还有填料的计算参数选取也会影响变形的计算结果，本书采用的填料的物理力学参数来自室内试验和类似的工程经验，与实际工程情况并不是完全相符，从而使有限元分析结果与实测结果略有差异。

通过以上的模拟分析结果，说明有限元模拟法也可以应用在实际工程中。不仅可以用来分析高填方路堤的竖向变形规律及水平变形规律，还可以模拟路堤的实际应力分布情况，能更加清楚地反映其受力变形特征，客观了解整个路堤各土层的沉降变形规律。比较准确地模拟了路堤施工过程以及黄土填料压缩模量随填土深度的变化情况，对于指导高填方路基的设计与修建及其控制沉降具有重要的参考价值。

6.5 本章小结

本章基于压实后黄土填料的室内压缩试验，提出了用于分析路堤自身沉降的基于幂函数拟合的改进分层总和法，并进行了有限元补充分析，可得出以下结论[58]：

（1）通过对压实后的黄土填料进行了室内压缩试验、击实试验等，详细研究了压实黄土的压缩变形特性、击实特性等力学特性。分析了压缩模量与各级压力的 E_s-P 曲线关系。通过对比三种函数拟合的 E_s-P 关系曲线，发现用幂函数拟合的相关性最好，说明压缩模量与压力的关系可用 $E_s=aP^b$ 幂函数来表示，且与实际情况的 E_s-P 曲线相吻合。研究了黄土填料的含水量与压力对压缩变形系数的影响，各压缩变形系数是随着含水量、压力的增大而增加的。因此，含水量对黄土填料的高填方路堤压缩变形量有很大的影响，施工时应注意控制黄土填料的含水量，从而减小路堤的工后沉降，同时也为类似黄土填料工程的设计与修建及沉降计算提供了参考依据。

(2) 考虑了传统的压缩模量与压力曲线关系分层总和法沉降计算方法的优点和缺点，提出了用于分析路堤自身沉降的基于幂函数拟合的改进分层总和法，该方法不但考虑了填方体填筑的逐级加载过程，而且考虑了压缩模量随实际压力区间的变化。在此基础上，本章提出的沉降计算公式（6-17）进一步引入了工后沉降修正系数 K，可作为黄土高填方路堤（本综合压实技术处理后）的堤身工后沉降的一种实用计算方法。

(3) 本章通过对整个高填方路堤建立有限元模型，采用摩尔-库仑模型以及施工分层模拟的方法，分析得出路堤的沉降变形规律为：在同一高度处，竖向变形在路堤中心处变形量最大，两侧变形量相对较小，且近似呈“凹”形，侧向位移呈近似“抛物线”变化的形式。路堤的最大竖向变形和侧向变形分别位于距路堤底部中心 1/3～1/2 位置处、靠近路堤边坡距底部 1/3～1/2 高度位置处。

参考文献

[1] 韩选江．土力学和地基工程［M］. 上海：上海交通大学出版社，1990.

[2] 殷宗泽等．土工原理（第二版）［M］. 北京：中国水利水电出版社，2007：60～61.

[3] 黄文熙．土的工程性质［M］. 北京：水利水电出版社，1983.

[4] 魏汝龙．整理压缩试验资料的一种新方法［J］. 水利水运科学研究，1980，(3)：90～93.

[5] 魏汝龙．三维变形条件下的最终沉降量计算［J］. 水利水运科学研究，1979，(2)：50～84.

[6] 刘保健，张军丽．土工压缩试验成果分析方法与应用［J］. 中国公路学报，1999，12 (1)：37～42.

[7] 刘保健，谢永利，李又云．公路软基在变荷载条件下的沉降计算［J］. 中国公路学报，2000，13 (4)：21～25.

[8] 李仁平．用双曲线切线模量方程计算地基非线性沉降［J］. 岩土力学 Vol. 29 No. 1987～1992.

[9] 丁洲祥，龚晓南，李又云，刘保健．割线模量法在沉降计算中存在的问题及改进探讨［J］. 岩土工程学报，2005，27 (3)：313～316.

[10] 李又云，谢永利，刘保健．修正割线模量法在沉降计算中的应用［J］. 公路交通科技，2008，09：58～62.

[11] LambeT. W.，Methods of estimating settlement ［J］. J. Soil Mech. Found. Divison，ASCE，1964，90 (5)：43～67.

[12] 张诚厚，袁文明．剪切变形引起的沉降量的计算方法［J］. 高速公路软基处理，中国建筑工业出版社，1997.

[13] 高大钊，袁聚云．土质与土力学［M］. 北京：人民交通出版社，2001.

[14] 陈火红．Marc 有限元实例分析教程［M］. 北京：机械工业出版社，2002，9.

[15] 罗晓辉．粘性土地基沉降计算方法分析［J］. 武汉城市建设学院学报，1996，13 (3)：67～72.

[16] Biot M. A.．General theory of three-dimentional consolidation ［J］. J. of Applied Phys.，1991，V01. 12：2～18.

[17] Schiffman R. L.，Chen A. T. F.，An analysis of consolidation theories ［J］. J. of S. M. and F. Division，SCE，1969，V01. 95，No. SMl：50～70.

[18] Duncan J. M.，Limitmions of Conventional Analysis of Consolidation Settlement ［J］. J. Geotech. Engrg.，ASCE，1993，l 19 (9)：1333～1359.

[19] B. Indraratn, A. S. Balasubramaniam, N. Sivaneswaran. Analysis of Settlement and Lateral Deformation of Soft Clay Foundation Behavior Two Full-Scale Embankments [J]. International Journal for Numerical and Methods in Geomechanics, 1997 (21), pp599～618.
[20] 於永和，李素艳．施工过程中的高填方路堤自身沉降计算有限元分析 [J]. 中外公路，2006，(05)：137～141.
[21] 逄成万，丁海峰，袁启旺．高填方路堤沉降特性数值模拟分析 [J]. 市政技术，2010，(03)：141～143.
[22] 梁莉，何兆益，谢强．万州五桥机场高填方路堤沉降的有限元分析 [J]. 地下空间与工程学报，2007，(05)：806～810.
[23] 许兴旺，李肖伦．湿陷性黄土地区客运专线路基沉降观测分析 [J]. 岩土力学，2010，(01)：233～236.
[24] 龙锦永．杜康沟高路堤设计施工及沉降观测工作简介 [J]．路基工程，1986，(01)：104～106.
[25] 李善皋．黄土路堤竣工后下沉量的估算 [J]. 路基工程，1989，26 (5)：91～93.
[26] 张占荣，盛谦，朱泽奇等．路堤沉降分析的修正分层总和法研究 [J]. 长江科学院院报，2010，27 (3)：50～53.
[27] 郑治．路堤自身压缩的分层总和法 [J]. 华东公路，1996，(5)：51～54.
[28] 杨晶，白晓红．对采用割线模量法进行沉降计算所存在问题的探讨 [J]．太原理工大学学报，2014，45 (2)：275～277.
[29] 李传勋．压实黄土荷载、变形与时间关系及应用问题的研究 [D]. 西安：长安大学，2003.
[30] 王志亮．分层总和法计算高速沉降的修正研究 [J]．水运工程，2004，(01)：21～23.
[31] 於永和，李素艳．施工过程中的高填方路堤自身沉降计算有限元分析 [J]．中外公路，2006，26 (5)：137～141.
[32] 吴俊，陈开圣，龙万学．高填方路基沉降变形有限元数值模拟 [J]．公路工程，2009，(02)：27～29.
[33] 刘保健．公路路基沉降过程试验与理论分析 [D]. 西安：西安理工大学，2004.
[34] 钱家欢，殷宗泽．土工数值分析 [M]. 北京：中国铁道出版社，1991.
[35] 杨位洸，地基及基础 [M]. 北京：中国建筑工业出版社，1998.
[36] 折学森．软土地基沉降计算 [M]. 北京：人民交通出版社，2000.
[37] 杨光华，地基沉降计算的新方法 [J]. 岩石力学与工程学报，2008，27 (4)：679～686.
[38] LI Hua. Equation for Complete Compaction Curve of Finegrained Soils and Its Applications [M]. ASTM Special Technical Publication , 1999.
[39] 邓文龙，周正茂．土的压缩模量 E_s 的一种取值方法 [J]. 工业建筑，1996，26 (10)：34～37.
[40] 陈开圣，沙爱民．压实黄土变形特性 [J]．岩土力学，2010，31 (4)：1023～1029.
[41] 杨晶，白晓红．压实黄土非线性压缩应力-应变关系在地基沉降计算中的应用 [J]. 岩土力学，2015，(04)：1002～1008.
[42] 彭长学，杨光华．软土 e-p 曲线确定的简化方法及在非线性沉降计算中的应 [J]. 岩土力学，2008，29 (6)：1706～1710.
[43] 曹文贵，邓湘君，张超．基于 Duncan-Chang 模型的地基沉降分层总和分析方法探讨 [J]. 岩土工程学报，2013，35 (4)：643～649.
[44] 张俊．高填方黄土路堤沉降规律研究 [硕士论文]. 长安大学，2004.
[45] 王琛艳．高填方路基沉降变形规律计算分析与研究 [硕士论文]. 重庆交通学院，2005.
[46] 丁皓江等．弹性和塑性力学中的有限单元法（第二版）[M]. 北京．机械工业出版社．1996.
[47] 谢康和，周健．岩土工程有限元分析理论和应用．科学出版社．2002.

［48］ 刘涌江，邓卫东．高速公路路堤稳定性与沉降变形规律研究［J］．公路交通技术，2005（5）．
［49］ 梁晓波．非饱和压实黄土本构模型研究［D］．兰州：兰州大学，2011.
［50］ 张国信．压实黄土路基变形影响因素的数值分析［D］．兰州：兰州地震研究所，2013.
［51］ 张卫兵．黄土高填方路堤沉降变形规律与计算方法的研究［D］．西安：长安大学，2007.
［52］ 王琛艳．利用 ANSYS 进行高路堤自身沉降变形分析［J］．徐州建筑职业技术学院学报，2008，（03）：4～7.
［53］ Lame T W. Method ofestimating settlement. Proe. ASCE，1964，90（SMS）：43～67.
［54］ 李志高，刘国明，欧志东．高填路基稳定问题的非线性有限元分析．福州大学学报（自然科学版），2003，31（1）：73～77.
［55］ 贾宁，陈仁朋，陈云敏等．杭甬高速公路加宽工程理论分析及监测．岩土工程学报，2004，26（6）：755～760.
［56］ 顾长存，杨庆刚，张铮．土工格栅加筋软土路堤的数值分析．河海大学学报（自然科学版），2005，33（6）：677～650.
［57］ 章定文，刘松玉．软土地基高速公路扩建工程中新老路堤相互作用数值分析．中国公路学报，2006，19（6）：7～12.
［58］ 侯亚玲．适用于黄土填料高填方路堤的沉降计算方法［D］．太原：太原理工大学，2016.

第 7 章　填方体工后沉降的预测方法

高填方工程中填方体的沉降与稳定是最重要的两个方面。填方工程施工完成后，填方体在自重、车辆动荷载等作用下沉降仍在继续，过大的沉降、不均匀沉降会严重威胁到路堤及行车安全。因此，对填方体工后沉降的预测显得尤为重要。本章介绍工程中用于工后沉降预测的多种预测方法，着重阐述最常用的五种曲线拟合沉降预测模型，并结合太原市阎家峰高填方路堤这一工程实例对五种预测模型加以对比分析，探究出一种新的组合预测模型——泊松-指数组合模型，该组合模型与泊松、指数两种独立的曲线模型相比，预测精度得到进一步提高。

7.1　路堤沉降预测模型简介

路堤沉降预测模型从一维发展到三维，复杂程度逐渐增大，同时预测的精度也越来越高，不同的沉降预测模型具有不同的特性。高填方工程中可以根据工程的实际情况，结合不用预测模型的计算机理，筛选出一种或几种适合的模型。本节内容主要介绍一些工程中常用到的路堤沉降预测模型。

7.1.1　传统预测法

传统预测法是以太沙基理论为基础，其中单向分层总和法的应用最为广泛。分层总和法[1]是一种近似的计算方法，是假定了土层的压缩是在有限范围内发生的，认为每一薄层土内的应力是一致不变的，并且忽略了土体的侧向变形，这样将计算出来的各个土层的压缩量叠加起来作为最终地基的沉降量。

传统预测法同单向压缩一样，基本公式不考虑侧向变形。可用室内压缩试验确定的参数（e_i、E_s、a）计算沉降量，计算公式如下：

$$e_2=e_1-(1+e_1)\frac{s}{H} \tag{7-1}$$

变换后可得：

$$s=\frac{e_1-e_2}{1+e_1}H \text{ 或 } s=\frac{a}{1+e_1}\sigma_z \cdot H=\frac{\sigma_z}{E_s}H \tag{7-2}$$

式中　H—— 压缩土层的厚度；

e_1—— 原有的土中“原始应力”p_1 对应的孔隙比；

e_2—— 现有的土中“总和应力”p_2 对应的孔隙比。

基础最终沉降量 s 的基本公式表达如下：

$$s=\sum_{i=1}^{n}s_i \tag{7-3}$$

由

$$s_i=\frac{e_{1i}-e_{2i}}{1+e_{1i}}H_i=\frac{a_i\Delta P_i}{1+e_{1i}}H_i=\frac{\Delta P_i}{E_{si}}H_i \tag{7-4}$$

得到：

$$s=\sum_{i=1}^{n}\frac{e_{1i}-e_{2i}}{1+e_{1i}}H_i=\sum_{i=1}^{n}\frac{a_i\Delta P_i}{1+e_{1i}}H_i=\sum_{i=1}^{n}\frac{\Delta P_i}{E_{si}}H_i \tag{7-5}$$

式中 e_{1i}—— 第 i 层土的自重应力平均值对应的孔隙比；

e_{2i}—— 第 i 层土的自重应力平均值与附加应力平均值之和对应的孔隙比；

a_i—— 第 i 层土的压缩系数；

E_{si}—— 第 i 层土的压缩模量。

7.1.2 有限元法

有限元法[2]实质上是一种近似计算方法，它将有限的求解域剖分开来，使之变成一个由有限个元素组成的集合，用每个单元上的近似插值函数来表示整体未知待求函数。

有限元法的具体算法如下：把路堤和路基作为一个整体结构予以考虑，并将其划分为多个网格，使之形成一个离散的体系；之后在荷载的基础上，将任意时刻的路基与各点路堤加入应力与位移，并算出所求路基、路堤最终的沉降量。有限元法可以应用很多种本构模型（例如非线性弹性模型、弹塑性模型等），随着有限元法的不断创新与发展，目前在有限元法的适用范围之内，可以将一些更加复杂的计算关系考虑进来。

非线性的弹性模型是有限元法分析模型当中应用范围最广的一种模型。在沉降预测分析中应用有限元法，可以很好地反映出路堤沉降受到路堤侧向变形影响的情况，其原因是有限元法将路堤出现的二维或者是三维变形的情况也当作了预测数值的范围之一。有限元法在预测沉降时，会结合更多的影响因素加以考虑，如路基边界的复杂条件、路堤与路基之间的相互作用、土颗粒骨架与水之间的应力或合效应、历史上的土体应力及其应变关系等非线性的特性。有限元法还能将现场的超填土处理问题与现场的逐级加荷问题模拟出来，并取得土体任一时刻的有效应力、孔隙应力、水平位移与沉降情况的数据变化。根据这些数据资料便可以计算出路堤的沉降速率与总沉降量的结果，且计算出的结果与实测的结果较为接近。从理论上来看，有限元法在预测沉降方面，是一种相对完善的预测方法，在计算机科学快速发展的背景下，此法也越来越被人们所重视。

有限元法有很多优点：（1）能够从二维和三维的角度分析路堤变形问题；（2）能够在土体分析中应用非线性弹性的本构模型和黏弹塑性本构模型；（3）能够根据应力历史的不同，采用不同的弹性模量计算公式；（4）能够全面综合考虑复杂的边界条件，土体与结构的共同作用，土体的各向异性等问题。从以上来看可以说有限元法是一种比较完善的方法，在计算机科学快速发展的背景下，该方法会向精确化、信息化进一步发展。但是，有限元法也存在着其自身的不足，有限元法用于路堤的沉降预测时，所需要计算的参数太多、过程比较复杂、工作量大且需要进行三轴试验来确定最终的预测数据。因此，在一些重要的工程、重要的路段采用有限元法进行沉降预测。

7.1.3 反分析法

反分析法[3]是动态设计最重要的组成部分，它在空域和时域内对工程进行反馈分析。在进行反演分析时，目标参数为可调集，工程中的实际监测数据为反演计算的标准值，也就是约束集。使可调集在允许的范围内变动，由此计算得到的理论值与约束集相比较，使理论值向约束集靠拢，当满足拟合精度时，此时得到的可调集就是反演参数值。将参数值代入计算模型再求下一步的理论值，或者将反演得到的参数应用在该地区类似工程中。这种利用监测信息反求参数，再利用参数进行预测的方法就是反演理论的基本思想。下面介绍正反分析法。

正反分析法[4]是数值分析法与数学优化方法相结合的产物。通过不断修正土的未知参数，使得相应的数值分析计算值也得到修正，与实测值的差异越来越小。在正反分析法中，把一些实测值与相应的数值分析计算值两者差的平方和作为目标函数 J，即

$$J=\sum_{i=1}^{m}(S_i-S_i^*)^2 \tag{7-6}$$

式中 m—— 实测值总数；

S_i^*—— 第 i 点实测值；

S_i—— 相应 i 点的数值分析计算值。

目标函数 J 也可定义为下式：

$$J=\sum_{i=1}^{m}\left(1-\frac{S_i}{S_i^*}\right)^2 \tag{7-7}$$

S_i 是随着参数 $\{X\}_n$ 的变化而变化的，可以认为 S_i 是 $\{X\}_n$ 的函数，通过反分析可以确定 $\{X\}_n$ 的变量总数，则 J 也是 $\{X\}_n$ 的函数，这就转换成计算 J 的极小值问题，求得极小值时，$\{X\}_n$ 就是反分析得到的结果。

7.1.4 BP 神经网络法

神经网络系统[5~7]是一种复杂的非线性网络系统，由大量的、同时也是很简单的神经元广泛地互相连接而成，其具有很强的并行处理、分布式存储、高度的非线性映射能力，而且具有自适应、自组织、自学习的特点，在工程中有很大的发展潜力。神经网络预测路堤沉降，只需要建立一个适用路堤沉降问题的神经网络模型，通过实测数据样本对网络进行训练，然后利用学习完成以后的网络对后期路堤沉降进行预测。

BP 神经网络法基于 MATLAB，神经网络工具箱是 MATLAB 环境下所开发出来的许多工具箱之一。它是以人工神经网络理论为基础，用 MATLAB 语言构造出典型神经网络的激活函数，使设计者对所选定网络输出的计算变成对激活函数的调用。另外，根据各种典型的修正网络权值的规则，加上网络的训练过程，用 MATLAB 编写出了各种网络权值训练的子程序，直接调用即可。路堤沉降受多种因素的影响和制约，其变化的自然规律很难用一个显式的数学公式予以表示。而人工神经网络是这一领域的一个突破，该方法视传统函数的自变量和因变量为输入和输出，将传统的函数关系转化为高维的非线性映射，而不是显式的数学表达式。该方法在处理非线性问题上，具有独特的优越性。在针对路堤

沉降预测时，就是利用实测资料对复杂的非线性的土工结构进行直接建模。具体做法是：先应用ANN建立沉降影响因素参数（如处理方式、填土层厚度、地基硬壳层厚度、填土类型、填土的压缩模量、硬壳层的压缩模量、路堤宽高比、施工期和竣工时沉降量等）与沉降之间的非线性关系，再将待测点的实测沉降影响因素参数输入到已训练好的网络中，即可得到预测的沉降量。

虽然神经网络法得到了广泛的应用，但也存在自身的限制与不足，具体表现如下：(1) 对于一些复杂问题的处理，该方法可能需要进行长时间的训练才能满足预测精度的要求；(2) 不能训练完全，神经网络有可能出现麻痹现象；(3) 在求解复杂问题时可能陷入局部极小值，不能保证所求解为误差平面的全局最小解。

下面介绍一种常用的BP神经网络法：

BP神经网络法通过三次样条插值将非等时间序列的观测值转化为等时间序列值，然后用序列的前 P 个值预测后一个沉降值。网络模型为 $P—M—1$，P 为输入个数，M 为网络中间层数目，1为网络输出值。其预测模型可以表示为：

$$S(t)=y[S(t-1),\cdots,S(t-P)] \tag{7-8}$$

式中 y—— 作用函数；

P—— 输入节点数。

可建立 N-P 个样本进行训练。预测结果也是等时间间隔，对结果再次进行三次样条插值，就可获得预测时间段内任意时刻的沉降量，因此选取适当的最终沉降完成时间便可以预测出路堤的最终沉降量。

7.1.5 遗传算法

遗传算法[8]是一种具有高度并行、随机、自适应搜索的新计算方法。路堤沉降非线性的模型的参数识别实质上是一个优化问题，而建立在种群遗传和自然选择的基础上，模拟了自然界“物竞天择，适者生存”的遗传算法是处理复杂优化问题的理想方法。

遗传算法的基本思路是模拟生物的进化过程，染色体是生物进化遗传物质的主要载体，染色体的演化过程是一个复制、杂交、变异、竞争和不断选择的过程。遗传算法通过模拟这一进化过程进行沉降预测。该方法同常规的优化方法（如梯度下降法）相比，遗传算法不直接和模型参数接触，而是处理代表参数的编码；遗传算法在整个操作过程中，同时控制着一个解群，而不是局限于某一个点，这就大大提高了搜索效率，并避免陷入局部极值；求解过程中，不计算目标函数的微分，故对目标函数和约束条件没有苛刻要求，这在处理高度非线性问题方面与传统方法比较，具有明显的优势。

遗传算法中，路堤的沉降规律可以用如下非线性模型表示：

$$s=s_{\infty}(1-ae^{-bt}) \tag{7-9}$$

式中 t—— 沉降时间；

s—— 时间 t 的沉降量；

s_{∞}—— 路堤的最终沉降；

a，b—— 模型的参数。

根据优化问题的约束条件，选择编码长度、父代、优秀个体个数以及变异概率，根据观测数据（t，s）来求解式(7-9)中的 s_{∞} 和 b。

优化准则函数为：

$$Q=\left(\sum_{i=1}^{n}\left[s-s_{\infty}(1-ae^{-bt})\right]^2\right)_{\min} \tag{7-10}$$

选取 b 和 s_{∞} 的变化区间，通过遗传算法，最后得到最优估计结果。得到观测点的优化参数后，可求得路堤变形稳定的沉降 s_{∞}、各点的沉降差、任意时刻 t 的沉降（或者固结度），或达到某一沉降（或固结度）所需要的时间。

7.1.6 Asaoka 法[9,10]

一维固结问题中，Mikasa[11] 的固结微分方程采用的应变形式表达如下：

$$\frac{\partial \varepsilon(t,z)}{\partial t}=C_{\mathrm{v}}\frac{\partial^2 \varepsilon(t,z)}{\partial z^2} \tag{7-11}$$

式中 $\varepsilon(t,z)$—— 竖向应变；

t—— 时间；

z—— 排水距离

C_{v}—— 固结系数。

Asaoka 认为，以体积应变表示的一维固结方程可近似地用一个以级数形式的微分方程表示：

$$s+a_1\frac{\mathrm{d}s}{\mathrm{d}t}+a_2\frac{\mathrm{d}^2 s}{\mathrm{d}t^2}+\cdots+a_n\frac{\mathrm{d}^n s}{\mathrm{d}t^n}=b \tag{7-12}$$

a_1，a_2，…，a_n 以及 b 均为取决于固结系数和土层边界条件的常数，式中 s 为总固结沉降量。

一般情况下，微分方程取第一阶，即 $n=1$ 就可以满足精度要求，即：

$$s+a_1\frac{\mathrm{d}s}{\mathrm{d}t}=b \tag{7-13}$$

式(7-13) 写成差分格式：

$$s_i=\beta_0+\beta_1 s_{i-1} \tag{7-14}$$

式(7-14) 中的 β_0、β_1 用最小二乘法可求得。

根据式(7-14) 逐步递推得到最终沉降预测表达式：

$$s_i=\frac{\beta_0}{1-\beta_1}-\left(\frac{\beta_0}{1-\beta_1}-s_0\right)\beta_1^{i-1} \tag{7-15}$$

取 $i\to\infty$，s_i 即为沉降极限值：

$$s_{\infty}=\lim_{i\to\infty}s_i=\begin{cases}\infty & \beta_1>1\\ \beta_0/(1-\beta_1) & 0<\beta_1<1\end{cases} \tag{7-16}$$

当 s_{∞} 趋于无穷大时，表示沉降还在继续进行阶段，没有到达收敛期；当 s_{∞} 趋于 $\beta_0/(1-\beta_1)$ 时，说明沉降进入收敛期，可以进行最终沉降预测。

7.1.7 GM(1，1) 灰色预测法

灰色系统理论[12]的特点是研究对象指已知部分信息，是一种具有不确定性的系统。用“黑”表示完全未知的信息，用“白”表示完全已知的信息，由于环境对系统制约而得

到的离散型数据为“灰”[13]。通过对现有已知的一部分信息的分析开发，将有价值的信息提取出来，从而对系统运行规律做出解析，然后进行有效控制。原始数据不断白化的过程中，建立微分方程，其解作为动态系统的控制模型。工程中采用最多的就是 GM(1，1) 模型。以下为建立灰色预测模型 GM(1，1) 过程：

首先平均时间间隔：

$$\Delta t_0=\frac{1}{n-1}\sum_{i}^{n-1}\Delta t_i=\frac{1}{n-1}\sum_{i}^{n-1}(t_{i+1}-t_i)=\frac{1}{n-1}(t_n-t_1) \tag{7-17}$$

$i=1，2,\cdots，n$。

然后计算等间隔的路基沉降序列。

各时段的单位时差系数：

$$\mu(t_k)=\frac{t_k-(k-1)\Delta t_0}{\Delta t_0}\quad(k=1,2,\cdots,n) \tag{7-18}$$

各时段总的差值：

$$\Delta x_i^{(0)}(t_k)=\mu(t_k)\left[x_1^{(0)}(t_{k+1})-x_1^{(0)}(t_k)\right] \tag{7-19}$$

则有等间隔点灰数值：

$$x_2^{(0)}(t_k)=x_1^{(0)}(t_k)-\Delta x_1^{(0)}(t_k) \tag{7-20}$$

于是得等间隔灰序列为：

$$x^{(0)}(k)=\{x_2^{(0)}(1),x_2^{(0)}(2),\cdots,x_2^{(0)}(n)\} \tag{7-21}$$

然后将 $x^{(0)}(k)$ 作累加得到累计沉降生成序列：

$$x^{(1)}(k)=\{x^{(1)}(1),x^{(1)}(2),\cdots,x^{(1)}(n)\} \tag{7-22}$$

式中

$$x^{(1)}(i)=\sum_{k}^{i}x^{(0)}(k)\quad(i=1，2,\cdots，n) \tag{7-23}$$

建立白化形式的微分方程：

$$\frac{\mathrm{d}x^{(1)}}{\mathrm{d}t}+ax^{(1)}=b \tag{7-24}$$

式中　a、b—— 待定参数。

式(7-24) 作离散化后：

$$y_n=B\hat{a} \tag{7-25}$$

$$y_n=\begin{vmatrix}x^{(0)}(2)\\x^{(0)}(3)\\\vdots\\x^{(0)}(n)\end{vmatrix} \tag{7-26}$$

$$B=\begin{vmatrix}-\frac{1}{2}\left[x^{(1)}(1)+x^{(1)}(2)\right] & 1\\-\frac{1}{2}\left[x^{(1)}(2)+x^{(1)}(3)\right] & 1\\\vdots & \vdots\\-\frac{1}{2}\left[x^{(1)}(n-1)+x^{(1)}(n)\right] & 1\end{vmatrix} \tag{7-27}$$

式(7-25) 中的灰参数列 $\hat{a}$ 可用最小二乘法求得：

$$\hat{a}=\{B^{\mathrm{T}}B\}^{-1}B^{\mathrm{T}}y_n=\{a,b\}^{\mathrm{T}} \tag{7-28}$$

将参数 a、b 代入式(7-20) 并求解得：

$$\hat{x}^{(1)}(k+1)=\left[x^{(0)}(1)-\frac{b}{a}\right]e^{-ak}+\frac{b}{a} \tag{7-29}$$

按下式作累减生成：

$$\hat{x}^{(0)}(k+1)=\hat{x}^{(1)}(k+1)-\hat{x}^{(1)}(k) \quad (k=1,\ 2,\cdots,\ n-1) \tag{7-30}$$

得还原序列：

$$\hat{x}^{(0)}(k)=\{\hat{x}^{(0)}(1),\hat{x}^{(0)}(2),\cdots,\hat{x}^{(0)}(n)\} \tag{7-31}$$

GM(1，1) 预测模型只有通过精度检验才能用于沉降预测，可采用的方法有残差大小检验、关联度检验等。

7.1.8 星野法、沉降速率法、三点法

星野法、沉降速率法、三点法[14]，这三种沉降预测方法在实际工程中较少使用，下面对这三种方法进行简单介绍：

(1) 星野法

星野根据现场实测值证明了固结是时间平方根的函数，总沉降为：

$$s=s_0+s_{\mathrm{t}}=s_0+\left[AK\sqrt{t-t_0}/\sqrt{1+K^2(t-t_0)}\right] \tag{7-32}$$

将上式改变为直线方程形式：

$$(t-t_0)/(s-s_0)^2=1/(A^2K^2)+(t-t_0)/A^2 \tag{7-33}$$

式中　$1/(A^2K^2)$—— 直线间距；

$1/A^2$—— 直线斜率。

计算时根据假定的几组 s_0、t_0 和实测的 s、t 点按式(7-33) 画成直线图，选择合适的(线性关系最好) 假定线，确定参数 A、K 值。则当时间趋于无穷大时可得：

$$s_{\infty}=s_0+A \tag{7-34}$$

星野法的适用条件：①需要实测 3 组以上的有效沉降数据，才能进行回归分析；②不适宜平缓的沉降曲线形式；③固结度 $U<50\%$。

星野法的优点：①计算方法简单，曲线收敛较为明显；②计算精度较高；③形式比较简单。

星野法的缺点：①需要反复进行假定和迭代，多次筛选初始时间和初始沉降量以确定最佳计算直线，计算量比较大；②适合于荷载瞬时施加，而实际工程中荷载都是逐级施加。

(2) 沉降速率法

沉降速率法是根据固结沉降公式建立的，假设 $s_{\infty}=ms_0$，则有：

$$s_{\mathrm{t}}=\left[(m-1)\left(\frac{P_{\mathrm{t}}}{P_0}\right)+(1-\alpha^{\mathrm{e}^{-\beta t}})\right]s_{\mathrm{c}} \tag{7-35}$$

式中　P_{t}、P_0—— t 时累计荷载和总的累计荷载；

m—— 综合性修正系数；

s_c—— 主固结沉降。

在恒载条件下，可导的沉降速率为：

$$s_t = A s_c e^{-\beta t} \tag{7-36}$$

$$A = [8/p_0 \pi^2] \sum_1^n q_n (e^{-\beta t_n} - e^{-\beta t_{n-1}}) \tag{7-37}$$

利用实测沉降速率 s_t 与时间 t 绘制 $\ln s_t$-t 关系曲线，其截距为 As_c，斜率为 β，这样 A 可算出，然后即可求得 s_c 及 m 值和最终沉降 s_∞。

沉降速率法的适用条件：①需要实测 3 组以上的有效沉降数据，才能进行回归分析；②恒载开始后实测沉降时间至少在半年以上；③从最开始加载计时，荷载和时间初始值不应为零。

沉降速率法的优点：①可以得出固结系数；②不需要绝对沉降量；③计算简便，易于掌握和应用。

沉降速率法的缺点：①数据要求全；②时间为零时的沉降速率不容易测定或者测量准确；③未考虑次固结沉降的影响。

(3) 三点法

在实际的沉降-时间关系曲线上，取得最大恒载时间段内的 3 点 s_1、s_2、s_3 且 $t_3 - t_2 = t_2 - t_1$，根据固结计算的普遍式 $U_t = 1 - \alpha^{e^{-\beta t}}$ 可得 s_∞，通过推导可得：

$$s_\infty = \frac{s_3(s_2 - s_1) - s_2(s_3 - s_2)}{(s_2 - s_1) - (s_3 - s_2)} \tag{7-38}$$

$$\beta = (1/\Delta t)\ln[(s_2 - s_1)/(s_3 - s_2)] \tag{7-39}$$

三点法的适用条件：①需要实测三组以上的有效沉降数值，且时间间隔相等；②实测沉降曲线基本处于收敛阶段；③不能进行回归分析。

三点法的优点：①只需三点就能计算，简单快捷；②适合手算。

三点法的缺点：①准确性不足，只能用于数据不足时的估算；②要求实测沉降曲线基本处于收敛阶段；③不能进行回归分析，且没有考虑次固结沉降的影响；④s_1、s_2、s_3 点的选取受主观因素影响较大。

7.1.9 五种曲线模型

7.1.9.1 泊松曲线沉降预测模型

泊松曲线又称为逻辑斯蒂曲线或推理曲线，使用泊松曲线拟合出的路堤沉降量与时间呈现“S”形关系。泊松曲线模型能够很好地反映路堤的沉降过程：对于饱和土而言，加载荷载时，路基会有初始沉降；对于非饱和土而言，加载荷载后，土颗粒孔隙中的空气被立即压缩，土颗粒骨架产生变形，初始时的荷载由土骨架、空气和水三者共同承担，在荷载作用下随着时间的推移，空气被压缩、排出，孔隙水也被排出，土骨架就会被进一步压缩，作用在水和空气上的应力现由土骨架承担。由于初始沉降的存在，沉降曲线不可能通过原点，泊松曲线能够很好地体现出这一特点。在第二节的内容中，通过黄土高填方工程对曲线模型的实例验证，泊松曲线模型的预测能够很好地反映路堤沉降的变化过程，与实际沉降数值的拟合程度较高。

泊松曲线拟合路堤沉降过程表现为四个阶段：①土体在承受上部荷载的初始时期，观测点处的土体还处于弹性状态，土颗粒中的孔隙水还未及时排出，但此时土体存在侧向变形，在侧向变形的影响下土体会出现瞬时剪切变形，随着荷载的不断增加，土体沉降量随着时间的增长近似呈现线性增加。②填方体逐层施工，高填方土体承受的荷载越来越大，土颗粒孔隙中的空气和水被排出，超静孔隙水压力逐渐减小，土体产生体积压缩变形，逐渐变密实，此时土体进入弹塑性状态。土体的塑性区不断发展，沉降速率的增长速度较快，直到荷载加载完成。③荷载不再增加时，此时土体的孔隙水压力充分消散，但是固结尚未完成。由于土体的固结以及蠕变作用，沉降会随着时间的推移继续增加，但是增长的速率明显降低。④当沉降时间为无穷大时，土体完成固结，沉降达到极限状态，此时的沉降量稳定于某一数值，沉降速率变为零，该数值就是填方体的最终沉降量。在使用泊松曲线模型预测填方体工后路堤沉降时，时间取足够大即可。

泊松曲线的表达式如下：

$$s_t=\frac{k}{1+a\mathrm{e}^{-bt}} \tag{7-40}$$

式中 s_t—— 第 t 次沉降预测值；

t—— 预测时间；

a，b，k—— 待定参数。

泊松曲线具有以下六个特点[15]：

①不通过原点性

当 $t=0$ 时，$s_0=k/(1+a)\neq 0$，因此曲线不通过原点。

②有界性

当时间 t 趋近于无穷大时，s_t 趋近于 k，即：

$$\lim_{t\to\infty} s_t=k$$

③单调递增性

随着时间的增长，s_t 也将不断地增长，即：

$$s'=kab\,(1+ae^{-bt})^{-2}>0$$

④呈“S”形

泊松曲线对时间 t 呈“S”形，即：

$$s''_t=ab^2ke^{-bt}(1+ae^{-bt})^{-3}(ae^{-bt}-1)$$

令 $M=ab^2ke^{-bt}(1+ae^{-bt})^{-3}>0$，则 $s''_t=M(ae^{-bt}-1)$，当 $t<\frac{\ln a}{b}$时，$s''_t>0$，开口凹向上方；当 $t>\frac{\ln a}{b}$时，$s''_t<0$，开口凹向下方，故呈“S”形。

⑤良好的灵敏性

⑥满足固结度条件

采用泊松模型进行填方体工后沉降预测时，建模时使用的工程沉降实测数据应足够多，实测的沉降数据越多，泊松预测曲线与实测的曲线拟合程度也越大，预测的精度也就越高。

7.1.9.2 双曲线沉降预测模型

双曲线法的计算原理是把实测沉降历时曲线看成是沉降随时间缓慢增加的双曲线。双曲线法又可以分为双曲线两点拟合法、双曲线多点拟合法。

(1) 双曲线两点拟合法

该方法是一种纯经验的曲线配合方法，用双曲线拟合实际沉降曲线的形态，之后通过曲线外延来推出某一时刻的沉降量以及路堤最终沉降量。实测沉降曲线（s-t 曲线）自拐点 B（a，s_c）开始采用双曲线进行拟合。双曲线两点拟合法的方程如下：

$$xy=K \tag{7-41}$$

$$x=a+t_c \tag{7-42}$$

$$y=s_c-s_t \tag{7-43}$$

式中 K—— 系数。

将 B 点的坐标代入式(7-41)，可得：

$$s_t=s_c\frac{t_c}{t_c+a} \tag{7-44}$$

将工程中对填方体实测的沉降曲线 s-t 上的两点（s_1，T_1）和（s_2，T_2）代入上式可得 s_c 和 a 值，总沉降为：

$$s=s_0+s_c \tag{7-45}$$

双曲线两点拟合法只利用了少量的沉降观测资料，因此拟合出的近似曲线精度在很大程度上受到这两点实测数据准确性的影响。当工程中实测数据很少时，可以采用双曲线两点拟合法，但是当停止加荷载后的实测沉降观测数值足够多时（大于三组）建议采用更为精确的双曲线多点拟合法。

(2) 双曲线多点拟合法

从填土开始到任意时间 t 的沉降量 s。可用下式求得：

$$s_t=s_0+\frac{t}{a+bt} \tag{7-46}$$

式中 s_0—— 初期沉降量（$t=0$）；

s_t—— t 时的沉降量；

t—— 经过时间；

a，b—— 从实测值求得的系数，变换式(7-46) 得：

$$\frac{t}{s_t-s_0}=a+bt \tag{7-47}$$

由式(7-47) 可以看出，a 和 b 分别为 $t/(s_t-s_0)\sim t$ 关系图中的截距和斜率，可以用图解法求出。将求到的 a、b 和 s_0 代入式(7-46)，此时若已知任意时刻 t，则可以预估沉降量 s_t。

当 $t=\infty$时，最终沉降量 s_∞ 可用下式求得：

$$s_\infty=s_0+\frac{1}{b} \tag{7-48}$$

由以上公式推导过程可知，双曲线多点拟合较两点拟合的精确度更高，更加接近实际沉降，用于路堤沉降预测更加合理。

为了保证双曲线多点拟合模型的准确性，其计算机理对模型适用条件以及适用范围有一定的要求。双曲线多点拟合模型的适用要求：(1) 以荷载恒定时的开始时间为零。实测三组以上的有效沉降-时间数据，才能进行回归分析；(2) 实测沉降时间至少在半年以上，且沉降速率按曲线递减。

双曲线多点拟合沉降预测模型的优点：(1) 计算简便；(2) 后期各个时间的沉降与实际沉降拟合较好，预测曲线与实际曲线在预压期内的走向基本一致；(3) 形式简单，适用性较强。

双曲线多点拟合沉降预测模型的缺点：(1) 初始时间与初始沉降量的选择非常关键；(2) 实测沉降曲线如果不按照双曲线进行递减时，计算结果误差增大；(3) 要求达到恒载状态的预压期时间长。

7.1.9.3 乘幂曲线沉降预测模型

乘幂曲线模型的计算机理比较简单，方程式中的参数值确定方便，很容易得到预测曲线的表达式。乘幂曲线的发展规律与实测沉降变化规律相似程度较大，在一定范围内能够预测工后沉降。

乘幂曲线的方程为：

$$s_{\mathrm{t}}=at^{b} \tag{7-49}$$

式中 t—— 时间；

s_{t}—— t 时刻的沉降；

a、b—— 待定系数。

通过变量代换将式(7-49) 化为线性模型，即对等式两边取对数，得到式：

$$\ln s_{\mathrm{t}}=\ln a+b\ln t \tag{7-50}$$

令 $\omega=\ln s_{\mathrm{t}}$，$\theta=\ln a$，则式(7-50) 转化为：

$$\omega=\theta+b\ln t \tag{7-51}$$

由式(7-51) 可见，θ 和 b 分别为 $\omega\sim\ln t$ 关系图中的截距和斜率，可用图解法求出。$a=e^{\theta}$，将求得的 a、b 代入式(7-49) 即可得到乘幂曲线拟合方程。对于任意已知时刻 t，可以求出对应的预估沉降量 s_{t}。

7.1.9.4 指数曲线沉降预测模型

根据太沙基的固结理论，土体中的孔隙水压力在随着时间的变化过程中呈指数曲线关系。对于线弹性的土体，应力定义固结度 U_{σ} 等于应变定义固结度 U_{ε}。因此土体的压缩过程也符合指数曲线，故可以用指数曲线来拟合路堤的沉降并进行沉降预测。指数曲线法的运算机理相对简单[16]，同时具有很好的实用性，尤其适合瞬时施工荷载情况下的沉降预测，很多实际工程中采用该方法进行沉降预测。但是，该方法较难反映全过程沉降量与时间的关系。

指数曲线法的基本方程式为：

$$s_{\mathrm{t}}=s_{\infty}-a\mathrm{e}^{-bt} \tag{7-52}$$

取时间 t_1、t_2、t_3，使 $t_2-t_1=t_3-t_2=\Delta t$，且使 Δt 尽可能地大，记 s_1、s_2 和 s_3 为对应时间的沉降值，即

$$s_1=s_{\infty}-a\mathrm{e}^{-b(t_2-\Delta t)}$$

$$s_2=s_{\infty}-a\mathrm{e}^{-bt_2}$$

$$s_3=s_{\infty}-a\mathrm{e}^{-b(t_2+\Delta t)}$$

由以上 3 式可得

$$s_{\infty}=\frac{s_3(s_2-s_1)-s_2(s_3-s_2)}{(s_2-s_1)-(s_3-s_2)}$$

$$b=\frac{1}{\Delta t}\ln\frac{s_2-s_1}{s_3-s_2}$$

$$a=\frac{1}{3}[(s_{\infty}-s_1)e^{bt_1}+(s_{\infty}-s_2)e^{bt_2}+(s_{\infty}-s_3)e^{bt_3}]$$

至此，3个参数全部求出，代入式(7-52)即可得到指数曲线拟合方程。对于工后沉降，初始时刻的沉降量为0，即取$t_1=0$时，$s_1=0$，代入式(7-52)可得最终沉降量$s_{\infty}=a$。

采用指数曲线模型时，选取的工程沉降实测点应该注意以下三方面的要求：

(1) 在采用指数曲线模型推算最终沉降量时，要求实际观测资料持续时间较长，且在实测沉降曲线基本处于收敛阶段才可以进行。具体应用过程中，在计算过程中尽可能取较长的时间段，并根据实际沉降情况，可以选取不同的时间段进行分析，从中选取最合理的一组数据作为分析结果。

(2) 在最大恒载段进行取值，沉降相对趋于稳定，从而推算的沉降曲线收敛较快，最终沉降量的推算值偏小。

(3) 样本点的选取具有随机性，选取某些样本点进行分析能够得到较为符合实际的沉降预测结果，而选取另外一些样本点进行分析得到的沉降结果会与实际沉降值之间存在较大的偏差，不能够满足预测精度的要求。

7.1.9.5 对数曲线沉降模型

对数曲线法是假定下沉平均速度以对数曲线形式减少的经验推导方法。对数曲线的发展规律与填方体实测沉降规律较为一致，在一定范围内能够预测工后沉降。

对数曲线的方程为：

$$s_t=a+b\ln t \tag{7-53}$$

式中 s_t—— t时刻的沉降；

t—— 时间；

a、b—— 待定系数。

由式(7-53)可见，a和b分别为s_t-$\ln t$关系图中的截距和斜率，可用图解法求出。将求得的a、b代入式(7-53)即可得到对数曲线拟合方程。此时若已知任意时刻t，则可以预估沉降量s_t。

7.2 五种预测模型的应用及对比分析

五种曲线沉降预测模型在高填方工程中应用非常广泛。本节内容对五种曲线模型结合我课题组的实际工程实例进行对比分析，通过直观的数据图表反映每种曲线的拟合特性。

7.2.1 五种预测模型的评价标准

(1) 拟合优度

对于不同的沉降预测模型，由于函数的设定形式、变量的选择、参数的估计不同，模型的拟合精度会发生不同的变化，因此，需要对拟合优度进行检验。拟合优度是指回归直线（或曲线）对观测值的拟合程度。表示拟合优度可用R^2，R^2 可由总离差平方和分解得出。

y_t 表示结果变量，x_t 表示原因变量，反映了相关变量间的变动关系。回归模型上的 y_t 值记为$\hat{y}_t$，称为拟合值；实际值与拟合值的差，即 $y_t-\hat{y}_t$，记为$\hat{u}_t$，可以看作是随机误差 u_t 估计值。

总离差平方和（TSS）$\sum(y_t-\overline{y})^2$ 说明了 y 的离散程度，表示结果变量的实际观测值与一般平均水平的离差总和。这一平方和可以分为两部分[17]：

$$\sum(y_t-\overline{y})^2=\sum(\hat{y}_t-\overline{y})^2+\sum\hat{u}_t^2 \tag{7-54}$$

推导如下：

$$\begin{aligned}\sum(y_t-\overline{y})^2&=\sum[(y_t-\hat{y}_t)+(\hat{y}_t-\overline{y})]^2\\&=\sum(y_t-\hat{y}_t)^2+\sum(\hat{y}_t-\overline{y})^2+2\sum(y_t-\hat{y}_t)(\hat{y}_t-\overline{y})\end{aligned} \tag{7-55}$$

式(7-55) 最后一项为 0，因此总平方和可以分解为两部分，即：

$$\sum(y_t-\overline{y})^2=\sum(\hat{y}_t-\overline{y})^2+\sum(y_t-\hat{y}_t)^2 \tag{7-56}$$

通常用 ESS 来表示残差平方和；RSS 来表示回归平方和。残差平方和 $ESS=\sum(y_t-\hat{y}_t)^2$ 不能被回归模型所解释；回归平方和 $RSS=\sum(y_t-\overline{y})^2$ 可以被回归模型解释。RSS 反映了利用回归模型 $\hat{y}$ 来估计 y 的均值，使得总误差 TSS 减少的部分。ESS 是利用回归模型来估计 y 的均值时，仍然存在的误差。于是总误差 TSS 为

$$TSS=RSS+ESS \tag{7-57}$$

由拟合优度 $R^2=RSS/TSS$，得到 $R^2=RSS/TSS=1-ESS/TSS$，$R^2\in[0,1]$，R^2 的取值范围在 0~1 之间，R^2 越趋近于 1 时，说明模型拟合程度越好；R^2 越趋近于 0，则拟合程度越差。

(2) 预测结果的比选

如何评价一种预测模型的优越性，除了检验拟合优度以外，还应考虑其预测精度。被广泛应用的精度指标有：相对误差（RE）、绝对误差平方和（SSE）、平均绝对百分误差（$MAPE$）等。

若用相对误差来考察，即应用预测值与实测值之差的绝对值占实测值的百分比。

$$\text{相对误差}=\frac{|\text{预测值}-\text{实测值}|}{\text{实测值}}\times 100\%$$

相对误差越小的模型，预测精度越高。

若用绝对误差平方和（SSE）来考察，即应用每个预测值与实测值之差的平方再求和。

$$SSE=\sum_{i=1}^{n}(\text{预测值}-\text{实测值})^2$$

也可采用平均绝对百分误差（$MAPE$）来评价预测精度[18]，平均绝对百分误差是所有预测值与实测值的偏差的绝对值占实测值的百分比之和取平均值。

$$MAPE=\frac{1}{n}\sum_{i=1}^{n}\left(\frac{|\text{预测值}-\text{实测值}|}{\text{实测值}}\times 100\right)$$

平均绝对百分误差（$MAPE$）的精度评判标准见表 7-1[19]。

预测精度评判标准　　表 7-1

MAPE	预测等级	MAPE	预测等级
<10	高精度预测	20～50	可行的预测
10～20	好的预测	>50	不可行的预测

7.2.2 五种预测模型在工程中的对比分析

（1）工程实例

太原市太行路阎家峰高填方路堤的具体工程概况见本书前面有关章节。

阎家峰高填方路堤的监测项目包括：路基原土沉降监测、路堤填方体压缩量监测、路面沉降监测，具体监测点布置情况见第 5 章图 5-3。

（2）五种预测模型的建立

选取监测路段 K4＋120 断面 K3X、K3Z、K3D 三个测孔 0～355d 的实测沉降数据，运用 Origin 软件分别针对泊松、双曲线、乘幂、指数和对数 5 种曲线模型进行曲线拟合，得到与实测数据最接近的拟合曲线。曲线的拟合优度以 R^2 进行判断，即拟合曲线与实测曲线的相关系数 R^2 最接近于 1。建立的模型如表 7-2 所示。

沉降模型　　表 7-2

预测方法	K3X	K3Z	K3D
	公式	公式	公式
泊松模型	$y=\frac{22.10}{1+9.301e^{-0.016x}}$ $R^2=0.9648$	$y=\frac{17.86}{1+18.22e^{-0.022x}}$ $R^2=0.9824$	$y=\frac{15.03}{1+14.93e^{-0.021x}}$ $R^2=0.9777$
双曲线模型	$y=\frac{54.809x}{512.63+x}$ $R^2=0.9796$	$y=\frac{53.017x}{608.2+x}$ $R^2=0.9686$	$y=\frac{41.610x}{547.48+x}$ $R^2=0.9788$
乘幂模型	$y=0.28613x^{0.74678}$ $R^2=0.9652$	$y=0.17228x^{0.81134}$ $R^2=0.9404$	$y=0.1658x^{0.7875}$ $R^2=0.9539$
指数模型	$y=33.513-33.486e^{-0.0030x}$ $R^2=0.9774$	$y=26.231-27.566e^{-0.0038x}$ $R^2=0.9756$	$y=21.721-22.651e^{-0.0039x}$ $R^2=0.9842$
对数模型	$y=7.4664\ln x-23.596$ $R^2=0.9134$	$y=7.264\ln x-24.709$ $R^2=0.9493$	$y=5.9895\ln x-20.090$ $R^2=0.9602$

由表 7-2 可知，综合三个测孔沉降数据的拟合，比较各个模型的 R^2，5 种曲线拟合的程度都很高，泊松曲线模型和指数曲线模型的相关系数在 0.96 以上；双曲线模型的相关系数均在 0.97 以上；乘幂曲线模型的相关系数均在 0.94 以上；对数曲线模型的相关系数均超过 0.91。因此，对于一年期限的沉降，5 种模型都能够做出较为精确的预测。

通过对五种模型拟合优度指标分析可知，泊松曲线模型、双曲线模型、指数曲线模型都与工程实测数据的拟合程度较高；乘幂曲线模型和对数曲线模型的拟合优度数值较小，故与工程实测数据的拟合程度稍差。

（3）五种预测模型的对比分析

为了进一步分析各模型的预测效果，分别将 K4＋120 断面的 3 个测孔的实测填方体沉降量与各模型的预测值进行对比；并运用五种模型对445d、535d、700d、750d、820d的沉降量进行了预测。选取误差平方和以及平均绝对百分误差（*MAPE*）两个指标来判定模型的预测精度。

测点K3Z沉降的实测值与预测值列于表7-3，预测精度指标见表7-4，实测及五种预测模型的拟合曲线见图7-1。

K3Z各模型实测值与预测值比较 **表7-3**

天数(d)	K3Z沉降量实测值(mm)	泊松模型(mm)	双曲线模型(mm)	乘幂模型(mm)	指数模型(mm)	对数模型(mm)
0	0	0.93	0	0	−1.33	—
24	1.03	1.52	2.01	2.27	1.06	−1.62
45	1.13	2.29	3.65	3.78	2.99	2.94
87	6.09	4.84	6.63	6.45	6.42	7.73
121	9.22	7.86	8.80	8.43	8.83	10.12
151	10.66	10.77	10.54	10.09	10.70	11.74
200	13.91	14.59	13.12	12.68	13.34	13.78
242	16.65	16.40	15.09	14.80	15.24	15.16
300	17.67	17.43	17.51	17.62	17.41	16.72
355	18.17	17.73	19.54	20.19	19.07	17.95
445	—	17.84	22.40	24.26	21.14	19.58
535	—	17.85	24.81	28.17	22.62	20.92
700	—	17.86	28.36	35.04	24.30	22.88
750	—	17.86	29.27	37.06	24.63	23.38
820	—	17.86	30.43	39.84	25.00	23.61

K3Z各模型预测精度指标 **表7-4**

误差类型 / 预测模型	误差平方和	*MAPE*
泊松模型	6.65	21.85
双曲线模型	12.75	39.57
乘幂模型	18.66	45.12
指数模型	8.69	21.83
对数模型	18.15	53.41

由表7-3可知，测点K3Z的实测沉降数据在24～45d内基本没有发生变化，到87d时沉降量才开始大幅度增加，之后一直到355d的沉降量是稳步增加。由表7-3比较各模型的预测值与实测值，泊松模型和对数模型的预测值较实测值偏小，双曲线模型、乘幂模型和指数模型的预测值较实测值偏大。

由表7-4比较可知泊松模型和指数模型的误差平方和均在10以下，乘幂模型和对数模型的误差平方和均接近20，双曲线模型刚好处于10～20的中间，得到模型精度高低排名为泊松＞指数＞双曲线＞对数≌乘幂。而从另一个指标平均绝对百分误差来看，泊松模

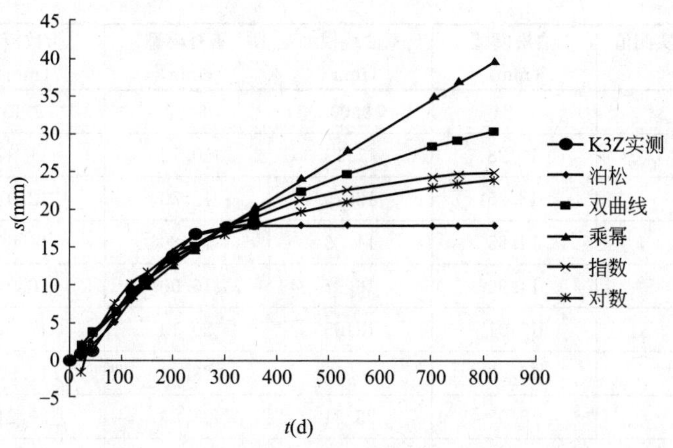

图 7-1 测点 K3Z 实测曲线与 5 种预测曲线

型和指数模型的 *MAPE* 值在 20 左右，按照表 7-1 的标准，精度为较好；双曲线和乘幂模型的 *MAPE* 值处于 20～50 之间，精度为可行；对数模型的 *MAPE* 值大于 50，精度为较差；由此得到模型的精度排序为泊松≌指数＞双曲线＞乘幂＞对数。

综合以上两个指标分析得出，泊松模型和指数模型的预测较为精确。

由图 7-1 可知，乘幂函数曲线在前段的拟合程度较好，在 0～300d 左右比较接近实测曲线，300d 以后是 5 种曲线中增长最快的，也是偏离实测值最多的，并且后段曲线没有表现出收敛的趋势。双曲线增长速率低于幂函数，但高于其他 4 种曲线，预测值在 300d 以后开始高于实测值。在 0～300d 左右，对数曲线是 5 种曲线中与实测值拟合程度最低的。指数曲线的增长速率介于双曲线与对数曲线之间，在 300d 之前曲线计算数值与实测数值拟合程度较好，预测值在 300d 以后偏离实测值的程度增大。泊松曲线是 5 种曲线中后期增长最慢的，它的拐点在 150d 左右，0～150d 曲线增长速率持续增大，150d 后速率逐渐开始降低，并在 300d 左右曲线开始进入收敛阶段，在接近 700d 时达到收敛极限。但由于收敛过快，泊松模型的预测值与实际值相比偏小。泊松、双曲线、乘幂、指数和对数 5 种曲线均属于光滑曲线，对于分层填筑的路堤沉降预测存在先天不足。只有泊松模型的曲线存在拐点，而且其沉降预测值随时间的增加有收敛值。其余 4 种模型都是随时间的增加沉降量无限值，无法预估路堤的最终沉降量。因此对于 1 年期的沉降预测，5 种预测模型预测结果良好。但是对于长期沉降的预测，存在一定的缺陷。

测点 K3D 沉降的实测值与预测值列于表 7-5，预测精度指标见表 7-6，5 种预测模型的拟合曲线见图 7-2。

K3D 各模型实测值与预测值比较 **表 7-5**

天数 (d)	K3D 沉降量实测值 (mm)	泊松模型 (mm)	双曲线模型 (mm)	乘幂模型 (mm)	指数模型 (mm)	对数模型 (mm)
0	0	0.94	0	0	−0.93	—
24	0.83	1.50	1.74	2.02	1.09	−1.05
45	1.65	2.20	3.16	3.32	2.71	2.71
87	5.08	4.42	5.71	5.58	5.58	6.66
121	8.33	6.91	7.53	7.24	7.59	8.63

续表

天数 (d)	K3D沉降量实测值 (mm)	泊松模型 (mm)	双曲线模型 (mm)	乘幂模型 (mm)	指数模型 (mm)	对数模型 (mm)
151	9.23	9.24	9.00	8.62	9.15	9.96
200	11.28	12.28	11.13	10.76	11.34	11.64
242	13.73	13.75	12.75	12.50	12.91	12.79
300	14.83	14.63	14.73	14.80	14.69	14.07
355	15.53	14.90	16.37	16.90	16.05	15.08
445	—	15.01	18.65	20.19	17.72	16.43
535	—	15.02	20.56	23.34	18.90	17.53
700	—	15.02	23.34	28.84	20.24	19.14
750	—	15.02	24.05	30.45	20.50	19.56
820	—	15.02	24.95	32.67	20.79	20.09

K3D 各模型预测精度指标 **表 7-6**

误差类型 / 预测模型	误差平方和	*MAPE*
泊松模型	5.53	17.62
双曲线模型	5.89	26.68
乘幂模型	9.67	32.96
指数模型	3.82	13.99
对数模型	9.57	39.04

由表 7-5 可知，测点 K3D 前 45d 内的实测沉降值变化很小，沉降量从 87～121d 时增加比较明显，之后从 121d 一直到 355d 的沉降量是缓步增加的。由表 7-5 中五种模型的预测值与实测值比较可知，泊松模型和对数模型的预测值整体偏小，而双曲线模型、乘幂模型和指数模型的预测值偏大，尤其是天数增加越多预测值增大得越快。

预测精度一方面从指标误差平方和来看，由表 7-6 比较得到指数模型的误差平方和最小；泊松模型和双曲线模型的误差平方和比较接近，均在 5 左右；乘幂模型和对数模型的误差平方和均在 9 左右；得到的精度高低排序为指数＞泊松≌双曲线＞对数≌乘幂。然后另一方面从指标平均绝对百分误差来看，指数模型的 *MAPE* 值小于泊松模型，且 *MAPE* 值都小于 20，按照表 7-1 的标准，为较好的预测；双曲线、乘幂和对数模型的 *MAPE* 值中双曲线的最小，且 *MAPE* 值都处于 20～50 之间，为可行的预测；由此得到的精度排序为指数＞泊松＞双曲线＞乘幂＞对数。综合以上两个指标分析得出，泊松模型和指数模型是预测较好的模型。

在图 7-2 中，测点 K3D 的 5 种拟合曲线在 0～300d 左右都比较接近实测曲线，但是在 300d 后各曲线逐渐出现了分离。其中泊松曲线是 5 种曲线中后期增长率最小的，在0～150d 曲线增长率持续增大，150d 后增长率逐渐开始下降，300d 左右曲线开始收敛，在接近 700d 左右达到收敛极限，此时的增长率几乎降为 0。但由于收敛过快，泊松模型的预测值整体小于实际值。幂函数曲线是后期增长最快的，也是偏离实测值最多的。双曲线增长速率低于幂函数曲线，但高于其他 4 种曲线，预测值偏高于实测值。在 0～300d 左右，对数曲线是五种曲线中与实测值拟合程度最低的，但其后期曲线增长速率是除了泊松模型外最低的。由于数学模型本身的特性，双曲线、乘幂、指数和对数模型的预测值都是随时间的增加而无限增大的，只有泊松模型的曲线存在拐点，其沉降预测值随时间的增加有收敛值。由此看出，除泊松模型外的四种模型对于填方体最终沉降量的预测有一定困难。

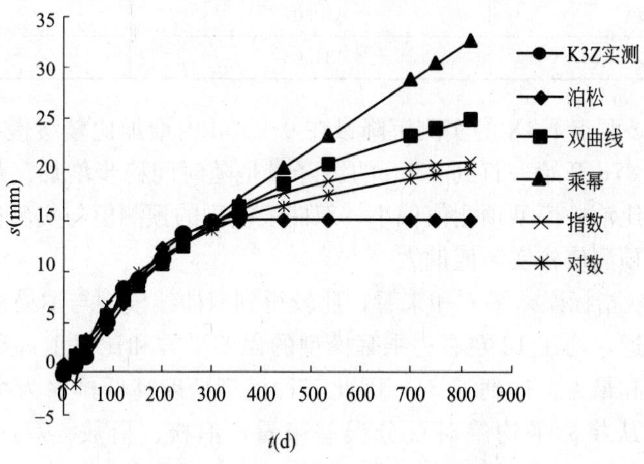

图 7-2　测点 K3D 实测曲线与 5 种预测曲线

测点 K3X 沉降的实测值与预测值列于表 7-7，预测精度指标列于表 7-8，其 5 种预测模型的拟合曲线见图 7-3。

K3X 各模型实测值与预测值比较　　**表 7-7**

天数 (d)	K3X 沉降量实测值 (mm)	泊松模型 (mm)	双曲线模型 (mm)	乘幂模型 (mm)	指数模型 (mm)	对数模型 (mm)
0	0	2.15	0	0	0.03	—
24	3.39	3.01	2.45	3.07	2.35	0.13
45	2.92	4.00	4.42	4.91	4.26	4.83
87	8.97	6.67	7.95	8.03	7.72	9.75
121	10.45	9.44	10.47	10.28	10.22	12.21
151	11.27	9.24	12.47	12.13	12.23	13.87
200	14.87	12.07	15.38	14.96	15.14	15.96
242	19.16	16.02	17.58	17.25	17.31	17.39
300	20.87	18.52	20.23	20.25	19.90	18.99
355	21.47	21.42	22.43	22.96	21.97	20.25
445	—	21.93	25.46	27.18	24.70	21.93
535	—	22.06	27.99	31.19	26.78	23.31
700	—	22.09	31.63	38.12	29.41	25.31
750	—	22.10	32.55	40.14	29.98	25.83
820	—	22.10	33.72	42.90	30.65	26.49

K3X 各模型预测精度指标 **表 7-8**

预测模型＼误差类型	误差平方和	*MAPE*
泊松模型	10.12	11.49
双曲线模型	9.70	13.39
乘幂模型	11.97	13.08
指数模型	10.07	13.26
对数模型	34.05	26.80

由表 7-7 可知，测点 K3X 的实测沉降量在 0～45d 内增加比较缓慢，45～87d 的沉降增加量比较大，从 87d 开始一直到 355d 的沉降量是随时间稳步增加。从表 7-7 中的数据可知，与实测值相比泊松模型预测值偏小，双曲线模型的预测值与实测值最为接近，乘幂模型和对数模型的预测值较实测值偏大一点。

在表 7-8 中，从指标误差平方和来看，比较得到双曲线模型与泊松模型和指数模型的误差平方和比较接近，均在 10 左右；乘幂模型的误差平方和比以上 3 种模型大一点，对数模型的误差平方和最大，达到了 34；因此五种模型精度高低排序为指数⊆泊松⊆双曲线＞乘幂＞对数。从指标平均绝对百分误差来看，泊松、指数、双曲线、乘幂模型的 *MAPE* 值均在 10～20 之间，其中泊松模型的 *MAPE* 值最小，按照表 7-1 的标准，预测精度为好；对数模型的 *MAPE* 值都处于 20～50 之间，预测精度为可行；由此得到的精度排序为泊松＞乘幂⊆指数⊆双曲线＞对数。两个指标的综合分析可知，泊松模型和指数模型的预测精度较好。

在图 7-3 中，在 0～300d 左右，测点 K3X 的 5 种拟合曲线都紧紧围绕实测曲线，与实测曲线很接近，在 300d 后各拟合曲线出现了分化。其中泊松曲线是 5 种曲线中后期增长率最小的，曲线在 300d 后开始进入收敛阶段，在接近 700d 时达到收敛极限，之后曲线基本不再增长。泊松模型的预测值整体偏小于实测值。对数曲线在 0～150d 左右增长速率高于其余 4 种曲线，然后增长速率降低较快，导致预测值渐渐小于其他曲线，但由于一直增长，最终值高于泊松模型。幂函数曲线增长最快的，也是偏离实测值最快的，其次是双曲线和指数曲线。泊松模型是 5 种曲线中唯一可以随着时间增加收敛的曲线，因模型本身

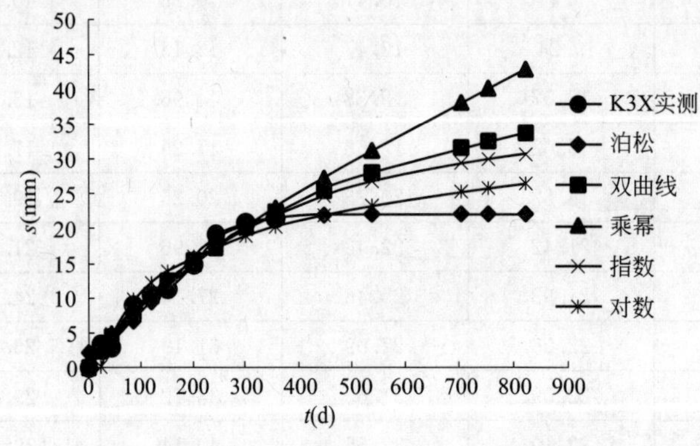

图 7-3 测点 K3X 实测曲线与 5 种预测曲线

的数学特性，双曲线、乘幂、指数和对数模型的预测值都是随时间的增加而递增的，其沉降预测值是无限大的。由此看来，这些模型对于长期沉降量的预测存在比较大的偏差。

通过对比分析 K4+120 断面的三个测孔实测沉降量与五种曲线模型的预测值，可以发现一些共有的规律：

①在 300d 之前，五种曲线模型计算出的预测值与工程实测沉降数值较为接近，在 300d 之后，各曲线开始出现分化。由此说明，在填方体工后一年的时间内，五种曲线模型对填方体的实际沉降拟合程度都比较高。

②乘幂曲线在 300d 之后，增长速率在五种曲线中最快，与实测沉降数值的偏离程度较大。因此，使用乘幂曲线模型预测填方体工后的最终沉降精度较差。

③泊松曲线在中后期的增长速率是五种曲线模型中最小的，并且是五种曲线模型中唯一存在拐点，表现出收敛趋势的曲线。泊松曲线在 300d 开始进入收敛阶段，在 700d 左右时，曲线基本不再增长，达到收敛极限。因此，泊松曲线模型对填方体工程沉降的拟合更加符合实际情况，并且拟合程度较好。

④综合分析五种曲线模型的误差平方和以及平均绝对百分误差可知，泊松曲线模型和指数曲线模型的预测精度较为精确。

7.3 组合预测模型的研究

7.3.1 组合预测简介

众所周知，从信息论的角度来看，在对一个问题的预测中，不同模型不仅所包含的信息是不同的，而且每一个预测模型都有自身独有的特征，预测精度也差别甚大。单单从预测误差的角度来考虑，抛弃一些误差大的方法，会损失掉一些有用信息，使用误差较小的方法，有时候可利用的信息又不足。这样做是不合理的，因此推出了组合预测方法。

早在 1954 年，在对美国 37 个大城市的人口进行预测时，美国人 Schmitt 就曾运用过组合预测方法。J. M. Bates 和 C. W. J. Granger[20] 在 1969 年提出了“组合预测”方法，并对其进行了系统的研究。

组合预测方法是针对同一个问题，采取两种以上不同的预测方法进行预测。组合预测方法既可以是几种定量方法的组合，也可以是几种定性方法的组合，在实践中更多数的是利用定性方法与定量方法的组合。将不同的预测模型相结合起来，可以将不同模型所包含的不同影响因素都考虑在内，组合模型可以更加全面地利用有效信息，减弱单个模型预测的随机性，从而得到较高的预测精度。

目前很多学者在各个领域的研究中应用到了组合预测方法，并取得了很多可观的成果。在高填方工程中，组合预测方法被充分应用于填方体工后的沉降预测，该方法的应用显著提高了预测精度。以双曲线模型和对数曲线模型预测路堤沉降为例：双曲线多点沉降预测法是一种经验方法，大量的工程实例证明，根据早期工程实测的沉降数值来预测沉降量时，该方法得出的沉降数值往往偏大；当采用对数曲线模型进行沉降预测时，该模型以太沙基一维固结理论为基础，能够反映出土体的主固结沉降，由于没有考虑土体的次固结沉降等其他因素，该方法预测的最终沉降量大部分是偏小的。双曲线模型和对数曲线模型的建立基础考虑的因素都不尽相同，有着各自的适用性、优点以及不足之处。若采用双曲线、对数曲线组合预测的分析方法就能够有效地利用两种不同方法所提供的信息，对两个独立方法起到修正作用，有利于提高填方体工后沉降预测的精度。

综上所述，每一个模型都是为了解决实际问题而简化抽象出来的，其参数和变量都是受到精简的。组合预测就是将不同的模型用适当的加权平均形式组合起来的方法。组合预测有以下两种基本形式：

(1) 等权组合，即每个预测模型都是按相同的权数组合成新的组合模型。

(2) 不等权组合，即赋予不同预测模型不同的权数。

这两种形式的原理和运用方法没有本质区别，只是在权数的设定上有所不同。等权组合在实际问题中的应用极少，因为其在很大程度上不具有合理性，因此只有在少数极端问题中采用此方法。现简要介绍等权组合[21]的计算机理：

等权组合预测法中，设 Y_i ($i=1, 2, \cdots, k$) 为第 i 个模型的预测值，使用 Y_c 代表组合预测值，则等权组合方法得到的组合预测值为：

$$Y_c = \frac{1}{k}\sum_{i=1}^{k} Y_i \tag{7-58}$$

等权组合预测法不需要了解单一的预测值 Y_i 的预测精度，也不需要了解单一的预测误差之间的相互关系。该方法需要在了解各预测值有相近的误差方差的条件下，才适合使用。故等权组合预测在解决实际问题中尽可能不使用。

根据两种组合预测方法的计算机理以及现有的预测结果可知，不等权组合的组合预测结果较为准确。

目前的组合预测方法主要有以下两类：

(1) 最优组合预测方法

最优组合预测方法[22]的原则是在一段时间内组合预测误差最小。以这个原则来求取权重系数可能会出现一定的问题：①权重系数可能为负数；②权重系数是否为最优权重系数。

权重是一个相对概念，是针对一个指标而言，该指标在整体评价中的相对重要程度。权重是要从若干指标中分出轻重来，而负权重没有实际表达的意义，权重的变化范围应为[0，1]，不应该出现负权重。

最优组合预测方法的定义如下：K_n 为某组合预测模型的一加权系数向量，若 K_n 使组合模型的预测误差平方和得到极小值 J_n，即 $J_n = \min_{R_n^{\mathrm{T}}K=1}\{J\}$，那么 K_n 则为最优加权系数向量，也就是说，此组合预测方法为最优组合预测方法。这种方法的前提是假定了“这一段时间内”的权重向量为常量，然而实际上加权系数向量是变量，所得出的组合预测误差平方和值不一定最小，因此这种方法就不能称之为是最优组合预测方法。

(2) 变权重组合预测方法

变权重的组合方法[23~25]相比非变权重的组合方法要更为合理。因为对于一种单个预测模型来说，它自身具有不稳定性，表现忽好忽坏。如果仅是简单地全部采用或全部不用的做法来对待某一种预测方法，那组合模型也就没有什么实际用途了。组合预测的目的就是综合考虑各种预测模型所包含的信息，并将这些简化了的模型以适当的加权平均形式组合起来。各个预测模型的忽好忽坏表现在权重系数的忽大忽小上，即变权重。变权重系数的求法如下：

设针对某一预测问题一共有 m 种预测模型，M 个时间点，并假设 $u(t)$ 为第 t 期的实际观测值，$t=1，2,\cdots，M$；$\hat{u}_i(t)$ 为第 i 个模型的第 t 期预测值；$w_i(t)$ 为第 i 个预测模型在第 t 期的加权系数值，满足：

$$\sum_{i=1}^{m} w_i(t)=1 \quad (t=1,\ 2,\ \cdots,\ M) \tag{7-59}$$

式中 $w_i(t)\geqslant 0$（其中 $i=1，2,\cdots，m$）。又 $e_{it}=u(t)-\hat{u}_i(t)$ 为第 i 种模型在第 t 期的预测误差（$t=1，2,\cdots，M$）；则变权重组合预测模型可表示为

$$\hat{u}(t)=\sum_{i=1}^{m} w_i(t)\hat{u}_i(t) \tag{7-60}$$

式中 $\hat{u}(t)$ 为变权组合预测模型的第 t 期值。以上可看出，其关键问题在于求取最佳变权重系数。求最佳权重系数的方法主要包括方差-协方差法、最小绝对值法、最小二乘法、熵权法等。下面逐一介绍这四类方法：

（1）方差-协方差法

方差-协方差法是一种比较重要的组合预测方法，这种方法利用加权平均的方法，对较为精确的预测值赋予较大的权重，在此介绍固定权方法。设 f_1、f_2 是关于 f 的无偏预测，f_c 是加权平均的组合预测值，预测误差分别为 e_1、e_2 和 e_c，取 $\bar{\omega}_1$、$\bar{\omega}_2$ 是相应的权重系数，且 $\bar{\omega}_1+\bar{\omega}_2=1$，有 $Y_c=\bar{\omega}_1 Y_1+\bar{\omega}_2 Y_2$，其误差和方差分别是：

$$e_c=\bar{\omega}_1 e_1+\bar{\omega}_2 e_2 \tag{7-61}$$

$$V_{ar}(e_c)=\bar{\omega}_1^2 V_{ar}(e_1)+\bar{\omega}_2^2 V_{ar}(e_2)+2\bar{\omega}_1\bar{\omega}_2 C_{ov}(e_1,e_2) \tag{7-62}$$

关于 $\bar{\omega}_1$ 对 $V_{ar}(e_c)$ 求最小值，并记 $V_{ar}(e_1)=\sigma_{11}$，$V_{ar}(e_2)=\sigma_{22}$，$V_{\sigma v}(e_1,\ e_2)=\sigma_{12}$，则两种预测的权重系数为：

$$\bar{\omega}_1=\frac{\sigma_{22}-\sigma_{12}}{\sigma_{11}+\sigma_{22}-2\sigma_{12}} \tag{7-63}$$

$$\bar{\omega}_2=\frac{\sigma_{11}-\sigma_{12}}{\sigma_{11}+\sigma_{22}-2\sigma_{12}} \tag{7-64}$$

把以上的组合结果一般化，可以得到权重系数 $\bar{\omega}_i$（$i=1，2，\cdots，K$）的估计式为：

$$\bar{\omega}_i=\left[\sum_{i=1}^{n} e_{it}^2\right]^{-1}\left[\sum_{i=1}^{K}\left[\sum_{i=1}^{n} e_{it}^2\right]^{-1}\right]^{-1} \tag{7-65}$$

（2）最小绝对值法

最小绝对值法就是以绝对值为目标函数的方法，其数学模型为：

$$\min z=\sum|\hat{\varepsilon}_i| \tag{7-66}$$

满足 $AW+\hat{\varepsilon}=Y$，其中

$$A=\begin{bmatrix}\hat{Y}_1(1) & \hat{Y}_1(2) & \cdots & \hat{Y}_1(K)\\ \hat{Y}_2(2) & \hat{Y}_2(2) & \cdots & \hat{Y}_2(K)\\ \hat{Y}_3(3) & \hat{Y}_3(2) & \cdots & \hat{Y}_3(K)\end{bmatrix}$$

$$W=[\bar{\omega}_1,\bar{\omega}_2,\cdots,\bar{\omega}_k]^T$$

$$\hat{\varepsilon}=[\hat{\varepsilon}_1,\hat{\varepsilon}_2,\cdots,\varepsilon_k]^T$$

$$Y=[Y_1,Y_2,\cdots,Y_3]^T$$

从目标函数来看，最小绝对值法是追求绝对误差之和最小，现对最小绝对值的特性和解法做简单的说明，$U\geqslant 0$，$Y\geqslant 0$，$\hat{\varepsilon}$ 无符号限制。令 $\hat{\varepsilon}_i+\hat{\varepsilon}_i^{+}+\hat{\varepsilon}_i^{-}=Y$，其中 $\hat{\varepsilon}_i^{+}\geqslant 0$，$\hat{\varepsilon}_i^{-}\geqslant 0$，则上述模型可以表示为：

$$\min z=\sum_i(\hat{\varepsilon}_i^{+}+\hat{\varepsilon}_i^{-}) \tag{7-67}$$

满足 $AU+\hat{\varepsilon}_i^{+}+\hat{\varepsilon}_i^{-}=Y$，其中 $U\geqslant 0$，$Y\geqslant 0$，$\hat{\varepsilon}_i^{+}\geqslant 0$，$\hat{\varepsilon}_i^{-}\geqslant 0$。

则此数学模型为一个典型的线性规划模型，可以用单纯性法求解。上式可以用矩阵记为：

$$[A,I_n,-I_n]\begin{bmatrix}W\\ \hat{\varepsilon}_i^{+}\\ \hat{\varepsilon}_i^{-}\end{bmatrix}=Y \tag{7-68}$$

式中　I_n—— n 阶单位矩阵。

若矩阵$[A,\ I_n,\ -I_n]$的最优基为 B^*，则在不失去一般性的条件下，可以将 B^* 记为：

$$B^*=\begin{bmatrix}A_1 & 0 & 0\\ A_2 & I_{n1} & 0\\ A_3 & 0 & -I_{n2}\end{bmatrix} \tag{7-69}$$

式中 $A=[A_1,\ A_2,\ A_3]^T$，因为 B^* 为最优基，所以最小绝对值法的解可以记为：

$$\begin{bmatrix}W\\ \hat{\varepsilon}_i^{+}\\ \hat{\varepsilon}_i^{-}\end{bmatrix}=B^{*-1}Y \tag{7-70}$$

(3) 最小二乘法

基于最小二乘法，最佳变权系数 $w_i(t)$ 应使残差的平方和 S 达到最小：

$$S=\sum_{t=1}^{M}[\hat{u}(t)-u(t)]^2 \tag{7-71}$$

由于

$$e_t=\hat{u}(t)-u(t)=[e_{1t},\cdots,e_{mt}][w_1(t),\cdots,w_m(t)]^T \tag{7-72}$$

$$e_t^2=W_t^T A_t W_t \tag{7-73}$$

其中：

$$W_t=[w_1(t),\cdots,w_m(t)]^T \tag{7-74}$$

$$A_t=[e_{1t},\cdots,e_{mt}]^T[e_{1t},\cdots,e_{mt}] \tag{7-75}$$

即

$$S_t=\sum_{t=1}^{M}e_t^2=\sum_{t=1}^{M}W_t^T A_t W_t \tag{7-76}$$

因为权系数均应为非负数，由此将问题转化为用线性规划方法求解非负权重组合预测模型：

$$\min S_t;R^T W_t=1;W_t\geqslant 0 \tag{7-77}$$

由文献［26］可知：

$$W_{\mathrm{t}}=\frac{A_{\mathrm{t}}^{-1}R}{R^{\mathrm{T}}A_{\mathrm{t}}R}=[w_{1\mathrm{t}},w_{2\mathrm{t}},\cdots,w_{m\mathrm{t}}]^{\mathrm{T}} \tag{7-78}$$

式中 $R=(1,\cdots,1)^{\mathrm{T}}$ 为 m 维向量，$t=1,2,\cdots,M$。如果在 t 期出现分量 $w_{it}\leqslant 0$，则表示第 t 期第 i 个模型不能参与组合。因此，在 t 期中出现 $w_{it}\leqslant 0$ 的模型都将被剔除掉，假如有 $(m-k)$ 个模型被剔除，那么将重新组合第 t 期剩下的 k 个模型，重复以上方法而得到最优组合权重系数向量为

$$W_{\mathrm{t}}=[w_{\mathrm{k+1,t}},w_{\mathrm{k+2,t}},\cdots,w_{\mathrm{m,t}}] \tag{7-79}$$

将 $0\sim M$ 时刻的 $\hat{u}_i(t)$ 代入 $M+1$ 时刻的单项预测值为

$$\hat{u}(t+1)=\sum_{i=1}^{m}w_i(t)\hat{u}_i(t+1) \tag{7-80}$$

由式(7-80) 即可得到组合预测值，再进一步求出预测精度 S。

以上得到的变权重系数即是可以使组合预测模型的拟合精度达到最优的，当使用变权重组合模型对 M 个时间点之后的时间点进行预测时，可采用以下方法计算第 $M+j$（$j=1,2,\cdots$）期每种模型的变权重系数：

$$w_i(M+j)=\sum_{r=1}^{M}w_i(r)/M \quad (i=1,2,\cdots,m) \tag{7-81}$$

在多种权重系数的计算方法中，最小二乘法的应用相对较多。

(4) 熵权法

设对 m 种预测方法用 n 个效果评价（误差）指标去评价，得到评价矩阵：

$$X=(X_{ij})_{m\times n}=\begin{bmatrix} X_{11} & X_{12} & \cdots & X_{1n} \\ X_{21} & X_{22} & \cdots & X_{2n} \\ \cdots & \cdots & \cdots & \cdots \\ X_{m1} & X_{m2} & \cdots & X_{mn} \end{bmatrix} \tag{7-82}$$

X_{ij} 表示预测方法 i 用指标 j 进行评价得到的估计值。而 X_j^* 是评价指标 j 的理想值，X_j^* 的大小因评价指标特性的不同而不同，对于收益性指标，数值越大越好；而对于损失性指标，数值越小越好。

$$X_j^*=\begin{cases}\max(X_{ij}),\text{收益性指标}\\ \min(X_{ij}),\text{损失性指标}\end{cases}$$

则评价指标的估计值 X_{ij} 与理想值 X_j^* 的接近度为：

$$D_{ij}=\begin{cases}\dfrac{X_{ij}}{X_j^*} & X_j^*=\max\{X_{ij}\}\\[2ex] \dfrac{X_j^*}{X_{ij}} & X_j^*=\min\{X_{ij}\}\end{cases}$$

评价指标 j 对预测方法的相对重要性的不确定性可以由下列的条件熵来度量：

$$E_{\mathrm{J}}=-\sum_{i=1}^{m}\frac{d_{ij}}{d_j}\ln\frac{d_{ij}}{d_j} \tag{7-83}$$

式中 $d_{ij}=\dfrac{D_{ij}}{\sum_{j=1}^{n}\sum_{i=1}^{m}}$，$d_j=\sum_{i=1}^{m}d_{ij}$

对 E_i 进行归一化处理可以得到评价指标 j 的重要性熵值：

$$e(d_j)=-\frac{1}{\ln m}\sum_{i=1}^{m}\frac{d_{ij}}{d_j}\ln\frac{d_{ij}}{d_j} \tag{7-84}$$

为了便于综合评价，由 $e(d_j)$ 确定评价指标 j 的评价权值：

$$\theta=\frac{1}{n-E_{\mathrm{e}}}[1-e(d_j)] \tag{7-85}$$

式中 $E_{\mathrm{e}}=\sum e(d_j)$

经过以上各式得到的各个指标的权重系数，然后对单个预测方法进行评价，将得到的评价值进行归一化作为组合用权重，从而形成了新的组合预测模型。

7.3.2 构建组合预测模型

7.3.2.1 构建组合预测模型应考虑的因素

建立组合模型过程中，选取单个模型时就是要分析其是否合适，那么要考虑以下几方面因素：

(1) 首先每个模型都应该能够对所研究的问题进行独立预测，即在进行模型组合前本模型就可以独立应用于预测对象。

(2) 其次每个模型间的数据要求、预测前提、基本假设、考虑因素要大致相近。如果一个模型考虑时间的连续性得到连续性结果，而另一个模型考虑时间的间断性得到间断性结果，将两个模型进行组合得到的结果必然会缺失很多信息，由此会使组合模型的预测性能大大削弱。

每个模型也要与组合模型的应用条件相匹配，比如应考虑到每个模型之间的相互联系，否则会对权重系数的求解产生不小的障碍，同时每个模型也应该在预测中表现出其自身的优势，要是组合模型由几个性能较差的模型来组合，不仅发挥不了各个模型的特点，也更加体现不出组合模型的优势。

(3) 最后每个模型自身是否过于复杂以及应用过程操作的难易程度都是需要考虑的因素。虽然对于单个模型来说，模型本身越复杂，包含的因素越多，所得到的组合模型的预测精度就会越高。但是对于模型的计算也就越困难，操作过程也越难掌握，为了得到结果所付出的代价也就越高，而且不是越复杂的模型就越能对提高组合模型的预测精度有很大的帮助。因此组合模型中每个模型的选取对于组合预测模型建立是至关重要的，在建立组合模型前要对每个子模型进行充分筛选。

7.3.2.2 常见组合预测模型的简介

将组合模型运用于实际工程的沉降预测，使得与实际沉降的拟合程度更高，精确性更强。目前，工程中常用的组合预测模型包括：GM(1，1)-Logistic 沉降预测组合；Logistic-Gompertz 沉降预测组合等，下面对这两方法进行简要的介绍。

(1) GM(1，1)-Logistic 组合预测模型

灰色理论系统模型（GM）自建立以来得到了广泛的研究及应用，在路堤沉降预测中

经常会用到灰色模型。Logistic 曲线能够很好地反映出土体固结沉降的过程，在用该方法模拟沉降时，通常采用三段计算法求解方程内的三个参数。

灰色理论的具体计算机理以及 Logistic 曲线方程在本章第一节内容中有详细介绍，在此不再赘述。

欧阳炼[27]将灰色预测模型与 Logistic 曲线模型进行线性组合，并以“过去一段时间内组合预测误差平方和最小”的原则来求解两个预测模型的加权系数。通过对比分析 GM(1，1) 模型、Logistic 曲线模型、GM(1，1)-Logistic 组合预测模型的计算结果，得出了以下结论：Logistic 曲线模型在沉降观测数据序列比较光滑的情况下，其预测精度比 GM(1，1) 更高；GM(1，1)-Logistic 组合预测模型在预测精度上具有更好的适用性，在综合了两种独立模型优势的基础上能够更好地拟合实际沉降。

(2) Logistic-Gompertz 沉降预测组合

路堤的沉降-时间曲线呈现为“S”形，这为 Logistic 曲线模型以及 Gompertz 曲线模型拟合沉降提供了良好的理论基础。这两种曲线均能够很好地展现土体的沉降过程，将二者组合起来，旨在充分发挥每种曲线的拟合优势。Logistic 曲线模型的方程式在本章第一节内容中有详细介绍，Gompertz 曲线模型的表达式如下：

$$y_t = e^{k+ab^t} \tag{7-86}$$

式中 y_t—— t 时刻对应的沉降预测值；

t—— 时间；

a、b、k—— 待定参数。

范晓秋[28]以平均绝对百分误差最小为目标，建立了组合预测模型。通过对比 Logistic 曲线模型、Gompertz 曲线模型、GM(1，1)-Logistic 组合模型三者的拟合结果可知，组合模型的拟合结果明显优于两种独立模型。

7.3.2.3 建立新的组合模型——泊松-指数组合模型

本章第二节内容结合工程实例对五种曲线模型进行了分析，综合前文对测孔 K3Z、K3D、K3X 的沉降预测模型的分析可知，五种模型均可以对一年期的沉降进行较好的预测。考虑了预测模型的误差平方和和平均绝对百分误差（*MAPE*）两个指标，在针对测孔 K3Z、K3D 的预测中，泊松模型和指数模型的预测精确程度明显高于其他三种模型；在针对测孔 K3X 的预测中，预测精确程度较高的依然是泊松模型和指数模型。但是预测模型无法克服本身的数学特性，无法预测最终沉降，需要找到解决这个问题的方法，因此考虑建立组合模型。

由前面分析：如果不限定时间，指数模型预测沉降量无法收敛，而泊松模型预测沉降量可以收敛，但收敛过快。两种模型的误差趋势相反，将两种模型组合可以正好进行优缺点互补，而且泊松模型和指数模型的预测精度均较高，选取这两种模型建立的组合模型，也可以进一步提高预测精度。

对于 K4＋120 断面上的测点 K3Z、K3D、K3X，分别建立组合模型。

设对于本文测点的沉降预测，有 n 种预测模型，N 个时间点，并假设：$y(t)$ 为第 t 期的实际观测值，$t=1$，$2\cdots N$；$\hat{y}_i(t)$为第 i 个模型的第 t 期预测值；$w_i(t)$为第 i 个预测模型在第 t 期的加权系数值，且满足：

$$\sum_{i=1}^{n} w_i(t)=1 \quad (t=1,2\cdots N) \tag{7-87}$$

式中 $w_i(t)\geqslant 0\ (i=1,2\cdots n)$。

组合预测模型可表示为

$$\hat{y}(t)=\sum_{i=1}^{n} w_i(t)\hat{y}_i(t) \tag{7-88}$$

$\hat{y}(t)$为组合预测模型的第 t 期值。因此设 W_1、W_2 分别是泊松模型和指数模型的权重系数，且 $W_1+W_2=1$，$W_1\geqslant 0$，$W_2\geqslant 0$。$y_1(t)$、$y_2(t)$ 分别为泊松模型和指数模型，则组合预测模型可表示为 $\hat{y}(t)=W_1y_1(t)+W_2y_2(t)$。

接下来的重点就是求取泊松模型和指数模型的权重系数。根据最小二乘法，最佳权重系数应该使残差平方和 S 值最小[29]。由于每个时间点都对应一期预测值和一组权重系数，也就是说如果时间是无穷的，那么将得到无穷组权重系数，也就对应了无穷组组合预测模型。无法得到一个确定的组合模型，而且计算比较复杂，不方便应用。因此，为了简化计算方法，方便应用，采取找一组权重系数的方法，使得这组权重系数对应的预测模型所得到的每个时间点的预测值与实测值的误差平方和最小即可。测点 K3Z、K3D、K3X 的计算结果见表 7-9。得到的各测点组合模型预测曲线与实测值曲线的对比，见图 7-4 (*a*)～(*c*)。可看出，组合模型的预测与实测数据的拟合程度较高，而且存在收敛值，可以提供最终沉降量的预估。

各测点权重系数与误差平方和 **表 7-9**

测孔	权重系数		误差平方和(mm^2)
	泊松模型	指数模型	
K3Z	0.573	0.427	4.10
K3D	0.402	0.598	2.42
K3X	0.261	0.739	9.44

利用泊松模型的收敛趋势，帮助组合模型确定收敛时间。由表 7-3、表 7-5、表 7-7 中泊松模型的预测值分析可知，在 700d 左右，模型达到了极限沉降值。可以认为在 700d 左右沉降基本完成。各测点的组合模型公式与其预测模型的平均绝对百分误差见表 7-10。分析可知，测点 K3Z、K3D、K3X 的组合模型的 *MAPE* 值均在 10～20 之间，均达到良好的预测精度。组合模型的预测精度高于单个模型的预测精度。

各测点组合模型公式与平均绝对百分误差 **表 7-10**

测孔	组合模型公式	*MAPE*
K3Z	$\hat{y}=0.573\left(\frac{17.86}{1+18.22e^{-0.022x}}\right)+0.427(26.231-27.566e^{-0.0038x})$ $0\leqslant x\leqslant 700$	20.63
K3D	$\hat{y}=0.402\left(\frac{15.03}{1+14.93e^{-0.021x}}\right)+0.598(21.721-22.651e^{-0.0039x})$ $0\leqslant x\leqslant 700$	13.90
K3X	$\hat{y}=0.261\left(\frac{22.10}{1+9.30e^{-0.016x}}\right)+0.739(33.513-33.486e^{-0.0030x})$ $0\leqslant x\leqslant 700$	12.81

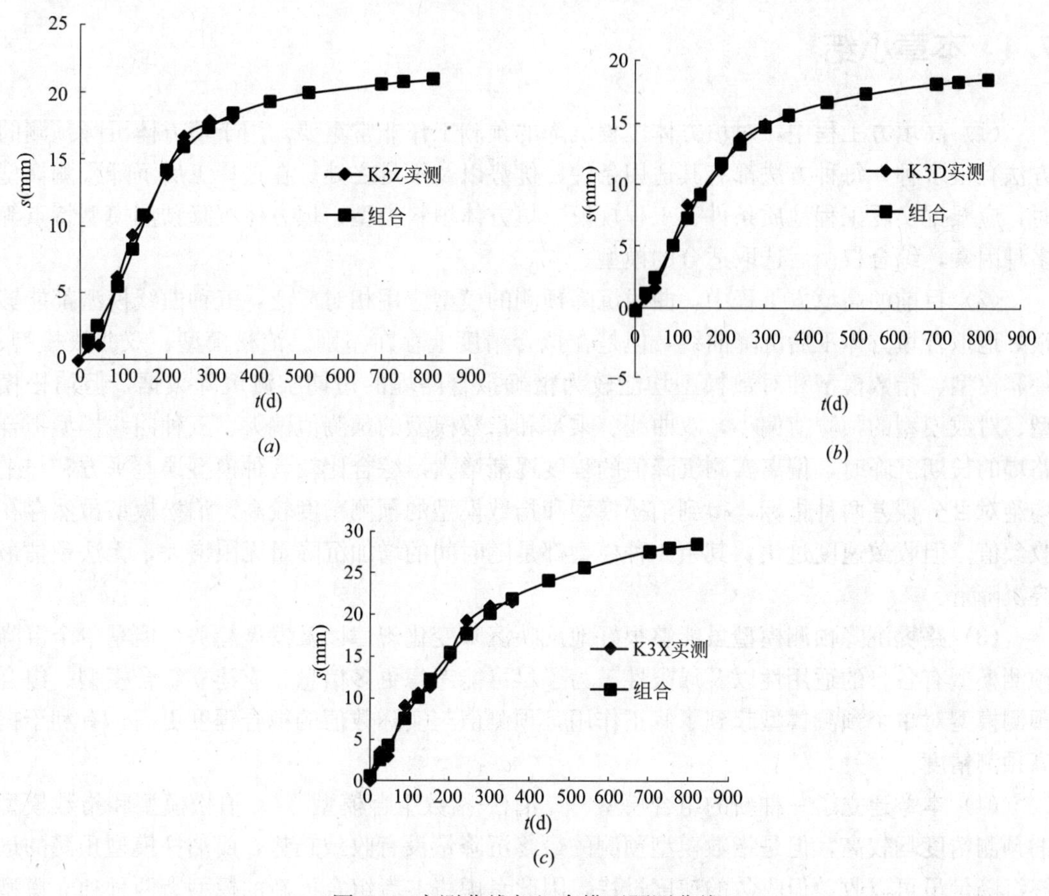

图 7-4 实测曲线与组合模型预测曲线

(*a*) 测点 K3Z；(*b*) 测点 K3D；(*c*) 测点 K3X

利用计算出的组合模型公式分别预测 K4＋120 断面测点 K3Z、K3D、K3X 的最终沉降，见表 7-11。

各测点组合模型公式预测最终沉降量 **表 7-11**

测孔	预测最终沉降量(mm)
K3Z	20.61
K3D	18.14
K3X	27.50

虽然三个测点同在 K4＋120 断面，但因为所处位置不同，所以沉降量也略有差异，根据组合模型预测的沉降值，路堤完工后一年左右沉降量达到了 90%，在接近两年的时间里基本完成沉降。K4＋120 断面的最终沉降量在 18.14～27.5mm 之间。

通过分析可知，泊松-指数组合模型具有收敛的趋势，与填方体实际沉降拟合效果更好，预测精度明显高于两个独立模型。该新组合的建立为填方体工后沉降预测提供了一种新的预测方法，为更多学者研究组合预测模型提供一个参考。

7.4 本章小结

（1）高填方工程中，对填方体工程沉降的预测工作非常重要。用于填方体沉降预测的方法有很多种，每种方法都有其适用条件、优势以及不足之处。在选择工后沉降预测模型时，应根据实际工程地质条件、工程规模、填方体填料类型、填方体沉降预测模型特点等多种因素，综合权衡后选取适合的模型。

（2）目前的高填方工程中，曲线沉降预测的模型应用相对广泛，五种曲线模型都能够很好地拟合填方体工后沉降曲线，但是在拟合精度上存在差别。泊松模型、双曲线模型、乘幂模型、指数模型和对数模型均能较为精确拟合路堤的短期实测沉降数据，但泊松模型、对数模型的预测值偏小，双曲线、乘幂和指数模型的预测值偏大。五种曲线模型拟合路堤的长期沉降时，偏离实测沉降值的程度逐渐增大。综合比较 5 种模型误差平方和与平均绝对百分误差两种指标，得到泊松模型和指数模型的预测精度较高。泊松模型虽然存在收敛值，但收敛速度过快。其余 4 种模型都是随时间的增加沉降量无限增大，无法预估最终沉降量。

（3）路堤沉降预测模型虽能够很好地反映沉降变化规律以及发展趋势，但是单个沉降预测模型有各自的适用性以及局限性，为了尽可能考虑更多信息，应建立组合模型。组合预测模型对单个预测模型起到了修正作用，预测值与实际数值的拟合程度更高，有利于提高预测精度。

（4）本章建立了一种新的组合模型——泊松-指数组合模型[30]。泊松模型和指数模型的预测精度均较高，但是指数模型预测的最终沉降量没有收敛趋势，而泊松模型预测的最终沉降量虽可以收敛但收敛的速度过快，因此考虑将二者组合成新的模型。两种独立模型的误差趋势相反，将二者组合起来能较好地进行优势互补，误差平方和与平均绝对百分误差均有减小，预测精度高于两种独立模型。该泊松-指数组合模型可以有效预测黄土高填方路堤的填方体工后沉降，为高填方路堤的工后沉降预测提供了一种新的方法。

参考文献

[1] 郑治. 路堤自身压缩的分层总和法 [J]. 华东公路，1996，(5)：51～54.

[2] 戎晨. 软路基沉降预测方法的对比分析 [J]. 现代公路，2013，3 (4)：134～135.

[3] 邹德强. 高填方路基沉降反演及预测方法研究 [D]. 长沙理工大学，2004.

[4] 朱百里，沈珠江等. 计算土力学 [M]. 上海：上海科学技术出版社，1990.

[5] 王星华，吴汉波，祝志恒. 神经网络在填石路基沉降预测中的应用 [J]. 路基工程，2008，(3)：12～14.

[6] 王新征，郑伟花. 人工神经网络在预测软基沉降中的应用研究 [J]. 路基工程，2010，(1)：128～130.

[7] 刘鹏，陈泽松等. 高速公路软土路基沉降预测方法分析 [J]. 土工基础，2005，19 (3)：52～55.

[8] 周焕云，黄晓明. 高速公路软土地基沉降预测方法综述 [J]. 交通运输工程学报，2002，2 (4)：7～10.

［9］ 李福民，赵有明. 深圳软土地基处理中 Asaoka 法的应用 ［J］. 中国铁道科学，2006，27（11）：38～42.

［10］ 王志亮，黄景忠，李永池. 沉降预测中的 Asaoka 法应用研究 ［J］. 岩土力学，2002，23（4）：2025～2028.

［11］ 匡希龙，邹德强. 基于龚帕斯曲线法的高填方路基工后沉降预测新思路 ［J］. 公路工程，2008，33（4）：127～134.

［12］ 邓聚龙. 灰色控制系统 ［M］. 武汉：华中理工大学出版社，1986.

［13］ 刘思峰，谢乃明. 灰色系统理论及其应用 ［M］. 北京：科学出版社，2008：26～31.

［14］ 张传峰，陈礼仪等. 常用软土路堤沉降预测方法的评价与应用 ［J］. 岩土钻掘工程，2008，（12）：35～41.

［15］ 薛凯元. 适于黄土填料高填方路堤综合压实技术的应用研究 ［D］. 太原理工大学，2015.

［16］ 朱玉美. 高速公路软土路基工后沉降预测方法研究 ［D］. 东南大学，2007.

［17］ 郑建国，王婷，张继文. 黄土路基沉降量预测方法的研究 ［J］. 岩土力学，2010，31（1）：321～326.

［18］ 范晓秋，洪宝宁. Logistic 和 Gompertz 曲线及其最优组合模型在沉降预测中的运用 ［J］. 防灾减灾工程学报，2007，27（2）：192～195.

［19］ 吴清海，李惠芳. 变权组合模型在沉降预测中的应用 ［J］. 测绘科学技术学报，2009，26（2）：118～120.

［20］ Bates，J. M.，C. W. J. Granger. The Combination of Forecasts ［J］. Operations Research Quarterly，1969，（20）：451～468.

［21］ 李猛，谢正文，付燕. 最优沉降组合预测模型及应用 ［J］. 西部探矿工程，2008，（8）：216～219.

［22］ 唐小我. 预测理论及其应用 ［M］. 电子科技大学出版社，1992，2～12.

［23］ 窦顺，夏琼. 黄土路基沉降变权重组合模型预测方法研究 ［J］. 路基工程，2012，（4）：30～33.

［24］ 杨友元. 基于变权重组合模型的路基沉降预测方法 ［J］. 铁道建筑，2012，（3）：85～88.

［25］ 赵明华，刘江波，余颜. 高填石路堤沉降变权重组合预测方法研究 ［J］. 湖南科技大学学报（自然科学版），2005，20（4）：53～57.

［26］ 周传世，刘永清. 变权重组合预测模型的研究 ［J］. 预测，1995，（4）：47～48.

［27］ 欧阳炼. GM（1，1）-Logistic 路基沉降组合预测模型研究与应用 ［J］. 铁道科学与工程学报，2010，7（4）：56～60.

［28］ 范晓秋，洪宝宁. Logistic 和 Gompertz 曲线及其最优组合模型在沉降预测中的运用 ［J］. 防灾减灾工程学报，2007，27（2）：192～195.

［29］ 赵明华，刘煜，曹文贵. 软土路基沉降变权重组合 S 型曲线预测方法研究 ［J］. 岩土力学，2005，26（9）：1443～1447.

［30］ 李慧洁. 黄土填料高填方路堤沉降预测模型的对比分析及研究 ［D］. 太原：太原理工大学，2016.

第 8 章　黄土高填方路堤的其他关键技术问题探讨

8.1　黄土高填方路堤的其他关键技术问题

本书前面 7 章主要从黄土高填方路堤的填方体压实技术及相关工后沉降规律两方面加以研究。事实上，在黄土丘陵沟壑地区开展大面积削峁、填沟而修建黄土高填方路堤工程，除了填方体的填筑质量及沉降控制以外，还面临着一系列其他的工程地质与岩土工程技术问题，概括起来主要集中在以下几个方面[1]：

（1）工程地质条件综合问题。高填方工程的土方规模大、场地平整范围宽、地形地貌条件复杂，覆盖土层的岩土结构和工程性质独特，岩土工程设计、施工前需要对工程地质、水文地质环境进行准确评价。

（2）土方平衡与调配问题。大面积黄土高填方的土方工程具有深挖高填、超大土方量、填料性质复杂、场地地质条件复杂、相互影响因素多等特点，土方平衡设计和调配是一个高度复杂的系统。

（3）地下、地表水疏排问题。工程建设后，地形地貌改变将引起地下水补、径、排条件的改变，有可能抬高局部地下水排泄基准面，造成场地水位变化，并由此引起高填方工程的一系列变形与稳定性问题。因此，对地下、地表水的疏排，控制往往是高填方工程成败的关键之一。

（4）原地基处理问题。场地内普遍分布有深厚湿陷性黄土，部分沟谷区域分布有淤积土，对原地基处理要求高，否则高填方形成后，沉降长期无法稳定，后期地基处理将造成巨大困难及投资浪费。此外，由于沟谷斜坡地带地形陡峻，在较短水平距离内挖填方的高度变化很大，容易产生较大的差异沉降。

（5）高边坡稳定性与防护问题。高填方边坡可以通过设置较缓的坡度，来增加其稳定性，但在工程边界往往会形成一些新的、较陡的挖方边坡，若对影响挖填方边坡稳定性因素分析不足、处理措施不当，可能出现边坡失稳、垮塌等工程事故，因此需要因地制宜地采取工程措施，保证填方体及其上建筑物的安全与稳定。此外，黄土边坡易受雨水侵蚀，必须采取措施保护挖填坡面，防止雨水漫流、冲刷。

（6）施工质量监控问题。大面积高填方工程建设工期往往很紧，施工工作面广，各类施工机械众多，施工组织非常复杂，工程质量的监控难度很大，需要对于影响工程质量的因素及时采取合理监控措施，确保施工单位按照工艺标准进行施工，保证施工质量。

8.2　技术措施

本书结合太原市阎家峰高填方路堤等工程，并参考有关文献[1]，分析和探讨解决以上关键问题的相关技术措施。

8.2.1　场地综合地质条件评价

黄土高填方工程的场地综合地质条件评价包括环境地质条件、水文地质条件和工程地质条件三大部分。其中，环境地质条件评价内容包括地形地貌、区域地层、地质构造、气象水文、地震及抗震设计参数等；水文地质条件评价内容包括水文地质结构、地下水赋存条件、地下水及其露头分布、区域地下水补给、径流及排泄特征、工程建设引起的地下水动态变化与响应分析等；工程地质条件评价内容包括地层结构及特征、地层的工程性质指标、岩土力学性质和不良地质现象等。相关工作分为初勘、详勘和施工勘察三个阶段，贯穿于整个施工过程，为沟谷排水设计、原地基加固处理、填筑体施工、边坡设计等提供依据。

通过太原市阎家峰高填方工程的场地综合地质条件研究，得到如下主要结论[2]：

8.2.1.1　环境地质条件

(1) 地貌、地形

通过参阅有关工程地质勘查报告[2]，可知太原市阎家峰高填方工程所处地貌单元均为东山山前黄土丘陵。

(2) 气象、水文

太原市属暖温带干旱半干旱大陆性气候区，四季分明，春季干旱多风，夏季温高湿重，秋季天高气爽，冬季寒冷干燥。多年年平均气温为9.4℃，极端最高气温为39.4℃，极端最低气温为－25.5℃；多年（1951～2011年）年平均降水量450mm，最大降水量749mm(1969年)，最小降水量216mm(1972年)。降水量年内及年际分布不均匀，年内降水的60%集中于7～9月份，且山区降水量大于盆地，北部大于南部。多年年平均蒸发量为1695mm，年平均相对湿度60%，主要风向冬季为北风和西北风，夏季为南风，年平均风速为2.5m/s，最大风速为25.0m/s，最大冻土层厚1.06m，多年平均冻土深度0.73m，地震烈度为Ⅷ度，一般无霜期为170d。

场区附近主要河流有北沙河、南沙河两条季节性支流，属太原市境内汾河的支沟，平时基本上是污废水，汛期遇暴雨，山洪峰高流急，并携带大量泥沙。北沙河发源于山甲梁北侧，控制流域面积为17.3km^2，河道长9.1km。南沙河发源于东山南凹，控制流域面积23.5 km^2，河道长11.4km。

(3) 区域地形地貌

太原地区位于太原盆地北端，东西两侧为山区，中、南部为河谷平原，整个地形北高南低。东部属太行山系，俗称东山，海拔一般在1000～1500m之间。西部为吕梁山系，俗称西山，海拔一般在1000～1700m之间。东西山之间是冲洪积平原，海拔一般在755～810m之间，地形平坦，小店以北东西宽约8～15km，小店以南东西宽约50～65km。勘察区域位于太原地区东部，即东山地区，地形北高南低，地形起伏较大，海拔高度800～870m，场地所属地貌单元为东山山前黄土丘陵区。

(4) 区域地质构造

本区地处山西地台背斜中段、鄂尔多斯地块动缘，受祁吕贺“山”字形构造及新华夏系构造的影响，形成具有控制意义的一系列断陷盆地，包括大同、忻定、太原、临汾断陷盆地，其总体延伸方向为NE-SW向。其中太原盆地基底由高低不平的块状陷落组成，自北而南有阳曲凹陷、棋子山隆起、泥屯隆起、新城凹陷、三给隆起、市区凹陷、亲贤隆起、晋源凹陷、西温庄隆起。

①断裂构造

a. 土堂断裂

西部边山一带，北起新寨村南汾河湾，经土堂、大留村西北山前往南延伸至三给，全长14km，为一走向330°～340°的扭张性正断层，断层面倾向50°～60°，倾角70°～80°，断距330m，在兰村水厂附近，上下盘基岩出路，上盘为O2x灰岩，下盘为∈3灰岩，断层带宽20～50m，断面平直光滑，断层角砾岩胶结中等。该断裂往土堂一带，变为山前隐伏断裂。

b. 兰村断裂

位于兰村西侧，为走向22°的扭张性正断层，北东段延伸至镇城，南西段与土堂断层相交，长5km，倾向112°，倾角70°，推测断距500～600m，该断裂为一山前断裂，构成山区与盆地的界线。

c. 三给地垒

由三给断层与摄乐断层组成，地垒走向近于北西，西部基岩埋深40～50m，向东逐渐倾没，在300m以上组成地垒的两断层均为正断层，其倾向分别为南东与北西，倾角较陡，断距100～150m。

d. 上兰—晋祠边山断裂

该断裂由一系列NNE及NEE向压性、压扭性多级断构造相接而成，构成盆地西界，主要断距为400～800m，次一级断裂在100～200m之间，断裂带及其两侧岩石破碎，与第四系地层直接接触，使地下水受阻富集。

e. 王封断裂

走向NE70°，由平等的压扭性正断层组成，构成王村地垒，地表可见长度20km，垂直断距30～100m，东端已延至西边山断裂带，为兰村岩溶水与晋祠岩溶水的天然分界。

②区域新构造与地震构造

太原盆地内的主要活动断裂有：西山山前的晋祠断裂、柴村断裂、东山山前断裂、三给—汾河断裂、新城—亲贤断裂以及田庄断裂。晋祠断裂是交城断裂北分支，南起清徐，北抵大井峪，长约28km，走向北东，倾向东南，是上新世形成以来仍在活动的断裂；柴村断裂南起柴村西南的摄乐村，北抵上兰村一带，长17km，走向北西，该断裂是在中更新世至晚更新世期间的活动十分明显而强烈，但未发现有全新世活动的痕迹，沿断裂也无地震发生，断裂活动基本趋于稳定；东山山前断裂位于太原东山山前，北起黄花园，南至岗头村，长约24km，走向北西，该断裂在中更新世以前活动较强烈，在晚更新世仍有明显活动。三给—汾河断裂、新城—亲贤断裂及田庄断裂为盆地内第四纪地层覆盖的冲积平原区隐伏断裂。三给—汾河断裂、新城—亲贤断裂分别隐伏于盆地中部汾河西岸、东岸，南起宋环村，北起北路村，总体呈南北向延伸，贯穿太原城区，全长51km。该断裂在上新世和早、中更新世期间强烈活动，晚更新世以来活动渐弱，全新世以来无明显的差异运动，但近代沿断裂发生过中强地震；田庄断裂西起清徐姚村，经田庄止于小口，全长约48km，呈弧形分布，北东走向，该断裂与盆地内的多条断裂有构造交汇，是太原盆地地震活动较强的一个地段，历史上断裂附近发生过5～6级地震，近代仍有活动。

③区域地震活动分析

太原盆地地震活动频繁，在山西地震带属于中等水平，交城县附近曾发生6.5级地震，且交城断裂中段多次出现古地震事件，新近发现的西张村古地震遗址表明太原历史上至少曾发生大震级地震有3次，震级约在里氏7～7.5级之间。阳曲断陷和太原断陷盆地内部构造复杂，以南北向断裂为主体，多组断裂相互交汇。在这些断裂上，近期微震密集分布，形成了一个非常显著的南北向微震密集带。根据《中国地震动参数区划图》GB 18306—2001，项目区地震动峰值加速度为0.20g，抗震设防烈度为Ⅷ度。

(5) 区域地层

本区位于太原断陷盆地的中北部，太原盆地基底为前寒武系变质岩系，其上依次为下古生界寒武系、奥陶系碳酸盐岩、上古生界石炭系、二叠系碎屑岩类及新生界第三系、第四系松散堆积物。

寒武系下部主要为泥岩，中上部为鲕状灰岩、竹叶状灰岩、白云质灰岩等；奥陶系下统以白云岩为主，中统以灰岩为主。石炭系为砂页岩煤系地层，夹薄层灰岩；二叠系为砂页岩。第三系为红黏土夹砂砾石；第四系下更新统为湖相黏土夹粉细砂，中、上更新统及全新统为冲洪积相粗砂、粉细砂夹砂砾石。

8.2.1.2 水文地质条件

通过对场区的水文地质条件研究[2]，认为本工程地下水类型属上层滞水，勘察期间实测静止水位埋深介于28.0～36.5m之间，稳定水位标高介于829.61～830.34m之间。

8.2.1.3 工程地质条件

通过对场区的工程地质条件研究[2]，认为场地地基土沉积时代及成因类型自上而下依次为：第四系全新统人工堆积层（Q_4^{2ml}），第四系全系统冲洪积层（Q_4^{1al+pl}），第四系上更新统风积层（Q_3^{eol}）、第四系上更新统冲洪积层（Q_3^{al+pl}），第四系中更新统冲洪积层（Q_2^{al+pl}）。岩性以人工填土、湿陷性黄土、粉土、粉质黏土、砾砂、圆砾为主。原地基中分布的湿陷性黄土对高填方地基的变形和稳定性会产生不利影响，施工过程需要对湿陷性黄土进行处理，消除黄土湿陷性隐患，确保地面建筑物结构的安全和稳定，以提高地基土的承载力，减少工后沉降。

场地中的不良地质作用主要为场地附近存在东山山前断裂，该断裂位于太原东山山前，北起黄花园，南至岗头村，为一呈北北西向的正断层，向南延伸与盆地中部北东向断裂相交，长约24km，该断裂在中更新世以前活动较强烈，在晚更新世仍有明显活动，为非全新活动断裂。除此以外，场地内无崩塌、滑坡、地面塌陷、沉陷、泥石流、地面裂缝、采空区等危及本工程安全的其他不良地质作用。

8.2.2 土方工程优化

黄土丘陵沟壑区的原始地形起伏大，平整场地过程挖填土方量大，场平工程宜采取土方自平衡的方式，考虑植被层挖除、挖填土方量变化、填土固结压缩、原地基处理引起的沉降量、大厚度填土荷载引起的施工期原地面沉降、挖方区超挖回填等具有深挖高填特色的多影响因素。由于大面积挖填方场地影响因素多，难以一次达到土方平衡，因此采取了在土方施工过程监测填挖方区地面高程变化，通过调整设计标高，进行土方再次平衡，逐步实现全场土方完全平衡。

在土方运输方面，以平均运距最小为原则，兼顾划分小区的便利性；土方调配与土方施工组织设计相适应，原则上不宜跨标段进行土方调配；施工小区内挖填自平衡，避免交叉取土、运土，避免交叉作业。

太原市太行路阎家峰高填方工程在土方平衡、地势设计过程中，采取填方后的地形与原始地形相结合的方式，在满足使用要求及有关标准的前提下少挖少填，满足建筑布局要求，有针对性地确定控制点标高，根据场地土方平衡情况，调整设计标高，进行局部纵、横坡度优化，保证场地雨水能自流排放。

8.2.3 地下盲沟排水

填沟造地的大厚度填方工程，改变了原有地下水的排泄路径。需要采取措施排泄地下水，确保地下水的稳定和场地安全。排水盲沟根据填充材料、结构形式的不同可分为全碎石盲沟、管式盲沟、洞式盲沟、支撑渗沟等。国内黄土高填方工程，一般就地取材，选用全碎石盲沟和管式盲沟形式较多。当区内原始沟道水流量较小，碎石强度、软化系数、粒径及形状能满足设计要求时，可就地取材，采用全碎石盲沟；当过水量大，碎石强度指标较低，可选择管式盲沟。

为防止和减少雨水下渗，可采取多种地面减源措施：①地面防水；②市政排水；③山体截水；④收集雨水等。工程建设后，可建立地下水动态监测网对地下水位进行长期动态监测。

8.2.4 原地基加固处理

8.2.4.1 沟底地基土的处理

（1）沟底淤积土处理

淤积土一般呈灰褐—深灰色，为沟谷两侧及上黄土、古土壤等经流水搬运而淤积形成。淤积土的物理力学性质较差，孔隙比大，天然含水率大于液限，呈软塑—流塑状，具高压缩性，低强度，低透水性和高灵敏度等软土特征，易产生沉降变形及发生流土等渗透破坏，工程性质与南方的游泥质软土类似。未经处理的情况下，在上覆回填土压力的作用下，将产生较大的固结压缩沉降，且需要较长的时间才能稳定。

对沟底淤积土的处理常用堆载预压、清淤换填、渣石桩（碎石桩、DDC等）、强夯置换等方法。在设计阶段选择具体处理方法时，要结合地形地貌及土质情况，并考虑施工可行性、加固深度、处理要求效果、造价等因素综合确定。某高速公路的高填方工程施工中，经过几种方案的比选后确定采用清淤换填法进行沟底淤积土的处理[3]。具体工艺流程为：①清除杂草、树根、耕地，除去全部农作物、山坡，清除灌木根茎及树根，堆去表土20～30cm。②设计清淤路段，用手摇螺纹钻进行补充钻探，进一步探明软土层的深度、范围及饱水等情况，决定处理方法，因软土层厚度均不大，大部分均采用清淤换填。③清淤及换填，因清挖范围较大，大部分都无法排干地下水，施工均用挖掘机挖装，翻斗车运走，挖出一定范围立即回填片石，回填高度一般控制在地下水稳定水位以上50cm，填好片石后，经过碾压，即成为新的清淤机械的作业场地，将清淤工作逐步推进，直至完成。完成上述工序后，即可进行原地面碾压，当碾压过程中发现有局部软弹时，必须进行挖坑或用手摇钻补充钻探，查明原因，决定相应进一步处理方法。

（2）松散堆积物处理

松散堆积物在表层软弱土清除后采用强夯法夯实处理。当下方存在软弱层时，强夯处理深度须贯穿软弱层。生活垃圾应挖除并运送至区外指定区域，建筑垃圾可采用强夯法夯实处理。

例如，祁临高速公路工程：该线路多处跨越直壁沟壑，局部沟深达 40m 以上，施工中采用了强夯对原地面松散堆积物进行处理，沟壁台阶开挖式，施工效果良好[4]。

8.2.4.2 冲沟斜坡地基土的处理

（1）冲沟斜坡开挖台阶

当冲沟斜坡坡度较大或较陡时，需要开挖台阶和削坡处理，处理方式如图 8-1 所示。台阶的开挖有利于调整填筑高度的过快变化，使其能够逐步渐进调整和合理过渡，减小挖填分界处的不均匀沉降，有利于消除冲沟两侧斜坡上黄土的湿陷性。

（2）挖填过渡段地基的处理

一般挖填方厚度小于 5m 所确定的平面范围考虑为挖填交界面过渡段的范围。通常做法为，在挖填过渡区的挖方区设计标高下一定深度内开挖成斜坡及台阶，如图 8-1（*a*）所示。

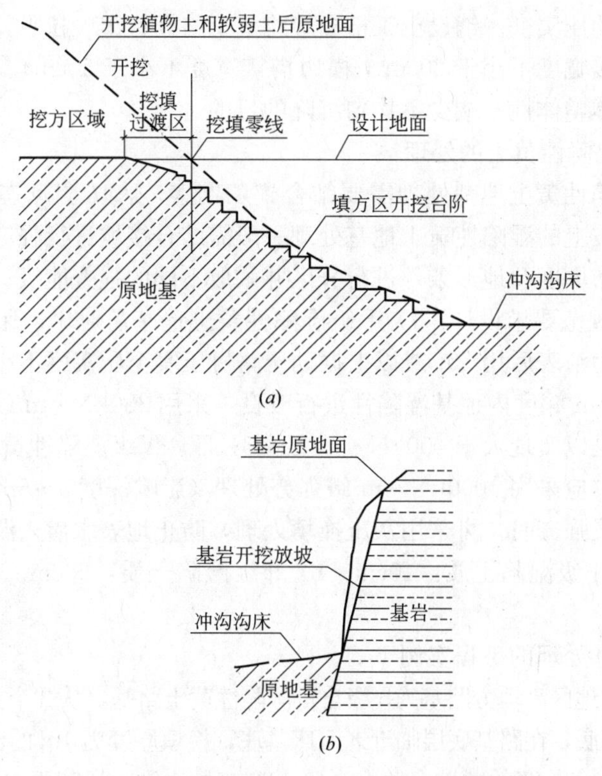

图 8-1　黄土高填方的冲沟斜坡处理示意图[1]

（*a*）土质斜坡处理；（*b*）岩质斜坡处理

但是，有的路基在填挖交接处及高低填方衔接处，冲沟发育，沟深坡陡，开挖大台阶势必大量增加挖、填土方量，台阶跟部也不易压实。因此，国内有的黄土高填方工程采取除采用小台阶（宽 50cm，高 40cm）和在每层台阶上加铺土工格栅的办法加以综合处理[5]（图 8-2）。由于土工格栅具有较强的抗拉强度、耐降解性、不吸水性，埋在土中，可以显著提高土体的抗拉强度，增强土体边坡稳定性。其次，由于土的不均匀性和黏结性较低，决定了路基在承受车辆荷载压力时，各部分受力差异较大，这样，更容易产生路基的不均匀沉降。因此，该综合处理采取了在一定层面上铺设土工格栅的措施，以提高土体的抗剪性能和整体性，使土体均匀受力，减少路基不均匀沉降，还可防止路基出现横向裂纹。

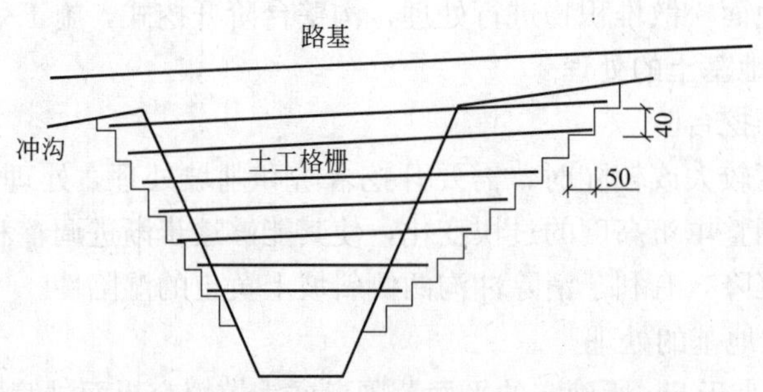

图 8-2　某黄土高填方工程填挖交接处综合处理示意图[5]

土工格栅应在压实检验合格后或冲压补强完成后铺设，这样，可以较好地避免土工格栅破坏和影响黄土的压实度。铺设土工格栅应将土工格栅钉牢、拉平，并保证格栅之间的重合搭接（纵边搭接宽度不小于 20cm，横边搭接宽度不小于 50cm）。切实保证格栅起到作用，达到提高土体整体性、减少不均匀沉降的目的。

（3）冲沟斜坡湿陷性黄土的处理

冲沟斜坡的湿陷性黄土地基处理需要结合施工勘察，采取“动态化勘察设计、信息化施工”原则。谷坡上的湿陷性黄土地基处理一般需结合接坡进行强夯处理，根据需处理的湿陷性黄土的分布厚度及地形条件进行分区并采取不同的强夯能级。湿陷性黄土的处理方法[6]应依据相关规范要求设计：1）Ⅰ级湿陷性黄土地基需对 1m 深度内地基湿陷性进行改良，施工程序为清表后用 30t 或以上振动压路机压实至压实度不小于 0. 90 即可。2）Ⅱ级湿陷性黄土对 2m 深度内地基湿陷性进行改良，采用 350kN · m 以上重锤夯实，现有重锤夯实机具一般难以实现大于 400kN · m 级。3）Ⅲ，Ⅳ级湿陷性黄土对 3 m 深度内地基湿陷性进行改良，应采用 1000kN · m 级强夯处理（影响深度 3～6m）。4）当周围环境原因不能采用重锤或强夯时，可采用灰土换填处理，防止地表水渗入湿陷性黄土中，换填厚度设计要求：a. Ⅰ级湿陷土质：40cm；b. Ⅱ级湿陷土质：60cm；c. Ⅲ级，Ⅳ级湿陷土质：80cm。

湿陷性黄土路基处理的工程实例 1：

甘肃某黄土冲沟地区高填方路基为Ⅳ级自重湿陷性黄土路基，从 3 个方面对湿陷性进行处理[7]：①防止水浸基底，在路基底层临近老河床基底，换填厚度为 1m 的卵石土，并分别在路床下－8m、－20m 设 2m 宽的放坡台阶，台阶上砌筑排水沟，拦截雨水减少对坡面的冲刷；②帮填及冲沟特殊地形地质情况，机械清除沟底及坡面 30～50cm 厚的杂草、松散土，挖除沟壁多年剥落的落坡土直至坚硬部分，使其沟面接近规则；③消除湿陷性。对自重失陷性黄土地基采用灰土挤密桩和 DDC 孔内强夯桩，沟壑渗水处采用碎石挤密桩，对原有洞穴用 3∶7 灰土分层换填，对原有黄土窑洞临近段，采用压力注浆法。具体做法为：

1）灰土挤密桩

该工程在一般路段采用灰土挤密桩处理。灰土挤密桩原理是：通过机具成孔，利用杆状尖锤的高压强动能，对孔内填料进行冲击夯扩，破坏原土结构，使填料向孔底和孔周强力压实、挤密，从而改变土体结构提高地基承载力，同时生石灰受潮后消解体积膨胀，使得路基填料再次被挤密。挤密桩起到置换作用、应力集中效应，成桩后的挤密桩与桩间土形成复合地基共同承担上部荷载，进而减少总沉降量[8]。

该工程设计要求桩体平均压实系数不小于0.96，桩间土的密实系数不小于0.93，湿陷性系数小于0.015。施工前选定50m作为灰土挤密桩试桩范围，用DD—25柴油打桩机进行成孔，采用偏心轮夹杆式夯实机进行灰土夯实。灰土挤密桩的质量控制主要集中在控制成孔顺序及填料夯实两个方面。本工程采用隔排隔行，整片处理时由内向外，局部处理时由外向内成孔，间隔1～2孔跳打，成孔后立即回填，防止邻孔之间相互挤压造成缩孔或震动坍塌。填料夯实采用偏心轮夹杆式夯实机，锤重250kg，锤径300mm，夯锤提升高度0.4m，回填前先重锤空夯8次，再分层回填夯实，逐层以每1标准锹夯4击依次填筑到顶，根据工艺试验，其桩体压实系数为0.966，桩间土挤密系数为0.93。施工结束后，经探井环刀法分层检测，其中桩体压实系数及桩间土、自重湿陷系数、采用平板载荷试验，对复合地基承载力检测，均满足设计要求。

2）DDC孔内强夯桩

该工程在湿陷性黄土厚度较大处采用DDC孔内强夯桩，桩体采用3∶7灰土填夯，桩径为0.60m，成孔直径0.40m，夯扩至不小于0.60m，桩中心间距为1m，桩长15m，采用正三角布置，桩体压实系数不小于0.97。施工前先选用3根作为工艺试验桩，用机械洛阳铲，直径为400，11kW成孔，采用夯实桩机，锤重3.8t，锤身直径0.36m，长4m，进行扩孔及夯实。质量控制重点同灰土挤密桩，每层填料厚度约1m，夯锤提升高度控制在10m，为确保桩头质量，每孔超填夯实不小于0.50m。经工艺试验结果对比，以每1标准锹夯4击依次填筑到顶，根据工艺试验，其桩体压实系数为0.974。施工结束后，经探井环刀法分层检测，其中桩体压实系数及桩间土、采用平板载荷试验对复合地基承载力检测，均满足设计要求。

3）碎石桩

本工程在渗水的沟壑填筑部位采用碎石桩进行湿陷性消除基础处理。桩体采用20～50mm碎石填夯，桩径为0.40m，桩中心间距为1m，桩长10m，采用正三角布置，桩体压实系数不小于0.97，桩体复合地基承载力不小于200kPa，桩间土不小于150kPa，碎石桩形成后必须大于中密状（N63.5⩾10）。施工前先选用3根作为工艺试验桩，选用振动冲击沉管桩机（直径为400）成孔，并向管内投入碎石，分段振捣密实。施工顺序为：打桩机就位—振动沉管—成孔、灌碎石—边拔管、边振捣、边加料、反插振捣—桩成型—桩机移位—质量检查。施工中成孔顺序同灰土挤密桩，并应在施工前确认桩体充盈系数，回填时第一次将碎石填至桩身长度的0.8倍处，留振1～2min，再以1～3m/min的速度匀速提起沉管至桩长的1/2处，按照1～3m/min的速度匀速下降进行反插至设计加固深度，留振1～2min，再以1～3m/min的速度匀速提起沉管至桩长的1/2处，进行二次投料至桩顶，重复压拔管3～4次，以1～3m/min的速度匀速提起沉管，制桩完成。该桩完成7d、28d后，分别进行了碎石桩密实度检测及单桩复合地基承载力检测，均满足设计要求。

湿陷性黄土路基处理的工程实例 2：

某民用机场 85m 黄土高填方所在位置，位于拟建场地中部南侧的火烧沟及其两侧。火烧沟总体呈近南北向，由东北向西南倾斜，沟谷纵坡降约 7.1%。该地形起伏较大，冲沟发育，纵横切割，沟谷横截面上游呈“V”字形，下游呈“ U”形，沟谷两侧坡度为 40°～60°，局部地段可达 80°以上。地形总体呈中间低，东西两侧高，北高南低，地面标高介于 1050～1198m 之间，相对高差为 148m 。场区天然地基为湿陷性黄土，根据湿陷性试验结果，湿陷土层为第 1 层素填土、第 2 层黄土状土，在 200kPa 浸水压力下湿陷系数 δ_s 为 0.016～0.029；在 500kPa 浸水压力下为 0.017～0.031。

考虑试验区土质情况及地形地貌，该路基采用素土挤密桩进行处理，施工机械为沉管式打桩机。采用素土挤密桩处理湿陷性黄土路基的原理为：由于夯实和挤压作用，桩间土得以挤密，素土桩体也更加密实，从而使岩土物理力学性质得到改善，湿陷系数大大降低。同时，素土挤密性对提高复合地基承载力和桩间土承载力均有显著作用。

采用素土挤密桩处理后，桩体密实情况良好，桩间土的湿陷性消除。施工过程中还发现，采用冲击沉管或振动沉管工艺施工素土挤密桩，有抱管及塌孔现象，工效欠佳。综合考虑施工情况及试验结果可知，若用素土挤密桩处理原始路基，需选择和制定科学的施工工艺及参数，才能同时满足地基承载力及施工工效的要求[9]。

8.2.4.3 不良地质体的处理

(1) 崩塌与滑坡体处理

公路崩塌与滑坡是制约我国公路建设的一个重要因素。黄土地区的黄土崩塌、滑坡具有变形急剧、滑动速度快、发生频次高、分布群集和老滑坡复活等特点，往往防不胜防，其所造成的灾害已成为黄土地区经济发展的一大障碍。山西省是我国黄土分布面积较广的省份之一，地质条件复杂，区域构造强烈，地震活动较频繁，为黄土崩塌、滑坡易发和多发地区[10]。

崩塌主要发生在高陡边坡处，原始坡高一般 10～100m，坡脚 60°～90°，坡形多呈线性和弧形。崩塌体后壁多发育有拉张裂隙。崩塌主要分布在区域河流沟谷两侧、公路沿线、村庄陡坡及矿区。当崩塌体积规模较小时，采取开挖台阶强夯处理，当崩塌规模大时，需专门研究解决。

黄土分布区的滑坡大都属于黄土滑坡，滑坡后壁平面形态多呈典型圈椅状，后壁多位于黄土梁峁斜坡中上部，坡度多在 50°～90°之间。滑坡前缘表现为舌状或长舌状，古滑坡和老滑坡前缘多遭受侵蚀，个别滑坡甚至大部分或全部被冲蚀殆尽，仅保留后缘圈椅形态和因侵蚀坍塌而残留的坡面较陡的少量滑体。填方区滑坡，一般不需要考虑其整体稳定性，但当滑坡体结构松散时，应将松散滑坡体挖除，挖除后的原地基采取接坡强夯处理。当松散体规模较大时，需要根据实际情况现场研究解决。

临沧机场高填方所处地理位置存在一个几万方的大滑坡土体。在外界不利条件的影响下，有可能产生滑坡破坏，因此应对滑坡土体进行彻底的根治。该工程对滑坡体的处理方案[11]为①清除滑坡体上所有的湿土，直到原本山体为止；②挖顶面内倾的台阶，使填筑体与山体有良好的接触面，防止出现新的滑动面；③在滑坡体坡脚单独作一条盲沟排水系统，以降低水位，防止渗水潜浸填筑体，保证填筑体的稳定性。

(2) 土洞的处理

应加强对土洞的现场测绘、调查与分析，采取针对性的处理方法。对于浅藏土洞，采用追踪开挖并素土回填处理；对于深藏土洞，在查明其顶板厚度、洞体高度、洞径等情况的基础上，采取强夯处理；当埋藏深度过大时，查明其顶板厚度、洞体高度、洞径及填充物等情况的基础上，专项设计方案。

(3) 陡坎和悬岩的处理

场地中的陡坎不稳定部分应削除，结合接坡强夯进行处理，施工时应从上而下逐步开挖成台阶形式。

悬岩的稳定性无论对挖方施工还是填方施工都是巨大隐患，对悬岩悬出部分应予以削除，一般处理方式如图 8-1（*b*）所示。当削除处理受场地限制或施工困难时，应采用块石对其下部进行填充。

8.2.5 挖填边坡设计及防护处理

8.2.5.1 边坡坡型设计

边坡设计遵循“安全、经济、合理”的原则，综合考虑工程地质、水文地质、边坡高度、环境条件、施工条件等因素，采用稳定坡率方法，控制挖方、填方边坡高度和坡度，使坡体自身达到稳定状态。某黄土高填方工程的填方边坡、挖方边坡设计中采取的主要措施包括：

①坡顶、坡底边线根据边坡走向、规划用地等综合因素确定，在满足安全稳定前提下，坡顶以保留原有山脊线（山脊线后退一定距离）为原则。

②挖方边坡采用削坡＋平台方式，填方边坡采用放坡＋平台方式，挖方边坡平台与填方边坡平台均采用窄、宽平台联合设置方式。

此外，临时边坡在施工过程中采取适当的放坡措施，避免坡顶大面积堆载和作用较大振动荷载。

8.2.5.2 边坡坡面防护

为防止坡面上降水直接下渗和漫流冲刷，对坡面采取工程防护、生物防护相结合的防护思路，注重坡体与两侧山体的有机结合，提高坡表抗冲刷能力。举例如下：

例 1，山西省某黄土高填方边坡采取的主要措施包括：挖方边坡坡顶、平台内侧以及坡脚设置浆砌石截、排水沟。最底部一级边坡全高设置浆砌石护墙，其他边坡平台以上 3m 范围内设置浆砌片石护脚。如图 8-3 所示。

图 8-3　山西某黄土高填方底部边坡坡面防护施工现场

例 2，太原市太行路阎家峰高填方边坡每一级边坡坡面均采用浆砌片石拱形骨架，如图 8-4 所示。

图 8-4　太行路阎家峰高填方坡面防护

8.2.5.3　边坡排水

边坡工程施工应设置防排水措施且在排除水患后进行，坡面上设置完整的横向与纵向排水系统，实现坡表有序排水，防止地表水在坡面上形成漫流而冲刷坡。防排水措施包括坡顶（或地面)、坡面排水措施及坡脚排水措施。如太原市太行路阎家峰黄土高填方边坡采取的主要措施包括：

①边坡坡顶、平台内侧以及坡脚设置浆砌石排水沟。沿边坡走向设置坡面砖砌急流槽。挖方边坡坡顶设置截水沟，防止坡后雨水冲刷护坡面。边坡的排水系统同场区内的排水系统对接。

②填方边坡或支护结构坡脚处根据实际情况设置边沟，边沟与场地排水系统相连通，排至场外。

③填挖方边坡中的排水管管口需采用土工布包裹，防止泥浆灌入堵塞。

事实上，在黄土高填方施工过程中还会发生其他两种水害[12]。第一种，在路基路面施工时，雨水漫流或引、堵不当，致使雨水从边坡上集中泄下，冲毁边坡。第二种，在中央分隔带埋设电缆时，回填不及时，降水积存，水从路面基层与路基交接面渗出，形成管涌，破坏路基。对于第一种水害应在路基路面的顶面设置挡水埝及临时泄水槽，让水流顺临时泄水槽流走。对于第二种水害应及时回填，防止水在中央分隔带中积存。大量的降水对路基有损害，既要在它发生前预防，还要在大雨过后及时对路基进行检查，处理，防止重大事故的发生。

8.2.6　施工质量立体式监控

黄土高填方的岩土工程质量控制应采取多手段、多方位、全过程的立体质量控制，结合填料和施工情况，在注重“点、面”质量控制的同时，关注高填方“体”的质量进行控制。通过多手段立体式掌握高填方体的密实度、湿陷性、薄弱层和承载力情况。对于原地基，地基处理前后，开展标贯试验、波速试验、动力触探试验、载荷试验等，评价地基处理效果。对于填筑体，检测各碾压和强夯填土的含水率、干密度和压实系数，实现在“点、面”层次的质量控制；其次，当填筑一定厚度，钻探取样再次进行压实度检测，开展湿陷性试验和动力触探试验等，实现对高填方“体”的质量控制。对临空面、交接面、挖填区表面进行专门检测，实现对关键“面”的质量控制。此外，还针对地下和地表排水设施的材料质量、排水性能等进行检测，最终实现对高填方各个组成部分的“总体”质量控制。

8.2.7 岩土工程全程监测

岩土工程的复杂性决定了原位监测试验的重要性，工程知识和经验的积累在相当程度上源于监测资料的系统分析，它也是验证一切理论和计算成果的重要手段[13]。黄土高填方的监测工作应贯穿于整个建设过程，应该随施工进度同步展开，以免缺失施工期沉降，使监测不完整。通过施工期动态监测，控制和调整填筑速率，确保施工安全；通过工后长期监测，掌握高填方地基沉降变形规律和趋势，为后续工程的合理开工建设提供监测资料；通过长期系统监测，建立岩土工程监测数据库，将监测数据及时反馈到高填方工程设计与施工中，为高填方工程的动态化设计、信息化施工，提供科学依据。

黄土高填方工程的岩土工程监测内容一般应包括变形、应力和地下水三大部分。典型黄土高填方工程采取的监测内容见表 8-1。其中变形监测项目主要包括填筑体和原地基分层沉降、填筑体表面沉降、挖方区表面沉降、深部水平位移、地表水平位移；应力监测项目包括孔隙水压力、土压力等；地下水监测项目包括土体含水量、地下水位、盲沟出水量等。黄土高填方工程监测内容和监测点设置应根据高填方的地形地貌、地质结构、空间形态、所处阶段、关注重点，选择关键的监测参数、监测部位，突出重点，兼顾整体，合理布置监测网点，应力求地表监测与深部监测相结合，机械式监测与传感器监测相结合，仪器监测和宏观巡视观测相结合，人工监测和自动化监测相结合，效应量监测与环境量监测相结合，形成点、线、面相结合的多层次、多手段、立体交叉式的监测系统。

典型黄土高填方工程的监测内容及方法[14]　　表 8-1

<table>
<tr><th colspan="3">监测项目</th><th>监测方法</th></tr>
<tr><td rowspan="5">变形</td><td rowspan="2">地表变形</td><td>地表沉降</td><td>沉降板、沉降标、水准仪、全站仪、卫星定位变形监测系统等</td></tr>
<tr><td>水平位移</td><td>位移观测标、全站仪</td></tr>
<tr><td rowspan="2">内部变形</td><td>分层沉降</td><td>分层沉降标、分层沉降仪、单点沉降计</td></tr>
<tr><td>水平位移</td><td>测斜仪</td></tr>
<tr><td colspan="2">地表裂缝</td><td>观测标、钢尺、裂缝仪</td></tr>
<tr><td rowspan="2">应力</td><td colspan="2">孔隙水压力</td><td>孔压计</td></tr>
<tr><td colspan="2">土压力</td><td>土压力计</td></tr>
<tr><td rowspan="3">地下水</td><td colspan="2">地下水位</td><td>观测孔、水位计</td></tr>
<tr><td colspan="2">盲沟出水量</td><td>水量计、流速仪、围堰等</td></tr>
<tr><td colspan="2">含水率</td><td>土壤水分传感器等</td></tr>
</table>

综合监测实例：

兰临高速公路 K5＋494～K5＋582 为黄土高填方路段，路段全长 86m，在 K5＋536 处设有一涵洞构造物，从涵顶往上填土，平均填土高度为 33.88m。由于路堤的沉降变形与填土层的自重压力有关，同时沉降的不均匀分布又与压实度的不均匀分布有关，而且压实度的不均匀性也可间接用土体的压力来反映。另外，对于土来说，不论是饱和土还是非饱和土，其变形的发展都与时间密切相关。因此，该工程在填方土体内分层、分剖面、多点进行监测随时间和施工强度变化时的路堤土体的应力和变形将是现场测试的主要内容。为此，在各测点路堤横断面及挖填交界面的不同高程上布置了相应的应力和位移测试元件。测试元件均沿涵洞方向布置，一方面为涵洞减荷研究提供测试数据，另一方面也是为了消除下卧地基沉降对路堤沉降测试结果的影响[15]。

土压力测试采用的是钢弦式土压力盒，该压力盒采用振弦作为敏感元件，系压轴式双膜结构。与带有脉冲激发器的频率仪配合使用，组成量测系统。具有探头稳定性好，不受导线长度限制，适于长期观测等特点。沉降测试采用长安大学自行研制的静力水准沉降杯，该测法的特点是测线能适应土体的沉降变形，且分辨值可达 1mm，满足对土体沉降测试量级的要求，缺点是测试方法受人为操作水平的影响较大。

沉降监测实例：

黄土高填方施工期监测难度较大，会发生填土施工和监测仪器埋设相互干扰问题。为了准确获得高填方的分层沉降变化规律，有学者在焦郑高速公路某高填方工程中通过埋设导管、导杆及混凝土底座的办法实现了对填土施工过程及工后沉降的监测。具体做法为：在不同的观察位置竖直埋置一根导管（用 ϕ6cm 钢管制作），导管下端设置混凝土底座（C30 普通混凝土，几何尺寸为 0.5m×0.5m×0.2m），在导管内竖直放一根自由导杆（外径 2cm 钢管），导杆下端和另一混凝土底座（C30 普通混凝土，几何尺寸为 1.0m×1.0m×0.2m）相连，并与所要观察的位置平齐，结合填土高及便于观察和操作等实际情况，导管和导杆采用逐节连接方式进行加长，每节长度一般按 3m 或 2m 进行选择。2m 导管和导杆主要用在最上一节。导管和导杆上端伸出路面顶适当高度以便于工程竣工后跟踪观察。该沉降测量方法简易、明了，但在施工过程中安装导管、导杆及混凝土底座时，以及后期的沉降观测过程中，必须做好测试仪器的保护工作，避免在施工过程中被损坏。

有关施工过程监测方法专利：

国内学者在某黄土高填方工程中，提出了一种与黄土高填方同步施工的监测仪器先埋后引式分步埋设法[16]，将整个填筑施工过程分为若干阶段，前一阶段将监测设备埋入地下，利用 GPS RTK 精确定位埋点位置，待达到下一阶段埋设高程时，利用 GPS RTK 精确定位找点，探井开挖接续安装埋设与测试，而后探井回填夯实，填土继续施工，如此循环，直至达到设计高程，从而获得了填筑施工全过程的监测数据。

有关分层沉降装置及测量方法专利：

关于黄土高填方的工后沉降测量，常规做法有：①在路堤分层碾压施工期间埋入沉降板的方法；②钻孔后分层埋设沉降磁环，然后采用分层沉降仪进行测量。其中，第二种埋设沉降磁环的方法在本书前面的沉降监测试验中曾用到，效果良好。

为了更加精确地获得黄土高填方各土层的沉降数据，本项目研究在太原市阎家峰高填方工程中提出了另一种测量方法并申请了发明专利“用于黄土填料高填方路堤的分层沉降装置及测量方法[17]”。该发明主要是通过以下技术方案实现的：用于黄土填料高填方路堤的分层沉降装置，包括套管以及设于套管一端且与套管相垂直的朝向一侧的三齿叉，若干沉降测杆以及保护套管，第一根沉降测杆螺纹配合于套管内圆，相邻沉降测杆之间螺纹连接配合，第一根保护套管套装于套管外圆上，相邻保护套管之间插接配合，沉降装置如图 8-5 所示。

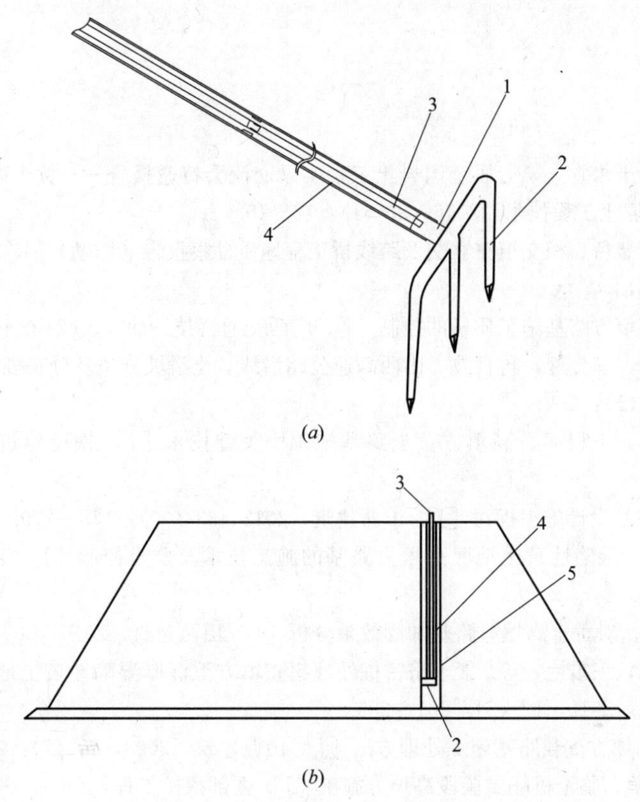

图 8-5 沉降装置及实施示意图
（a）装置结构示意图；（b）实施示意图
1—套管；2—三齿叉；3—沉降测杆；4—保护套管；5—探井

具体测量方法及步骤为：步骤 1，根据黄土填料高填方路堤的工程特点与具体需求，确定需要测量沉降的土层及深度；步骤 2，根据需要沉降测量的土层深度，在路堤上开挖探井；步骤 3，带有沉降测杆和保护套管的三齿叉沿探井内侧向下延伸至需要沉降测量的土层深度，三齿叉垂直插置于探井侧壁上，采用逐节连接的方式连接各沉降测杆和保护套管直至伸出堤面，并填埋探井；步骤 4，通过精密水准仪人工测量测杆顶的标高变化，精确计算所测土层的沉降量。

需要说明的是，步骤 1 中“根据黄土填料高填方路堤的工程特点与具体需求，确定需要沉降测量的土层深度”：通过该黄土填料高填方路堤的勘察资料与设计文件，从而获得该路段的原始地貌情况和相应的路堤填筑高度（路堤高度），获得该路段相关管道（电力、供水、供气等管道）的详细埋设深度情况。由于管道下方土体的不均匀沉降引起管道的变形，给相关管道的安全运行造成危害。尤其是供水管道，该管道变形过大引起断裂，大量供水的泄漏使黄土产生湿陷性，使管道的变形更大，同时造成路面变形与破坏，这样便形成一个恶性循环。故而测量管道下方的土体变形是十分重要的。因此，步骤 1 中需要沉降测量的土层深度最少为四个。当沉降测量为四个时，其分别为堤面以下 1m 处，相关管道埋设深度以下 0.5m 处，路堤高度 1/2 处，路堤与地基交界处。多个沉降测量可以更全面地获得不同土层的沉降情况。

参考文献

[1] 张炜，张继文，于永堂. 第七届全国岩土工程实录交流会特邀报告——黄土高填方关键技术问题与工程实 [J]. 岩土工程技术，2016，30 (1)：12～19.

[2] 太行路朝阳段高架桥、相交道路立交及跨线桥工程地质勘察报告（详勘）[R]. 太原：山西省勘察设计研究院，2013.

[3] 韩宇乐. 沟谷高填方路基施工质量的控制 [J]. 广西交通科技，1999，(24 增刊)：31～32.

[4] 吉彬彬，许 冲，李金玲，蒋日波. 山西高速公路沿线黄土滑坡分类及分布规律研究 [J]. 公路交通技术，2009，(1)：2～4.

[5] 于福贵，贾国林，王利苹. 高填方黄土路基施工中关键技术 [J]. 铁道建筑技术，2003，(1)：18～20.

[6] 马学文. 黄土路基设计施工探讨 [J]. 山西建筑，2012，38 (30)：178～179.

[7] 张建忠，魏铁群. 湿陷性黄土地区高填方路基的施工技术及质量控制 [J]. 甘肃科技，2013，29 (22)：135～136.

[8] 王富华. 灰土挤密对黄土高填方路基加固效果分析 [J]. 山西建筑，2010，36 (11)：272～274.

[9] 胡长明，梅 源，王雪艳，等. 素土挤密桩处理超高填方下深厚湿陷性黄土地基的试验研究 [J]. 安全与环境学报，2012，12 (5)：201～203.

[10] 李惠芳. 浅谈高填方重载路基施工处理方法 [J]. 山西建筑，2003，29 (7)：256～257.

[11] 杨中发，陈时学. 临沧机场试验段高填方施工 [J]. 西部探矿工程，1999，(11 增刊)：51～53.

[12] 麻玉海. 湿陷性黄土高填方路基施工要点 [J]. 黑龙江交通科技，2005，(2)：9～10.

[13] 刘宏，李攀峰，张倬元等. 山区机场高填方地基变形与稳定性系统研究 [J]. 地球科学进展，2004，19 (增刊)：324～328.

[14] 吕燕，陆莉娜，马少军. 黄土高填方机场填土缺陷区域 FDTD 正演分析 [J]. 水利与建筑工程学报，2014，12 (1)：182～182.

[15] 张卫兵. 黄土高填方路堤沉降变形规律研究及工程实践 [M]. 徐州：中国矿业大学出版社，2013.

[16] 张继文，于永堂，郑建国等. 与黄土高填方同步施工的监测仪器先埋后引式分步埋设法 [P]. 中国：201310386167.1，2013.

[17] 太原理工大学. 用于黄土填料高填方路堤的分层沉降装置及测量方法 [P]. 中国：ZL 2014 1 0261115.6，2016.6.

第9章 结论及展望

9.1 主要研究结论

适于黄土填料高填方路堤的振动压路机分层压实与隔层重锤补夯相结合的综合压实技术是针对传统施工方法压实效果较差而提出来的。本书以太原市太行路阎家峰高填方路堤为应用研究对象，首先通过由土性试验得到的路堤压实度、压缩模量、湿陷系数等性质参数，综合分析了该综合压实技术的工作机制及应用效果；进行现场原位沉降监测及室内再压缩试验研究，分析并验证了压实黄土的工后压缩模量变化特征，揭示了黄土高填方路堤的沉降规律及主要影响因素；基于压实后黄土填料的室内压缩试验，提出了用于分析路堤自身沉降的基于幂函数拟合压缩模量与压力曲线关系的改进分层总和法，并进行了有限元补充分析；建立了一种新的沉降预测组合模型——泊松-指数组合模型，可以有效预测填方体工后沉降量。主要研究结论如下：

(1) 该综合压实技术处理后的黄土填料填方体的孔隙比显著减少，压实度显著提高，填方土层的湿陷性全部消除，可见该综合压实技术的压实效果显著。

(2) 分层碾压后的土体在重锤补夯作用之后其压实度、压缩模量等参数得到进一步提高，且随填方深度呈现周期性的锯齿形曲线变化形态，周期为重锤补夯的厚度。

(3) 通过压实度、孔隙比、压缩系数、压缩模量等参数与土层深度的关系分析可知，在常规夯击能（500kN·m）下重锤夯实的影响深度为2.5～3.0m，每填筑3m夯实一遍，能够最大程度的发挥重锤夯实的作用。

(4) 根据压实填土的压缩模量试验结果，对不同工艺的路堤沉降量进行分析比较，该综合压实方法比常规的仅分层碾压方法可减小沉降量20%以上。

(5) 沉降监测结果表明该综合压实技术处理后的黄土填料高填方路堤的工后沉降显著减小，路面总沉降仅占填方高度的0.1%。在工期要求紧张的道路工程中可明显缩短（甚至省去）预留沉降期，在满足快速施工要求的同时也带来巨大的社会效益和经济效益。

(6) 由室内再压缩试验结果得到了压实黄土的再压缩模量随荷载压力的变化规律，由此可分析得出：黄土填料高填方路堤各土层的工后压缩模量自上而下逐渐增大；当填方厚度不是很大（最大自重压力不超过500kPa）时，工后压缩模量随深度呈直线规律变化。

(7) 沉降监测结果表明，造成黄土高填方路堤总沉降的主体是填方体的沉降，且自下而上各填土层的单位沉降量逐渐增大；填方体各层填土的沉降随时间呈现阶段性增长，并大约在工后240天后趋于稳定。

(8) 填土高度是影响高填方路堤工后沉降的重要因素，填土高度越小，路面总沉降越小，且总沉降中原地基所占的比例也越小；填土高度与填方体的平均沉降速率线性相关。

(9) 地形是填方体工后沉降的又一重要影响因素，位于槽形沟的填方体工后沉降量小于位于平缓地形的填方体。

(10) 填方体工后沉降与时间呈对数关系，公式 $s/H=\mu\lg(t/t_0)$ 可以估算填方体的长期工后沉降，μ 与填料性质和填筑方式有关，本工程可取 0.15%。

(11) 本书提出的用于分析路堤自身沉降的基于幂函数拟合压缩模量与压力曲线关系的改进分层总和法，不但考虑了填方体填筑的逐级加载过程，而且考虑了压缩模量随实际压力区间的变化，同时引入了工后沉降修正系数 K，可作为黄土高填方路堤（本综合压实技术处理后）的堤身工后沉降的一种实用计算方法。

(12) 本书通过对整个高填方路堤建立有限元模型，采用摩尔-库仑模型以及施工分层模拟的方法，经模拟、分析得出路堤的沉降变形规律为：在同一高度处，竖向变形在路堤中心处变形量最大，两侧变形量相对较小，且近似呈“凹”形，侧向位移呈近似“抛物线”变化的形式。路堤的最大竖向变形和侧向变形分别位于距路堤底部中心 1/3～1/2 位置处、靠近路堤边坡距底部 1/3～1/2 高度位置处。

(13) 泊松模型和指数模型的预测精度均较高，但是指数模型预测的最终沉降量没有收敛趋势，而泊松模型预测的最终沉降量虽可以收敛但收敛的速度过快，两种独立模型的误差趋势相反，因此本书建立了沉降预测组合模型——泊松-指数组合模型，能较好地进行优势互补，误差平方和与平均绝对百分误差均有减小，预测精度高于两种独立模型。该泊松-指数组合模型可以有效预测黄土高填方路堤的填方体工后沉降，为高填方路堤的工后沉降预测提供了一种新的方法。

(14) 结合太原市太行路阎家峰高填方路堤等工程实例，对黄土高填方路堤的一系列其他关键技术问题和相应技术措施进行了探讨。

9.2 进一步研究展望

(1) 本书研究了适于黄土高填方路堤的分层压实与隔层重锤补夯相结合的综合压实技术及其相关沉降变形规律、沉降计算与预测方法，对于其他非饱和土类是否适用还有待进一步分析研究。

(2) 考虑填土速率及空间效应对路堤沉降影响的修正，不断拓宽本书研究成果的适用范围，使沉降计算、预测更全面、准确。

(3) 分析研究动荷载作用下黄土高填方路堤的沉降变形特征。